ŒUVRES COMPLÈTES

DE

EUGÈNE SCRIBE

DE L'ACADÉMIE FRANÇAISE

COMÉDIES

VAUDEVILLES

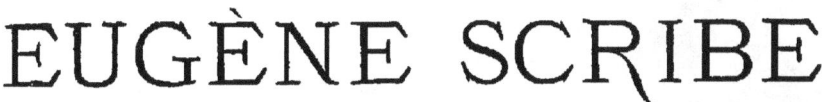

LA QUARANTAINE
LE PLUS BEAU JOUR DE LA VIE
LA CHARGE A PAYER
LES INSÉPARABLES — LE CHARLATANISME
LES EMPIRIQUES D'AUTREFOIS
LES PREMIÈRES AMOURS — LE MÉDECIN DES DAMES

E. REIBER inv.

ES

PARIS
E. DENTU, LIBRAIRE-ÉDITEUR
PALAIS-ROYAL, 17-19, GALERIE D'ORLÉANS

II. — 14 1878 23.

Paris-Imp. PAUL DUPONT, 41 rue Jean-Jacques-Rousseau.

ŒUVRES COMPLÈTES

DE

EUGÈNE SCRIBE

DE L'ACADÉMIE FRANÇAISE

RÉSERVE DE TOUS DROITS

DE PROPRIÉTÉ LITTÉRAIRE

En France et à l'Étranger.

LA QUARANTAINE

COMÉDIE-VAUDEVILLE EN UN ACTE

EN SOCIÉTÉ AVEC M. MAZÈRES.

Théatre de S. A. R. Madame. — 3 Février 1825.

PERSONNAGES.	ACTEURS.
JONATHAS, négociant du Havre	MM. LEGRAND.
GABRIEL DE RÉVANNES, son camarade de collége	GONTIER.
LAVENETTE, médecin de la ville	FERVILLE.
GIROFLÉE, jardinier de Jonathas	KLEIN.
UN DOMESTIQUE	—
Mme DE CRÉCY, jeune veuve	Mme THÉODORE.

INVITÉS.

Au Havre.

LA QUARANTAINE

Un salon richement meublé. — Porte au fond; grande croisée sur le premier plan à droite; et, à gauche, sur le second plan, deux portes latérales.

SCÈNE PREMIÈRE.

GABRIEL, JONATHAS.

JONATHAS.

Comment, mon ami! tu es au Havre depuis ce matin? comme on se retrouve !... Encore une poignée de main ! ça fait plaisir.

GABRIEL.

Ah! mon Dieu, oui, j'arrive à l'instant. Je regardais, à la porte d'Ingouville, cette jolie maison qui borde la chaussée; je me rappelais les jours heureux que j'y ai passés, l'aimable société qui l'habitait, lorsque tu es venu me heurter, et j'allais peut-être te chercher querelle...

JONATHAS.

Lorsque je t'ai reconnu.

GABRIEL.

Malgré douze ou quinze ans de séparation.

JONATHAS.

Parbleu ! Gabriel de Révannes, mon ancien camarade, avec qui j'ai fait toutes mes études au lycée de Rouen.

GABRIEL.

Ce cher lycée de Rouen ! le *Louis-le-Grand* de la Normandie... Nous y avons eu de fiers succès.

JONATHAS.

Moi, j'étais le plus fort en thèmes.

GABRIEL.

Et moi, le plus fort à la balle.

JONATHAS.

Eh ! oui, tu ne faisais pas grand'chose ; mais quand il y avait quelque expédition périlleuse, tu étais là !... Aussi on t'appelait Gabriel le tapageur.

GABRIEL.

Toi, tu ne travaillais pas mal ; mais quand il y avait quelques taloches à recevoir, ça te regardait ; aussi on t'appelait Jonathas...

JONATHAS.

Jonathas le jobard !...

GABRIEL.

Oui, le jobard !... Quelle différence entre nous !

AIR du vaudeville de *La Robe et les Bottes*

Quand des pensums j'avais le privilége,
Toi, tu passais pour piocheur assidu ;
Dans tous nos jeux, moi, j'étais au collége,
Toujours battant, et toi toujours battu.

JONATHAS.

Quel heureux temps ! ma mémoire fidèle,
Malgré quinze ans, ne l'a point oublié ;
Avec plaisir toujours on se rappelle
  Les coups de poing de l'amitié.

Voilà deux ans que je suis venu m'établir au Havre.

GABRIEL.

Moi, j'y suis né ; mais voilà dix ans que je l'ai quitté.

JONATHAS.

Et pendant ce temps, qu'es-tu devenu?

GABRIEL.

Je suis officier de marine. J'ai couru toutes les mers.

JONATHAS.

Tiens, c'est drôle, tu vas dans les îles, et moi j'y envoie.

GABRIEL.

C'est moins dangereux.

JONATHAS.

Tu crois peut-être que je suis encore jobard? pas du tout; maintenant j'ai de l'esprit, j'ai fait fortune, je suis farceur; on dit même que je suis malin ; parmi les négociants du Havre, il y en a peut-être qui font plus d'affaires que moi ; mais il n'y en a pas un qui fasse autant de malices.

GABRIEL.

Ça vaut bien mieux. (A part.) Pauvre garçon! Soyez donc fort en thèmes... (Haut.) Et tu es heureux?

JONATHAS.

Je t'en réponds. J'ai pris ici la maison de commerce de mon oncle, une entreprise magnifique; mais j'étais en procès avec la veuve de son associé : notre fortune en dépend, et quand on plaide il y en a toujours un qui perd, et quelquefois tous les deux... Ah ! ah! celui-là est méchant, n'est-ce pas? Alors, pour arranger tout cela, on a parlé d'un mariage ; et c'est aujourd'hui même que la noce a lieu.

GABRIEL.

Si tu es aimé, je t'en fais compliment.

JONATHAS.

Parbleu! si je suis aimé, tu le verras; car j'espère bien que tu assisteras à mon mariage ; toute la ville du Havre y sera. Vrai, ça te fera plaisir, c'est un beau coup d'œil.

AIR : Connaissez mieux le grand Eugène. (*Les Amants sans amours.*)

J'aurai le suisse avec sa hallebarde,
Les deux adjoints, tous les marins du port;
On dit même qu'une bombarde
Doit faire feu de bâbord et tribord :
Pour le tapage, au Havre l'on est fort.

GABRIEL.

J'approuverais un tel usage
Si, de l'hymen garantissant la paix,
Le bruit qu'on fait avant le mariage
Dispensait d'en avoir après.

Je te remercie de ton invitation; mais tu as des parents, des amis intimes à recevoir; et je craindrais de te gêner.

JONATHAS.

Laisse donc! ma maison est très-grande; c'est une des plus jolies maisons de campagne de la côte; je paye douze cents francs de contributions; et puis j'en ai encore une autre dans la grande rue... ça t'étonne? Vous autres officiers de marine, vous n'avez pas l'habitude d'être propriétaires... et puis tu verras le crédit, la considération... Tiens, voilà déjà du monde qui m'arrive.

SCÈNE II.

JONATHAS, LAVENETTE, GABRIEL.

JONATHAS.

C'est M. Lavenette; j'ai à lui parler.

GABRIEL.

Ne te gêne pas, fais tes affaires.

JONATHAS, à Lavenette.

Ce cher docteur! pour la première fois de sa vie, il est en retard.

LAVENETTE.

Que voulez-vous? la ville du Havre ne peut se passer

de moi ; quand on est à la fois employé à la mairie et médecin...

AIR du vaudeville du *Jaloux malade*.

Des enfants j'inscris la naissance :
C'est le plus beau droit des adjoints ;
De plus je suis la providence
Du malade implorant mes soins.
Ainsi, qu'on meure ou que l'on vive,
A leur sort prenant toujours part,
Moi, je suis là quand on arrive,
Et j'y suis encor quand on part.

JONATHAS.

C'est juste, sans vous il n'y a pas moyen de vivre ni de mourir. Ah ! ah ! c'est une plaisanterie, il ne faut pas que cela vous fâche.

LAVENETTE.

Me fâcher ! ah bien oui. A propos de ça, ma femme vient d'arriver par la diligence de Paris. Pauvre petite femme ! elle a passé la nuit en route, et voilà qu'elle s'habille pour la noce ; elle veut assister au bal, parce que j'y serai ; elle m'aime tant !... Ah çà ! avez-vous été sur le port ? savez-vous les nouvelles ?

JONATHAS.

Qu'y a-t-il donc ?

LAVENETTE.

Il y a en rade un navire grec, *le Philopœmen ;* un vaisseau qui arrive de Smyrne, avec un chargement de cotons.

JONATHAS.

Ah ! il vient de Smyrne ; mais, ne dit-on pas que dernièrement quelques symptômes y ont éclaté ?

LAVENETTE.

Aussi, comme membre du conseil sanitaire, nous avons pris nos précautions ; le vaisseau va subir une quarantaine rigoureuse, et personne ne pourra venir à bord sous les peines les plus sévères.

JONATHAS.

Diable! vous avez raison, ne badinons pas! prenons bien garde à la santé de la ville du Havre.

LAVENETTE, montrant Gabriel.

Quel est ce monsieur? un commerçant?

JONATHAS.

Non, c'est un officier de marine, un camarade de collége, à qui je ne suis pas fâché de montrer quelle figure je fais ici.

LAVENETTE.

Je comprends... (S'avançant vers Gabriel.) Monsieur, les amis de nos amis sont nos amis. Monsieur se fixe au Havre?

GABRIEL.

Je ne sais pas encore.

LAVENETTE.

Il le faut; cela me fera une maison de plus. Une ville charmante, une société délicieuse; j'en puis mieux juger que personne, car, par état, je dîne chez l'un, je dîne chez l'autre; ça dépend de l'heure de mes visites.

JONATHAS.

Oui, vous me faites toujours la vôtre à cinq heures.

LAVENETTE, à Jonathas lui tâtant le pouls.

Comment allons-nous ce matin?

JONATHAS.

Dame! je n'en sais trop rien : je m'en rapporte à vous.

GABRIEL.

Est-ce que tu es malade?

JONATHAS.

Non, mais, par précaution, je me suis abonné. Tous les jours le docteur vient me dire comment je me porte.

GABRIEL.

C'est charmant.

JONATHAS.

Que veux-tu, mon ami? la santé avant tout ! Quand on est riche, il est si utile d'être heureux et de bien se porter! on n'a que cela à faire.

LAVENETTE.

Ah çà! nous mettons-nous à table? la future est-elle là? tout le monde est-il arrivé?

JONATHAS.

Oui, sans doute ; on n'attendait que vous pour signer le contrat. (A Gabriel.) Viens, mon ami : je vais te présenter à ces dames, car ce matin, avant la cérémonie, je donne à déjeuner chez moi à ma prétendue.

GABRIEL.

Un instant, j'ai aussi des prétentions, et je suis là en costume de voyageur.

JONATHAS.

Oh! mon Dieu! tous mes domestiques sont occupés; et pourtant j'en ai sept, y compris le petit commis; mais tiens, voici Giroflée, le jardinier, qui va te montrer ton appartement, et qui de plus sera à tes ordres.

AIR : Triste spectacle, hélas! aux yeux du sage. (*Le Bureau de loterie.*)

    Adieu, mon cher, sans façon je te laisse ;
    Tu peux chez moi commander, ordonner;
    A t'obéir je veux que l'on s'empresse;
    Et nous, docteur, courons au déjeuner.

LAVENETTE.

    Oui, je me sens un appétit féroce;
    Un jour d'hymen, si parfois les Amours,
    Quoique invités, ne sont pas de la noce,
    Les déjeuners du moins en sont toujours.

Ensemble.

JONATHAS.

Adieu, mon cher, sans façon je te laisse, etc.

LAVENETTE.

Allons, monsieur, sans façon je vous laisse;
Mais, vous pouvez commander, ordonner.
A le servir ici que l'on s'empresse,
Et nous, ami, courons au déjeuner.

(Jonathas et Lavenette entrent dans la chambre à gauche.)

SCÈNE III.

GABRIEL, GIROFLÉE, qui se tient à l'écart.

GABRIEL, à part.

Diable! depuis que nous sommes sortis du collége, mon ancien camarade est bien changé; ce n'est plus une bête, c'est un sot... J'ai vu qu'il tranchait avec moi du protecteur, et j'avais bien envie, pour prendre ma revanche, d'ouvrir mon portefeuille et de lui proposer de l'acheter, lui et ses commis... Une mauvaise affaire que j'aurais faite là! et je peux, je crois, mieux placer mon argent.

GIROFLÉE.

Monsieur, si vous voulez, je vais vous montrer votre appartement; je suis à votre service.

GABRIEL.

Ah, ah! c'est vrai; c'est le valet de chambre qu'on m'a donné... Tiens, mon garçon, voilà d'abord pour ta peine.

GIROFLÉE.

Comment donc, monsieur, il n'y a encore eu que du plaisir.

GABRIEL.

Tu vas aller dans la grande rue, chez Delaunay, à l'*Aigle d'or* : c'est là que la diligence m'a débarqué.

GIROFLÉE.

Ah! monsieur est venu en diligence!

GABRIEL.

Oui, j'aime mieux ça; c'est plus gai, plus animé, surtout les Jumelles qu'on prend à Rouen.

AIR du vaudeville du Petit Courrier.

> Un tel voyage me plaît fort.
> A la nuit on se met en route,
> On se place sans y voir goutte,
> On babille ou bien l'on s'endort,
> On rit, on s'intrigue, on se presse,
> On parle amour... *et cætera*,
> Sans savoir à qui l'on s'adresse :
> C'est comme au bal de l'Opéra.

Et puis, on y fait des rencontres... J'avais entre autres une petite voisine charmante, qui avait en moi une confiance... Elle m'avait donné à serrer ses gants et son éventail; et ma foi, en nous séparant, j'étais occupé à la regarder, et je n'ai plus pensé à lui restituer le précieux dépôt.

GIROFLÉE.

Ça se retrouvera, monsieur; ici, d'ailleurs, tout se retrouve...

GABRIEL, lui donnant une carte.

C'est bon; tu demanderas à la diligence mes effets que j'y ai laissés, et tu me les apporteras ici.

GIROFLÉE.

Oui, monsieur : les effets de monsieur... (Cherchant à lire.) g... a... ja... bri.

GABRIEL.

Gabriel de Révannes.

GIROFLÉE.

Comment ! vous êtes M. Gabriel de Révannes?

GABRIEL.

Est-ce que tu me connais?

GIROFLÉE.

Non, monsieur ; mais il y a dix ans, quand j'étais jeune, j'ai joliment entendu parler de vous... Un bon enfant qu'ils disaient, mais une mauvaise tête... Tout ça, à cause de cette fameuse affaire que vous avez eue...

GABRIEL.

Comment! est-ce qu'on s'en souvient encore?

GIROFLÉE.

Il y a longtemps que c'est oublié; mais moi qui suis un enfant du Havre, et qui ne l'ai jamais quitté... C'était dans un bal, n'est-ce pas, monsieur? et parce qu'une demoiselle de seize ans avait refusé de danser avec vous, vous avez cherché querelle à celui qu'elle avait accepté pour cavalier.

GABRIEL.

Oui, et ce sera pour moi un sujet éternel de remords. Ce pauvre Crécy, un de mes camarades ; je le vois encore frappé d'un coup fatal. Éperdu, hors de moi, marchant au hasard, je rentre dans la ville, j'aperçois un vaisseau qui mettait à la voile, je m'élance sur son bord ; et depuis ce temps je n'ai pas revu ma patrie... Il y a un mois seulement, j'ai débarqué à La Rochelle; je me suis rendu à Paris, et c'est là que j'ai appris que M. de Crécy avait été rappelé à la vie; que, guéri de ses blessures, il avait épousé celle...

GIROFLÉE.

Oui, monsieur ; il l'a bien fallu. Après un éclat comme celui-là, elle aurait été compromise. Mais, du reste, ils ont fait un excellent ménage; et M. de Crécy vivrait encore, si ce n'était il y a cinq ans cette fièvre cérébrale, pour laquelle il a eu l'imprudence d'appeler M. Lavenette le médecin... Oh! celui-là ne l'a pas manqué; ça n'a pas été long ; en voilà comme ça une vingtaine à ma connaissance... Eh bien! c'est égal, il reste toujours ici, lui ; il ne pense pas à s'embarquer.

GABRIEL.

C'est bien, va vite où je t'ai dit.

GIROFLÉE.

Oui, monsieur; mais quand j'y pense, c'est drôle que mon maître vous invite à la noce. Vous me direz que voilà deux ans seulement qu'il est établi au Havre, et qu'alors il ne connaît pas votre aventure.

GABRIEL.

Eh bien! par exemple, je crois qu'il fait des réflexions. Va et reviens, parce que j'ai d'autres commissions à te donner.

GIROFLÉE.

Oui, monsieur.

(Il sort par le fond.)

SCÈNE IV.

GABRIEL, seul.

On ne m'avait pas trompé; elle est veuve; elle est libre, dix ans d'exil ont dû expier ma faute; et je pense qu'elle sera assez généreuse pour me recevoir. Je n'ai pas osé demander sa demeure, ni me présenter chez elle. Mais il y a ici une noce, une grande réunion; la meilleure société du Havre y est invitée... Madame de Crécy s'y trouvera sans doute; voilà pourquoi j'ai accepté les offres de mon ancien camarade; et quand je pense qu'aujourd'hui même je vais la revoir, j'éprouve un tremblement dont je ne me croyais pas capable. Moi, un marin, un corsaire!

AIR de Téniers.

Mais d'où vient donc l'émotion profonde
Que, malgré moi, dans ces lieux je ressens ?
Moi voyageur et citoyen du monde,

Tous les pays m'étaient indifférens!
Depuis dix ans, fatigué de moi-même,
C'est le seul jour où mon cœur fut ému;
Ah! la patrie est aux lieux où l'on aime,
Et je sens là, que j'y suis revenu.

Ah mon Dieu! quelle est cette femme qui s'avance dans cette galerie? Comme mon cœur bat! c'est elle, c'est Mathilde! quel bonheur! elle vient, et elle est seule.

SCÈNE V.

GABRIEL, Mme DE CRÉCY.

Mme DE CRÉCY, à part.

Quel ennui qu'un contrat de mariage! être obligée de recevoir tout ce monde! sans compter qu'ils arrivent tous avec la même phrase de félicitations; et pour peu qu'on tienne à varier ses réponses, c'est un travail... (Apercevant Gabriel qui s'avance.) Encore un de nos convives!... (Elle lui fait la révérence, et lève les yeux sur lui.) Ah mon Dieu! en croirai-je mes yeux? voilà des traits...

GABRIEL.

Quoi! Mathilde, vous ne les avez point oubliés?

Mme DE CRÉCY.

Monsieur de Révannes!...

GABRIEL.

Oui, madame, celui dont vous eûtes les premières amours; celui qui n'a jamais cessé de vous aimer, qui après dix ans d'exil et de malheur se présente en tremblant devant vous pour demander sa grâce.

Mme DE CRÉCY.

O ciel! que faites-vous? ignorez-vous donc ce qui s'est passé en votre absence?

GABRIEL.

J'arrive à l'instant même ; mais j'ai appris à Paris que depuis cinq ans vous étiez veuve, vous étiez libre, et j'accours. Je ne vous parle pas de la fortune que j'ai acquise...

Mme DE CRÉCY.

Monsieur...

GABRIEL.

Je sais que ce n'est pas cela qui vous déciderait ; aussi je n'implore que votre générosité. Accordez-moi votre main, et je croirai l'avoir achetée trop peu encore par tous les maux que j'ai soufferts.

Mme DE CRÉCY.

Mon ami, écoutez-moi ; je voudrais en vain vous cacher l'émotion que m'a causée votre vue, je croyais vous avoir perdu pour jamais, et l'on ne retrouve pas sans plaisir l'ancien ami de son enfance. Vous fûtes le premier que j'aimai, j'en conviens. (A demi-voix et avec émotion.) Je vous dirai même plus, je n'ai jamais aimé que vous.

GABRIEL.

Il se pourrait !

Mme DE CRÉCY.

Oui, et cependant je crois encore que si je vous avais épousé, j'aurais eu tort ; j'aurais été fort malheureuse. Oui, mon ami, l'amour ne suffit pas en ménage ; et votre caractère bouillant et emporté, ce premier mouvement auquel vous ne pouviez résister...

GABRIEL.

Vous avez raison, tel j'étais à dix-huit ans, quand je vous ai quittée ; et ce que vous ne croirez jamais, c'est l'état même que j'ai pris, qui, plus encore que les années, a changé mon caractère. Oui, madame, l'aspect des combats et des naufrages, toutes ces scènes d'horreur dont se compose la vie d'un marin usent la fougue de ses passions, et ne lui laissent plus d'énergie que contre le danger. L'habitude d'exposer sa vie la lui rend indifférente ; le besoin de s'aider, de se secourir mutuellement, le rend humain et charitable. Aussi, madame, malgré leurs dehors brusques et farouches, presque tous les marins, au fond du cœur, sont la bonté et la douceur même. En vous parlant ainsi, je vous suis suspect sans doute. Pour me rendre digne de vous, j'ai trop d'intérêt à me faire meilleur que je ne suis ; mais daignez vous en convaincre par vous-même, daignez m'éprouver : quoi qu'il coûte à mon impatience, qu'importent quelques jours de plus, quand depuis dix ans on attend le bonheur !

Mme DE CRÉCY.

Eh bien ! s'il est vrai... si vous avez conservé pour moi quelque amitié, je vais la mettre à une épreuve cruelle ; il faut nous séparer encore.

GABRIEL.

Et pourquoi ?

Mme DE CRÉCY.

Parce que votre présence en ces lieux blesserait toutes les convenances.

GABRIEL.

Que dites-vous ?

Mme DE CRÉCY.

Je vous dois ma confiance tout entière... Restée veuve et avec un fils, j'ai dû tout sacrifier à son avenir ; j'ai dû penser non à ma fortune, mais à la sienne ; un procès menaçait de la lui enlever, en me remariant, je pouvais la lui conserver.

GABRIEL.

Eh bien ! madame ?

Mme DE CRÉCY.

AIR : J'en guette un petit de mon âge. (*Les Scythes et les Amazones.*)

Eh bien ! j'ai promis... j'étais mère !
Ce titre, hélas ! m'ordonnait d'écouter

Mes amis, ma famille entière,
L'opinion, que l'on doit respecter.

GABRIEL.

Qu'importe à moi ce qu'on a pu promettre ?
Je brave tout.

Mme DE CRÉCY.

Vous ! vous avez raison.
Un homme peut braver l'opinion,
Une femme doit s'y soumettre.

J'ai donné ma parole ; et c'est aujourd'hui, en présence de toute la ville, que devait se signer le contrat.

GABRIEL.

Et vous croyez que je souffrirai...

Mme DE CRÉCY.

Il n'est plus temps de vous y opposer... Tout est fini, je viens de signer.

GABRIEL.

O ciel ! il se pourrait ! Je devine maintenant, je vais trouver votre époux.

Mme DE CRÉCY.

Et pourquoi ? pour nous séparer encore pendant dix ans.

GABRIEL.

Dieu ! quel souvenir vous me rappelez !

Mme DE CRÉCY.

Qu'il vous rende à la raison : vous avez juré de vous éloigner, j'ai votre parole, je la réclame... Si je vous suis chère, n'allez pas me compromettre, me déshonorer par un éclat inutile, que je ne vous pardonnerais jamais.

GABRIEL.

Je vous comprends ; vous l'aimez ?

Mme DE CRÉCY, prenant sur elle-même.

Eh bien ! oui, monsieur, je l'aime ; je l'aime beaucoup.

GABRIEL.

Ce mot seul suffisait. Adieu, madame, adieu pour toujours.

SCÈNE VI.

Les mêmes; JONATHAS.

JONATHAS, arrêtant Gabriel qui veut sortir.

Eh bien? où vas-tu donc? nous allons partir, et nous comptons sur toi. Mon ami, c'est ma femme que je te présente.

Mme DE CRÉCY, avec embarras.

Je connaissais déjà monsieur.

JONATHAS.

Eh bien! tant mieux; ça se trouve à merveille : c'est lui qui, ce matin, va vous donner la main ; c'est une idée que j'ai eue. Ah ! ah !

GABRIEL.

Qui, moi?

Mme DE CRÉCY, vivement.

C'est impossible. Monsieur me disait tout à l'heure que ce matin même, et pour rendre service à un ami qui l'en suppliait, il était obligé de partir pour Paris.

JONATHAS.

A la bonne heure! mais s'il s'en va, je me brouille avec lui; j'ai parlé à toute la société de mon ami l'officier de marine, et l'on y compte. (A Gabriel.) Enfin, si tu restes, je te placerai à table à côté de la mariée ; voilà des motifs déterminants.

GABRIEL.

Écoute donc, si tu le veux absolument...

JONATHAS.

Oui, mon ami, ça me rendra service; un jour de noce

on ne sait où on en est; il faut s'occuper de tout le monde : et pendant que je ferai les honneurs, tu feras la cour à ma femme; ah! ah! ah! c'est drôle, n'est-ce pas?

Mme DE CRÉCY, à Gabriel, d'un air de reproche.

Eh quoi! monsieur...

JONATHAS.

Et demain, nous partons pour une campagne à dix lieues d'ici, nous l'emmènerons, nous n'aurons personne, nous serons en petit comité; et puis, il y a là une chasse superbe; il est vrai que tu n'es peut-être pas amateur... tant mieux, tu tiendras compagnie à madame, parce qu'au fait, j'aime autant que tu ne chasses pas sur mes terres. Ah! ah! celui-là est original, n'est-il pas vrai? Ainsi, c'est convenu, tu vas écrire à Paris qu'on ne t'attende pas, et tu pars avec nous.

Mme DE CRÉCY, bas à Gabriel.

Refusez, monsieur, refusez, je vous en supplie.

GABRIEL, de même.

Et pourquoi donc, madame? (Haut.) je suis trop heureux d'accepter l'invitation que me fait un ami.

JONATHAS.

A la bonne heure... (A madame de Crécy.) Ça vous convient, n'est-il pas vrai?

Mme DE CRÉCY.

Non, monsieur.

JONATHAS.

Et pourquoi cela?

Mme DE CRÉCY.

Il me semble que vous pouviez le deviner et m'épargner la peine de le dire.

JONATHAS.

Je comprends. Tu ne sais pas que ma femme est d'une sévérité... et je suis sûr que c'est parce que je lui ai dit tout à l'heure que tu lui ferais la cour : ça l'a fâchée, je l'ai vu. (A madame de Crécy.) Mais vous sentez bien, ma chère amie, que c'était une plaisanterie.

Mme DE CRÉCY.

Et si ce n'en était pas une ?

JONATHAS et GABRIEL.

Que dites-vous ?

Mme DE CRÉCY.

C'est malgré moi, c'est à regret que je fais un pareil aveu; mais on l'a voulu, on m'y a forcée. Apprenez que monsieur m'a aimée autrefois, et que peut-être maintenant encore... (Vivement.) mais j'en doute : car s'il m'eût aimée, il aurait eu plus de soumission à mes ordres, et ne m'aurait pas placée dans la position cruelle où je suis.

(Elle entre dans l'appartement à gauche.)

JONATHAS.

Écoute donc, mon ami, je ne pouvais pas prévoir... tu ne m'en veux pas ? ce n'est pas ma faute. Je vais voir si tout est prêt.

(Il sort par le fond.)

SCÈNE VII.

GABRIEL, seul.

Oui, je l'aime encore; mais après un tel outrage, après une pareille trahison, il faudrait que je fusse bien lâche pour ne pas l'oublier; aussi bien elle me renvoie de chez elle, elle me bannit; et je lui obéirais? Non, morbleu ! Qu'ai-je maintenant à ménager ? Puisque ma présence lui est odieuse, je ne quitte pas ces lieux; puisque ma tendresse lui déplaît, je l'aimerai toujours; et pour que ma vengeance soit complète, je saurai bien malgré elle, malgré son mari, la forcer à me voir encore, à m'aimer, à m'épouser... Par quel moyen ?

je n'en sais rien; mais quand on le veut bien... Me battre avec Jonathas? il ne faut pas y penser, il ne mérite pas ma colère, et d'ailleurs c'est le moyen de tout perdre. Ne vaut-il pas mieux encore avoir recours à quelque ruse de guerre, ou à quelqu'un de ces coups décisifs?... N'ai-je donc plus mon ancienne audace? Ne suis-je pas marin? N'ai-je pas mon étoile?... Allons! qui vient là à mon secours? est-ce un allié?... Non, c'est le docteur.

SCENE VIII.

GABRIEL, LAVENETTE, UN DOMESTIQUE.

LAVENETTE, sortant de la porte à droite et parlant à un domestique.

Ah! bien oui, il ne manquerait plus que cela; venir me chercher pour aller en mer en sortant de table... (Au domestique.) Gervais, mon garçon, dis à nos confrères qu'ils peuvent aller à bord du *Philopœmen*, si ça leur fait plaisir; qu'ils fassent leur rapport sans moi; je suis médecin attaché à la ville du Havre, j'ai mille écus pour cela, je veux les gagner en restant à mon poste.

LE DOMESTIQUE.

Oui, monsieur.

LAVENETTE.

Attends donc encore; tiens, tu remettras à ma femme cet éventail en ivoire que je viens de lui acheter, car elle est d'une inconséquence! aller perdre le sien cette nuit dans la diligence, ou, ce qui est tout comme, le confier à un jeune homme qu'elle ne connaît pas...

(Le domestique sort par le fond.)

GABRIEL, à part.

Ah! mon Dieu, madame Lavenette était ma compagne de voyage.

LAVENETTE, criant encore au domestique.

Dis à ma femme que dans l'instant nous allons la prendre en voiture. (Se retournant et apercevant Gabriel.) Eh bien ! jeune et bel étranger, que faites-vous donc là? Nous allons partir pour la mairie; et, d'après ce que j'ai entendu dire, c'est vous qui allez donner la main à la mariée.

GABRIEL.

Oui, monsieur... (A part.) J'y suis. (Haut.) Je cours chercher madame de Crécy. (Montrant la porte à gauche.) Je tiens à ce qu'on se dépêche, car je suis en retard; il faut ce matin que je retourne à mon bord.

LAVENETTE.

Ah! monsieur a quitté son équipage pour venir à terre, peut-être même sans permission?

GABRIEL.

Précisément; mais l'amour de la patrie, le désir de revoir ses amis quand il y a longtemps qu'on en est séparé... songez donc que j'arrive de Smyrne.

LAVENETTE, s'éloignant de lui.

Ah! mon Dieu, est-ce que vous seriez du *Philopœmen?*

GABRIEL.

Oui, monsieur, un navire superbe qui, dans ce moment, est en rade; mais ce matin, dans mon impatience, je me suis jeté dans la chaloupe et j'ai abordé à la côte, sans en rien dire à personne; c'est vous, cher docteur, c'est vous qui êtes le premier...

(Il lui tend la main, le docteur recule.)

LAVENETTE, tremblant.

Monsieur... monsieur... toute la société... toute la noce qui est là.

GABRIEL.

Vous avez raison, on va nous attendre; je cours chercher la mariée, puisque je dois être son chevalier d'honneur.

(Il sort par la porte à gauche.)

SCÈNE IX.

LAVENETTE, seul.

Ah! grands dieux... que devenir! quel danger!... ce jeune imprudent qui ne s'en doute même pas et qui vient ainsi compromettre toute une noce, l'élite de la société, les premières têtes du Havre...

SCÈNE X.

LAVENETTE, JONATHAS; TOUS LES GENS DE LA NOCE.

LES GENS DE LA NOCE.

AIR : Fragment de *Une nuit au château*

Dans l'hymen qui les engage,
Quel bonheur leur est promis!
C'est un jour de mariage.
Qu'on connaît tous ses amis.

JONATHAS.

Nous avons tous, à la ronde,
Porté, grâce à mon bordeaux,
La santé de tout le monde.

LAVENETTE.

Cela vient bien à propos.

LES GENS DE LA NOCE.

Dans l'hymen qui les engage, etc.

LAVENETTE, les interrompant.

Taisez-vous, taisez-vous; cessez tous ces chants d'allégresse.

JONATHAS.

Qu'avez-vous donc, docteur? comme vous voilà pâle!

LAVENETTE.

Il n'y a peut-être pas de quoi!... Apprenez que nous ne sommes pas en sûreté dans cette maison.

TOUS, l'entourant.

Que dites-vous?

LAVENETTE.

Cet ami, que vous avez accueilli, que vous avez reçu, ce jeune officier de marine... il est de l'équipage du *Philopœmen*.

JONATHAS.

Ce navire suspect qu'on a mis en quarantaine?

LAVENETTE.

Précisément.

JONATHAS.

C'est fait de nous!

LAVENETTE.

Ah! mon Dieu, j'y pense maintenant; ce matin, ne m'a-t-il pas donné la main?

JONATHAS.

Eh! non, docteur, c'est à moi; heureusement j'avais mes gants de marié... (Il les ôte, les jette sur la table.) Sans mon mariage j'étais perdu; mais voyons, dépêchons : c'est à vous de prendre des mesures de sûreté.

LAVENETTE.

Il vient d'entrer dans cet appartement.

TOUS.

Dans cet appartement!

AIR : Finale de *la Neige*.

LAVENETTE.

Je tremble, je tremble,
Je tremble d'effroi!
Même sort nous rassemble ;
Je prévoi
Que c'est fait de moi.

JONATHAS.
Mais de peur qu'il ne sorte
Fermons bien cette porte.

LAVENETTE.
Pour enfermer ici
Votre femme avec lui.

JONATHAS, LAVENETTE et LE CHOEUR.
C'est lui, c'est lui.
Fuyons loin d'ici !

SCÈNE XI.

Les mêmes; GABRIEL, Mme DE CRÉCY.

(Gabriel paraît donnant la main à madame de Crécy : tous les assistants poussent un cri d'effroi, et s'enfuient en fermant les portes, hors celle du cabinet à gauche, qui reste ouverte.)

SCÈNE XII.

GABRIEL, Mme DE CRÉCY.

(Tous deux au milieu du théâtre et se regardant d'un air étonné.)

Mme DE CRÉCY.
Qu'est-ce que cela signifie ?

GABRIEL, d'un air innocent.

Je n'en sais rien, et je ne m'en doute même pas. Comme je venais de vous le dire, d'après les nouvelles instances de votre mari, qui craignait que mon départ ne parût extraordinaire à la société, je voulais, madame, vous donner la main jusqu'à la mairie, et après cela, obéir à vos ordres en vous quittant pour jamais.

Mme DE CRÉCY.

Je ne me trompe point, l'on ferme les portes sur nous !

GABRIEL, froidement.

Je ne sais pas alors comment nous ferons pour aller à la mairie ; il faudra attendre qu'on nous ouvre.

Mme DE CRÉCY.

Comment ! monsieur, nous laisser ainsi ! s'enfuir à notre aspect !

GABRIEL.

AIR de Céline.

Oui, dans l'exacte bienséance,
Il est mal de nous oublier.
Je conçois votre impatience,
Vous avez à vous marier !
Je sais que l'on tient d'ordinaire
A terminer ces choses-là ;
Quant à moi, je n'ai rien à faire,
Et j'attendrai tant qu'on voudra.

Mme DE CRÉCY.

O ciel ! ce calme, ce sang-froid... c'est quelque ruse de vous !

GABRIEL.

Je conviens, madame, qu'au premier coup d'œil, cette idée-là a bien quelque apparence de raison.

AIR du vaudeville du Piége.

Banni par un injuste arrêt,
Encor tout plein de mon outrage,
J'ai pu former quelque projet
Pour empêcher ce mariage.
Vous enlever à la noce ! ah ! vraiment,
C'eût été d'une audace extrême !
Alors, j'ai trouvé plus décent,
D'enlever la noce elle-même.

Elle vient de partir.

Mme DE CRÉCY.

J'ignore quels moyens vous avez employés ; mais celui qui a pu me compromettre ainsi n'obtiendra jamais rien de moi.

GABRIEL.

Permettez-moi au moins de me justifier et de vous expliquer...

Mme DE CRÉCY.

Éloignez-vous, monsieur, je ne veux rien entendre.

GABRIEL.

Vous ne devez point douter, madame, de mon respect ni de ma soumission : à défaut d'autre mérite, j'aurai du moins celui de l'obéissance, et je ne reparaîtrai à vos yeux que quand vous me rappellerez.

(Il sort.)

SCÈNE XIII.

Mme DE CRÉCY, seule.

Est-il exemple d'une pareille audace! de sang-froid concevoir un tel projet!... et bien plus, l'exécuter! Comment en est-il venu à bout? je ne puis le deviner; mais je le saurai. (Allant à la table et sonnant.) Holà ! quelqu'un... (Sonnant plus fort et à l'autre bout du théâtre.) Eh bien! viendra-t-on?... personne, aucun domestique... suis-je donc seule dans cette maison?

(Sur la ritournelle de l'air suivant, on entend crier en dehors :)

VOIX, au dehors.

A vos postes, garde à vous!

Mme DE CRÉCY, allant à la porte du fond.

Tout est fermé et barricadé en dehors.

AIR du *Muletier*.

Je commence à trembler, je croi.

Ah ! du moins, par cette fenêtre,
Peut-être pourrais-je connaître
Ce que l'on veut faire de moi.
(Regardant par la croisée à droite.)
Eh ! mais, qu'est-ce que j'aperçoi ?
Les murs sont entourés de gardes,
Je vois des paysans armés de hallebardes.
Que de précautions ! que de soins ! et pourquoi ?
Pour laisser un amant tête à tête avec moi !
(Regardant.)
C'est Jonathas ! c'est bien lui que je voi.

Dieu me pardonne, c'est mon mari lui-même qui les place en sentinelles autour du parc ; il a donc bien peur que je n'en réchappe !

Suite de l'air.

Par hasard, serais-je en prison !
L'hymen en est une, dit-on ;
Mais en ce cas, ce qui m'étonne,
C'est le geôlier que l'on me donne :
Oui, chacun serait étonné
Du geôlier que l'on m'a donné.

(On entend sur la ritournelle :

VOIX, au dehors.

Qui vive ? garde à vous !

(On voit paraître à la croisée une lettre au bout d'une perche.)

Mme DE CRÉCY.

Grâce au ciel ! voici des nouvelles ; je vais donc savoir quel est ce mystère. (Elle va à la croisée et prend la lettre.) Une lettre... *A monsieur, monsieur Gabriel de Révannes, officier de marine.* C'est pour lui, et à coup sûr je n'irai pas lire ses lettres. (Allant à la porte par laquelle Gabriel est sorti.) Monsieur, monsieur, je vous en supplie.

SCÈNE XIV.

Mme DE CRÉCY, GABRIEL.

GABRIEL.

Quoi! madame, vous daignez me rappeler?

Mme DE CRÉCY.

Non, sans doute.

GABRIEL, avec douleur, et faisant quelques pas.

Alors... il faut donc encore s'éloigner?

Mme DE CRÉCY, avec impatience.

Mais non, monsieur, restez... Il le faut bien; que je sache enfin ce que cela signifie et quelle est cette lettre.

GABRIEL, l'ouvrant.

C'est le docteur Lavenette qui me fait l'honneur de m'écrire. (Lisant.) « Monsieur, vous avez commis une grande impru-
« dence... vous deviez savoir que votre vaisseau le *Philo-*
« *pœmen* était soumis à la quarantaine... »

Mme DE CRÉCY.

Quoi! monsieur?

GABRIEL, vivement.

N'en croyez pas un mot, madame.

AIR de Préville et Taconnet.

Que le calme rentre en votre âme.
Votre docteur y fut le premier pris;
   Le *Philopœmen* c'est, madame,
   La diligence de Paris :
Lourd bâtiment, qui très-souvent chavire,
Mauvais voilier et vaisseau de haut bord,
Que six chevaux traînaient avec effort.
Et ce matin, notre pesant navire
Au grand galop est entré dans le port.

Mme DE CRÉCY.

Et le docteur a été dupe d'une pareille ruse!

GABRIEL.

Oui, madame, et rien ne lui ôterait cette idée-là; aussi je n'y pense seulement pas. (Froidement.) Je vais achever sa lettre : (Il lit.) « Je cours faire mon rapport à la société de mé-
« decine; et en attendant, vous ne devez point vous étonner
« des mesures d'urgence que nécessite l'événement. Les
« portes de cette maison seront exactement gardées, et vous
« ne pourrez en sortir que dans quarante jours... »

Mme DE CRÉCY.

Ah! mon Dieu!...

GABRIEL.

Pour vous, madame, le tête-à-tête est un peu long; mais pour moi le temps va se passer avec une rapidité...

Mme DE CRÉCY, avec colère.

C'est une indignité; c'est en vain qu'on prétend me retenir ici.

GABRIEL, continuant la lettre.

« Quant à la jeune dame qui est restée avec vous, et que
« malheureusement ces mesures concernent aussi, mon ami
« Jonathas et moi la mettons sous la sauvegarde de votre
« honneur et de votre délicatesse. Un militaire français... »
— C'est juste, les phrases d'usage. (Parcourant la lettre.) Du reste, des livres, des provisions, tout ce que nous pouvons désirer nous sera fourni en abondance. On ne nous refuse rien... que la liberté!

Mme DE CRÉCY, avec colère.

Ainsi, monsieur, c'est grâce à vous que je suis renfermée dans cette prison, et vous ne voulez pas que je vous déteste?

GABRIEL.

Si, madame, permis à vous: c'est un moyen comme un autre de passer le temps; mais si mon imprudence vous a donné des fers, au moins vous rendrez justice au sentiment généreux qui m'a porté à partager votre captivité.

Mme DE CRÉCY.

Je suis d'une colère...

GABRIEL.

Du reste, c'est presque une revanche; et quand je pense à tous ceux que vous avez privés de leur liberté...

Mme DE CRÉCY, avec impatience.

Eh! monsieur, faites-moi grâce de phrases pareilles, et une fois pour toutes, qu'il n'y ait jamais entre nous le moindre mot d'amour ou de galanterie; je ne le souffrirais pas.

GABRIEL.

Soit, madame! vous n'avez qu'à commander; et puisque vous le voulez, je ne parlerai que raison. Pour commencer, je vous ferai observer qu'il est sans doute cruel d'être ainsi renfermés pendant six semaines; mais aux maux sans remède il n'y a que la patience, il faut tâcher de prendre son parti; et il me semble que se quereller et s'aigrir, comme nous le faisons, ne sert à rien et fait paraître le temps encore plus long. Que n'ai-je pour l'abréger, (La regardant.) l'esprit et la grâce d'une personne que vous connaissez, et que je ne veux pas nommer! Que n'ai-je, pour vous plaire, sa conversation aimable et piquante!

Mme DE CRÉCY.

Ce serait inutile; car je ne suis pas en train de causer, et je ne vous répondrais pas.

GABRIEL.

Aussi, madame, je ne vous demande rien, moi; je vous vois, et cela me suffit; c'est pour vous seule que je suis en peine; un marin a peu de ressources dans l'esprit; il a le désir de plaire, mais le secret, où le trouver? je vous le demanderais, madame, si vous étiez en humeur de me répondre; (Elle lui tourne le dos, et va s'asseoir près de la table à droite.) mais vous venez de m'annoncer vos intentions à cet égard... Que pourrais-je donc faire pour vous distraire?

AIR : Depuis longtemps j'aimais Adèle.

Je pourrais bien vous parler politique,
Ou vous conter mes campagnes sur mer.
(Allant à la table à gauche.)
Ce n'est pas gai! vous aimez la musique;
Si d'*Othello* j'essayais un grand air?
Mais non, je vois et Montaigne et Voltaire;
A la faveur de ces noms révérés
   Je puis parler sans vous déplaire,
   Ce n'est pas moi que vous entendrez.

Je prends le théâtre de Voltaire; n'est-ce pas, madame?

Mme DE CRÉCY, prenant son ouvrage.

Comme vous voudrez, je n'écoute pas.

GABRIEL, s'asseyant près d'elle.

Tant mieux, car j'aurais eu peur de ne pas lire assez bien. (Ouvrant le livre.) Acte IVme, scène III, peu importe.

(Madame de Crécy lui tourne le dos; lisant.)

« Je sais mes torts, je les connais, madame,
« Et le plus grand qui ne peut s'effacer,
« Le plus affreux fut de vous offenser.
« Je suis changé. — J'en jure par vous-même,
« Par la raison que j'ai fui... mais que j'aime!
« A peine encore échappé du trépas,
« Je suis venu, l'amour guidait mes pas.
« Oui, je vous cherche à mon heure dernière;
« Heureux cent fois, en quittant la lumière,
« Si destiné pour être votre époux,
« Je meurs, au moins, sans être haï de vous! »

Mme DE CRÉCY, se retournant.

Quel est ce passage?

GABRIEL.

C'est de Voltaire! *l'Enfant prodigue*... lorsque Euphémon revient auprès de Lise...

(Continuant.)

« Ne cachez point à mes yeux pleins de larmes
« Ce front serein, brillant de nouveaux charmes;
« Regardez-moi, tout changé que je suis,
« Voyez l'effet de mes cruels ennuis.
« De longs regrets, une horrible tristesse,
« Sur mon visage ont flétri ma jeunesse.
« Je fus peut-être autrefois moins affreux,
« Mais voyez-moi, c'est tout ce que je veux. »

Mme DE CRÉCY, l'interrompant.

Assez, monsieur, assez !

GABRIEL.

Le reste de la scène est pourtant bien plus intéressant ; surtout le moment où elle lui pardonne.

Mme DE CRÉCY.

Oui, mais parlons d'autre chose.

GABRIEL, vivement.

Mon Dieu, madame, comme vous voudrez; d'autant que, pendant notre séjour en ces lieux, nous avons beaucoup de choses à régler; d'abord, l'emploi de notre journée; moi, j'aime l'ordre avant tout.

Mme DE CRÉCY.

Vraiment !

GABRIEL.

Oui, madame, j'ai comme cela quelques bonnes qualités qu'on ne me connaît pas. Dans le monde, on préfère les avantages extérieurs, on se laisse séduire par des dehors aimables ou brillants; mais comment connaître le caractère de celui avec qui l'on doit habiter ? Comment savoir s'il aura les soins, les égards, la complaisance, qui font un bon mari ?... De là, les illusions détruites, les plaintes, les regrets, les mauvais ménages... Pour obvier à tout cela, il n'y aurait qu'un moyen que j'aurais envie de proposer : ce serait d'établir, avant d'arriver au port de l'hymen, une espèce de quarantaine conjugale. (A madame de Crécy qui sourit.) Je vois que ce projet vous sourit, et pour vous développer mon idée, vous sentez bien qu'un mariage à l'essai, une communauté anticipée...

Mme DE CRÉCY.

C'est inutile, monsieur, je comprends parfaitement. Mais revenons à ce que nous disions tout à l'heure, où en étions-nous ?

GABRIEL.

Sur un chapitre qui ne vous tiendra pas bien longtemps, sur celui de mes bonnes qualités.

Mme DE CRÉCY.

Ah ! je me rappelle, vous me disiez que vous avez de l'ordre.

GABRIEL.

Oui, madame, j'en ai toujours eu, même quand j'étais garçon; et si jamais j'étais assez heureux pour entrer en ménage, j'ai d'avance un plan tout tracé, dont je ne m'écarterais pas d'une ligne. D'abord, madame, comme je n'aime pas la médisance, je n'habiterais pas une petite ville.

Mme DE CRÉCY.

Ah ! monsieur préfère la capitale ?

GABRIEL.

Oui, madame; j'aurais dans la Chaussée-d'Antin, et non loin du boulevard, un joli hôtel pour moi et ma femme : ça ne serait pas bien grand; mais le bonheur tient si peu de place !... Nous aurions ensuite un joli équipage...

Mme DE CRÉCY.

Comment, monsieur !

GABRIEL.

Est-ce que vous croyez que je laisserai ma femme aller à pied, en hiver surtout, pour qu'elle se fatigue, qu'elle s'enrhume ? Pauvre petite femme ! ah ! bien oui.

AIR du vaudeville de Voltaire chez Ninon.

Nous aurions le brillant landau,

Ou le coupé fait à la mode;
Un landau, c'est vraiment fort beau,
Mais un coupé, c'est bien commode !
Lequel choisirais-je des deux?
Mon seul embarras est d'apprendre
Celui qu'elle aimera le mieux...

(Se retournant vers madame de Crécy.)

Que me conseillez-vous de prendre?

Mme DE CRÉCY, souriant.

Un instant, monsieur... il me semble que pour quelqu'un qui a de l'ordre et de l'économie, vous voilà déjà avec un hôtel à la Chaussée-d'Antin, un landau...

GABRIEL

Je vois que vous préférez le landau, et vous avez raison, parce que, dans la belle saison, il nous mènera à une jolie maison de campagne, sur le bord de la Marne ou de la Seine; un beau pays, un air pur... Il faut bien penser à la santé de ma femme... Mais nous sommes encore dans Paris; n'en sortons pas... Le matin nous irions faire nos visites, courir les promenades, le bois de Boulogne, ensemble, toujours ensemble; le soir, nous aurions notre loge à tous les théâtres; car je veux que ma femme s'amuse.

Mme DE CRÉCY.

Une loge à tous les théâtres !... Ah çà ! monsieur, prenez garde, vous allez vous ruiner.

GABRIEL.

N'ayez pas peur... Mais il ne s'agit pas ici de ma fortune, il s'agit de mon bonheur; revenons à ma femme. Nous voyez-vous tous les deux, assis l'un près de l'autre, écoutant les beaux vers de Racine ou de Voltaire, et nous attendrissant sur des amours qui nous rappellent les nôtres? Me voyez-vous, le soir, ramenant ma femme chez moi, ou plutôt chez elle, dans cette maison que le luxe et les arts ont parée pour la recevoir? Ah! quel bonheur d'enrichir ce qu'on aime, d'embellir son existence par les trésors qu'on a

acquis aux périls de la sienne ! (Madame de Crécy se lève, et Gabriel continue en la suivant.) Oui, madame, oui, dans les mers du Nouveau-Monde, lorsqu'un bâtiment ennemi se présentait, quand nous sautions à l'abordage, quand une riche part du butin venait augmenter ma fortune, je me disais : « C'est
« pour elle, je pourrai le lui offrir, je pourrai l'entourer de
« tous les plaisirs de l'opulence ; ce que le commerce, les
« arts, l'industrie, auront créé de plus riche et de plus élé-
« gant, je pourrai le lui prodiguer, non qu'elle en ait besoin
« pour être plus jolie, ni moi pour l'aimer davantage, mais
« en amour, le bonheur qu'on partage est doublé de moi-
« tié. » Telles étaient mes espérances, tels sont les plans que j'ai formés, et qu'un mot de vous, madame, peut réaliser ou détruire à jamais.

Mme DE CRÉCY.

Que dites-vous?

GABRIEL.

Que malgré votre ressentiment, que malgré mes nouveaux torts, vous ne pouvez douter de mon amour, et que cette ruse même en est une nouvelle preuve ! mon imprudence vous a compromise, mais pour vous faire connaître celui que vous me préfériez.

AIR de *La Sentinelle*.

Oui, maintenant prononcez entre nous :
A son rival le lâche qui vous livre,
Celui qui craint de mourir avec vous,
Pour vous, madame, est-il digne de vivre?
Qu'un tel destin n'est-il venu s'offrir
  A moi, moi, votre amant fidèle!
J'aurais dit, heureux de mourir :
  « Seule elle eut mon premier soupir,
  « Et mon dernier sera pour elle. »

Vous m'aimiez autrefois, vous me l'avez dit.

Mme DE CRÉCY, se retournant.

Ah! mon Dieu! qui vient là?

GABRIEL.

Peut-être vient-on nous rendre la liberté.

Mme DE CRÉCY, involontairement.

Déjà!

GABRIEL, à ses genoux.

Ah! je n'en demande pas davantage.

SCÈNE XV.

Les mêmes ; LAVENETTE, JONATHAS.

(Madame de Crécy est à droite, au coin du théâtre, assise, et Gabriel est près d'elle à genoux, continuant à lui parler bas. Lavenette et Jonathas entrent par la porte à gauche ; ils ont à la main des flacons, et portent à leur figure des mouchoirs imprégnés de vinaigre.)

JONATHAS, les apercevant de loin.

Dieux! que vois-je!

(Il fait un pas et recule.)

LAVENETTE.

Eh bien! avancez donc.

JONATHAS.

Parbleu! c'est à vous, puisqu'en votre qualité de médecin de la ville, on vous a ordonné de faire le rapport; cette fois-ci, il n'y a pas à aller en mer, et vous ne pouvez pas refuser.

LAVENETTE.

Je le crois bien, sans cela je perdrais ma place ; mais ce ne sera pas long.

(Il se met à la table qui est à l'extrême gauche, en face de Gabriel et de madame de Crécy, et se met à écrire en tremblant.)

JONATHAS, au milieu du théâtre, et regardant madame de Crécy.

Ah çà ! mais... ils n'ont pas l'air de m'apercevoir. (Appelant de loin.) Hem! hem! madame! mon ami Gabriel!...

Mme DE CRÉCY.

Ah! vous voilà, monsieur! approchez-vous donc?

JONATHAS, reculant.

Vous êtes trop bonne; il n'est pas nécessaire. Il me semble que mon ami Gabriel vous parle de bien près.

Mme DE CRÉCY.

Nous nous occupions de vous, monsieur, et nous disions qu'il faudra déchirer le contrat et plaider de nouveau, à moins que vous ne préfériez vous arranger à l'amiable.

JONATHAS.

Qu'est-ce que cela signifie?

GABRIEL, se levant.

Je vais te l'expliquer.

JONATHAS, s'éloignant.

Du tout, ne vous dérangez pas, ce n'est pas la peine.

GABRIEL.

AIR du vaudeville des Filles à marier.

Tu nous a mis tous deux en quarantaine,
    Et, victime d'un sort cruel,
    Madame va, malgré sa haine,
S'unir à moi par un nœud éternel :
Il l'a fallu... c'était tout naturel.
Que n'eût pas dit votre ville indiscrète?
Ensemble ici rester quarante jours!
Nous ne pouvions, craignant les sots discours,
Légitimer un si long tête-à-tête,
    Qu'en le faisant durer toujours.

JONATHAS.

A la bonne heure : mais tu sens bien, mon ami Gabriel, que ça ne peut pas se passer ainsi.

GABRIEL.

Comme tu voudras; je suis à toi.

JONATHAS, se reculant.

Pas maintenant, nous nous battrons dans six semaines, quand il n'y aura plus de danger; voilà comme je suis! la santé avant tout!

SCÈNE XVI.

Les mêmes; GIROFLÉE, tenant à la main un porte-manteau et une malle sur son dos.

GIROFLÉE.

Monsieur, voici vos effets.

JONATHAS.

D'où vient cet imbécile?

GIROFLÉE.

Des messageries, où j'ai attendu pendant deux heures.

LAVENETTE.

Que dites-vous? cette malle est à monsieur. Qui vous l'a donnée?

GIROFLÉE.

Le conducteur.

LAVENETTE.

D'où vient-elle?

GABRIEL.

De Paris, d'où je l'ai apportée.

LAVENETTE.

Par le *Philopœmen*?

GABRIEL.

Non, monsieur, par la diligence de la rue du Bouloi.

JONATHAS et LAVENETTE.

Il se pourrait ! c'était donc une ruse ?

GIROFLÉE.

Parbleu ! ils sont une douzaine de voyageurs qui ont fait route avec monsieur.

GABRIEL.

Si vous en doutez encore, (Fouillant dans sa poche.) voici des gants et un éventail qui appartiennent à une jolie voyageuse dont j'ai été cette nuit le cavalier.

LAVENETTE.

L'éventail et les gants de ma femme !

GABRIEL.

Que je comptais avoir l'honneur de rapporter moi-même à madame Lavenette.

LAVENETTE.

Je m'en charge, monsieur, car je n'aime pas ces histoires de diligence. Dans notre ville du Havre, il n'en faudrait pas davantage pour faire croire que...

JONATHAS.

C'est juste ; mais convenez, docteur, que s'il avait voulu, il aurait pu s'en donner les gants.

LAVENETTE.

Jonathas !...

JONATHAS.

Encore une. C'est la dernière.

VAUDEVILLE.

AIR nouveau de M. ADAM.

LAVENETTE.

Tous leurs désirs sont exaucés,
Prions qu'autant nous en advienne.
Ici-bas vous qui dispensez

Les plaisirs ainsi que les peines,
Daignez mettre, ô Dieu de bonté,
Pour le bien de l'espèce humaine,
Tous les plaisirs en liberté,
Et les chagrins en quarantaine !

JONATHAS.

Vins étrangers, ah ! s'il est vrai
Qu'à la frontière on vous condamne,
Vins du Rhin, et vins de Tokai,
Tâchez d'échapper à la douane !
Mais vous qui du Pinde français
Osez envahir le domaine,
Vers allemands, drames anglais,
Restez toujours en quarantaine.

GIROFLÉE.

Qu'est qu' c'est qu' l'Institut ? il paraît
Que d'esprit on y fait la banque ;
On s' moqu' d'eux s'ils sont au complet,
On les cajol' dès qu'il en manque.
Cet usag'-là me semble neuf,
Ils ont donc, ça me met en peine,
Plus d'esprit quand ils sont trent'-neuf,
Que lorsqu'ils sont la quarantaine ?

GABRIEL.

Exilés du palais des grands,
Que le mensonge et son escorte,
Que les flatteurs, les intrigants,
Demeurent toujours à la porte ;
Mais jusqu'au trône, en liberté,
Que la voix du malheur parvienne,
Et surtout que la vérité
Ne soit jamais en quarantaine !

Mme DE CRÉCY, au public.

Quelquefois les pièces, chez nous,
Meurent le jour qui les vit naître ;
Mais souvent aussi, grâce à vous,

Cent fois on les voit reparaître.
Les auteurs sont moins exigeants :
Ils accepteraient la centaine;
Mais je crois qu'ils seront contents,
S'ils vont jusqu'à la quarantaine.

LE PLUS BEAU JOUR DE LA VIE

COMÉDIE-VAUDEVILLE EN DEUX ACTES

EN SOCIÉTÉ AVEC M. VARNER.

Théatre de S. A. R. Madame. — 22 Février 1825.

PERSONNAGES.	ACTEURS.
M. BONNEMAIN, receveur général .... MM.	FERVILLE.
M. DE SAINT-ANDRÉ	CLOZEL.
FRÉDÉRIC, amant d'Estelle.	PERRIN.
Mme DE SAINT-ANDRÉ .... Mmes	JULIENNE.
ANTONINE, ⎫ filles de M. et Mme de	VIRGINIE-DÉJAZET.
ESTELLE, ⎭ Saint-André......	DORMEUIL.
JULES, cousin de M. de Saint-André ...	ADELINE.

UN DOMESTIQUE. — PARENTS et AMIS de M. de Saint-André.

A Paris, dans la maison de M. de Saint-André.

LE PLUS BEAU JOUR
DE LA VIE

ACTE PREMIER

Un salon. — Porte au fond, et sur le premier plan, deux portes latérales. La porte à droite de l'acteur est celle de l'appartement de madame de Saint-André et d'Antonine ; la porte à gauche est celle qui conduit aux autres appartements de la maison. Du côté gauche, une psyché, et sur le devant, une petite table où sont les bijoux de la mariée. De l'autre côté, un petit bureau élégant ; et sur le devant, une table à écrire.

SCÈNE PREMIÈRE.

BONNEMAIN, entrant par la porte du fond, et s'arrêtant pour parler à la cantonade.

Vous êtes trop bons, je vous remercie. Daignez prendre la peine d'attendre au salon. La mariée n'est pas encore prête. Comment donc ! Certainement, j'apprécie les vœux que vous faites pour mon bonheur. (Descendant le théâtre.) Au diable les compliments ! Je ne peux pas ignorer que c'est aujourd'hui le plus beau jour de ma vie : tout le monde prend plaisir à me le répéter, c'est comme un écho. Les gens de la maison en me faisant leurs révérences, les fournisseurs en présentant leurs mémoires, et les dames de la halle en m'apportant leurs bouquets. Dieu ! que le bonheur coûte cher !

AIR : De sommeiller encor, ma chère. (Fanchon la vielleuse.)

> A la fin, mes poches s'épuisent,
> Car depuis ce matin, d'honneur,
> Je ne vois que gens qui me disent :
> « Je prends part à votre bonheur. »
> Sur le point d'entrer en ménage,
> Mon bonheur est très-grand, je croi ;
> Mais tant de monde le partage
> Qu'il n'en restera plus pour moi !

Nous ne sommes qu'au milieu de la journée, et je n'en puis plus ; j'ai déjà fait vingt courses pour le moins, en voiture, il est vrai ; mais l'ennui de monter et de descendre, et de crotter ses bas de soie... (Regardant la pendule.) Deux heures ! voyez si ma belle-mère et si ma future en finiront ! (Apercevant Estelle qui entre par la porte à droite.) Eh bien ! ma belle-sœur, où en sommes-nous ?

SCÈNE II.

BONNEMAIN, ESTELLE.

ESTELLE.

Rassurez-vous, mon cher beau-frère : dans l'instant ma sœur va paraître ; la toilette avance, car M. Plaisir, le coiffeur, a presque fini.

BONNEMAIN.

C'est heureux ! Depuis midi qu'il tient ma femme par les cheveux... Quel terrible homme que ce Plaisir ! on ne peut pas dire qu'il ait des ailes ; j'en sais quelque chose.

AIR : Ces postillons sont d'une maladresse.

Pour être beau, pour plaire à ma future,
Moi, ce matin, je me suis immolé ;
Car mes cheveux, rétifs à la frisure,
Sans son secours n'auraient jamais bouclé :
Pendant une heure on souffre le martyre,
Pour qu'à la mode ils soient ébouriffés.
Cent fois heureux, c'est le cas de le dire,
    Ceux qui sont nés coiffés !

ESTELLE.

Ne vous impatientez pas, je vais vous tenir compagnie, et m'acquitter de la commission dont vous m'aviez chargée. Je sais enfin pourquoi depuis hier ma sœur vous boudait.

BONNEMAIN.

Vraiment? vous l'avez déviné ?

ESTELLE.

Oh ! mon Dieu, non ; elle me l'a dit : c'est que vous ne lui avez donné que des cachemires longs.

BONNEMAIN.

Et elle exige peut-être...

ESTELLE.

Du tout, elle n'exige pas ; mais elle est de mauvaise humeur, parce que ses bonnes amies lui avaient fait espérer qu'elle en aurait aussi un cinq quarts.

AIR du vaudeville des Maris ont tort.

Qu'un mari donne un cachemire,
On commence à croire à ses feux ;
En donne-t-il deux, on l'admire,
On dit qu'il est bien amoureux.

BONNEMAIN.

Il nous faut donc, mesdemoiselles,
De notre ardeur quand vous doutez,
En chercher des preuves nouvelles
Chez les marchands de nouveautés !

Savez-vous, petite sœur, que ma corbeille me coûtera près de trente mille francs ?

ESTELLE.

Qu'importe ? quand on est amoureux et receveur général...

BONNEMAIN.

Raison de plus. Par état, je reçois et ne donne pas... D'ailleurs, ce cachemire cinq quarts, je l'ai bien acheté ; mais c'était à vous que je comptais l'offrir.

ESTELLE.

Eh bien ! donnez-le à ma sœur, et qu'aucun nuage ne vienne obscurcir le plus beau jour de votre vie.

BONNEMAIN.

Quoi ! vraiment vous n'y tenez pas ?

ESTELLE.

Moi ! nullement.

BONNEMAIN.

Dieu ! quelle femme j'aurais eue là ! si notre mariage n'avait pas été rompu !

ESTELLE, souriant.

Comment ! vous y pensez encore ?

BONNEMAIN.

C'est que je ne puis moi-même m'expliquer comment cela s'est fait. C'est vous qui êtes la sœur aînée ; c'est vous que j'ai demandée en mariage ; je crois même que c'est vous que j'aimais ; et puis on m'a persuadé que j'aimais votre sœur, et si bien persuadé que je suis maintenant réellement amoureux.

ESTELLE.

Et vous avez eu raison. Antonine est bien plus gaie et bien plus aimable que moi.

BONNEMAIN.

Mais elle est passablement coquette ; elle fait des frais pour tout le monde.

ESTELLE.

Eh bien ! vous voilà sûr qu'elle en fera pour vous.

BONNEMAIN.

Oh ! certainement ; mais elle a une vivacité, une inégalité de caractère, tandis que vous... vous êtes si bonne, si indulgente... et puis d'autres qualités; vous ne tenez pas aux cachemires, vous entendez l'économie d'un ménage.

ESTELLE.

Avec un époux millionnaire, c'est une qualité inutile, et je n'aurais su que faire de votre fortune ; tandis que ma sœur vous en fera honneur, et votre maison sera tenue à merveille. Un financier et une jolie femme, c'est la recette et la dépense.

BONNEMAIN.

Eh ! sans doute; mais...

ESTELLE.

Allons, mon cher beau-frère, vous êtes un ingrat, vous ne sentez pas tout votre bonheur.

SCÈNE III.

Les mêmes ; UN DOMESTIQUE.

LE DOMESTIQUE, à Bonnemain.

Monsieur, voici une lettre qui arrive.

(Il sort après avoir remis la lettre.)

BONNEMAIN.

Encore un autre inconvénient ! Depuis hier, la petite poste me ruine; passe encore si ce n'était que des compliments, mais des lettres anonymes qu'on me fait payer comme des lettres de félicitations, c'est le même prix.

ESTELLE.

C'est qu'elles ont souvent la même valeur; mais vous êtes bien bon de faire attention à cela.

BONNEMAIN, qui a lu sa lettre.

Qu'est-ce que je disais?... encore une... (Lisant.) « Mon-
« sieur, j'apprends en province, où je suis en ce moment,
« que vous allez épouser mademoiselle de Saint-André...
« J'espère, si vous êtes homme d'honneur, que vous suspen-
« drez ce mariage jusqu'à l'explication que je désire avoir
« avec vous... Si j'emprunte une main étrangère et si je ne
« signe point ce billet, c'est à cause de votre beau-père, dont
« je ne veux pas être connu; mais je pars, presque en
« même temps que ma lettre; et je serai à Paris le 8. »
Qu'est-ce que cela veut dire ?

ESTELLE.

C'est une plaisanterie, une mystification.

BONNEMAIN.

Je l'ai bien vu tout de suite ; mais voilà une plaisanterie
de bien mauvais genre ; ça sent bien la province, et cela
me ferait croire...

ESTELLE.

Allons donc ! n'allez-vous pas y penser ? est-ce que ça
en vaut la peine ?

BONNEMAIN.

Non, certainement. (Réfléchissant.) Le 8, c'est le 8 qu'il
doit arriver ; par bonheur, nous sommes aujourd'hui le 7 ;
mais c'est égal, cette lettre-là va me tourmenter toute la
journée. Et ma femme qui ne se dépêche pas ! on nous
attend à la municipalité ; le maire va s'impatienter, et nous
courons risque de n'être mariés que par l'adjoint.

ESTELLE.

AIR : Tenez, moi je suis un bon homme. (Ida.)

Pourvu qu'enfin on vous marie !

BONNEMAIN.

Mais dans le salon d'où j'accours,
On fait mainte plaisanterie,
On fait même des calembours,

(A part.)
« Pour l'époux quel fâcheux présage, »
Disaient tout bas quelques témoins,
« De commencer son mariage,
« Avec le secours des adjoints ! »

Ah ! voici enfin madame de Saint-André, ma belle-mère.

SCÈNE IV.

Les mêmes; Mme DE SAINT-ANDRÉ, sortant de la chambre à droite.

Mme DE SAINT-ANDRÉ.

Eh bien ! Estelle, que faites-vous là ? allez donc retrouver votre sœur : ne la laissez pas seule. Pauvre enfant ! dans un jour comme celui-ci, elle a besoin d'être entourée de sa famille.

ESTELLE.

Oui, maman.
(Elle entre dans la chambre à droite.)

Mme DE SAINT-ANDRÉ, d'un air mélancolique.

Bonjour, mon cher Bonnemain ; vous me voyez dans un état... je conçois votre bonheur, votre ivresse ; mais moi, je ne peux pas m'habituer à l'idée de cette séparation ; je suis sûre que j'ai les yeux rouges.

BONNEMAIN.

Du tout, ils sont vifs et brillants, et vous avez un teint charmant.

Mme DE SAINT-ANDRÉ.

C'est qu'il faut bien prendre sur soi ; mais c'est égal, pour une mère, il est si terrible de quitter son enfant... ah ! mon cher ami ! c'est le jour le plus malheureux de ma vie !

BONNEMAIN.

C'est agréable pour moi !.. (A part.) ça et les lettres anonymes...

Mme DE SAINT-ANDRÉ.

Je ne dis pas cela pour vous, mon gendre ; certainement ma fille aura une existence superbe, une voiture, de la considération, l'amour que vous avez pour elle, un hôtel à la Chaussée-d'Antin, et une loge à tous les théâtres ; mais c'est moi qui suis à plaindre !

BONNEMAIN.

Du tout, belle-mère, du tout, vu que vous ne quitterez pas votre fille, et que vous partagerez son bonheur.

Mme DE SAINT-ANDRÉ.

Ah ! oui, n'est-ce pas ? promettez-moi de la rendre bien heureuse, je vous confie son avenir.

AIR : Il me faudra quitter l'empire. (*Les Filles à marier.*)

> Elle est naïve autant qu'elle est jolie ;
> Ménagez-la, que sur ses volontés
> Jamais chez vous rien ne la contrarie,
> Que ses désirs soient toujours écoutés ;
> Qu'en tous vos soins la complaisance brille,
> Que jamais rien ne lui soit reproché ;
> Soyez sans cesse à lui plaire attaché,
> Car avant tout le bonheur de ma fille !

BONNEMAIN.

Et puis le mien, par-dessus le marché.

A propos de cela, belle-mère, sauriez-vous ce que veut dire cette lettre que je viens de recevoir à l'instant ?

Mme DE SAINT-ANDRÉ, *la parcourant.*

Moi, nullement ! une lettre anonyme ! songe-t-on à cela ? si je vous montrais celles qu'on m'a écrites sur vous...

BONNEMAIN.

Sur moi ! je voudrais bien savoir...

Mme DE SAINT-ANDRÉ.

J'ai bien d'autres choses à vous dire. Avez-vous été chez madame de Versec ?

BONNEMAIN.

Et pourquoi?

Mme DE SAINT-ANDRÉ.

Parce qu'elle ne viendra pas, si l'on ne va pas la chercher.

BONNEMAIN.

N'y a-t-il pas les garçons de la noce ?

Mme DE SAINT-ANDRÉ.

Il faut que ce soit vous-même ; vous-même, entendez-vous ; c'est ma sœur, la tante de votre femme.

BONNEMAIN.

Vous ne vous voyez jamais !

Mme DE SAINT-ANDRÉ.

Dans le courant de l'année, c'est vrai ; mais aux solennités de famille, aux mariages et aux enterrements, c'est de rigueur ; mais allez donc, allez donc !

SCÈNE V.

Les mêmes; M. DE SAINT-ANDRÉ, entrant par le fond.

M. DE SAINT-ANDRÉ.

Eh bien ! mon gendre, voici bien une autre affaire ! vous avez si mal pris vos mesures que Collinet nous fait dire qu'il ne pourra venir ce soir, et que nous n'aurons pas d'orchestre.

Mme DE SAINT-ANDRÉ.

Comment ! on ne danserait pas ?

M. DE SAINT-ANDRÉ.

A moins que nous ne trouvions des amateurs parmi les convives.

BONNEMAIN.

C'est ça, une musique d'amateurs, le jour de ses noces ! joli commencement d'harmonie !

M. DE SAINT-ANDRÉ.

Mais allez donc, prenez une voiture, courez au Conservatoire, s'il le faut; on fait ces choses-là soi-même.

BONNEMAIN.

Encore un voyage! Dites-moi, ma belle-mère, ne pourriez-vous pas vous occuper de la partie musicale?

Mme DE SAINT-ANDRÉ.

Qui? moi! dans l'état où je suis, est-ce que je le peux? est-ce que je songe à rien? est-il convenable que je quitte ma fille?

BONNEMAIN.

Dites donc?... si on ne dansait pas du tout! la noce serait plus tôt finie.

M. DE SAINT-ANDRÉ.

Y pensez-vous?

Mme DE SAINT-ANDRÉ.

Et ma fille qui a une toilette de bal délicieuse! j'aimerais mieux qu'on remît la noce à demain.

BONNEMAIN.

A demain! non pas; (A part.) c'est demain le 8.

M. DE SAINT-ANDRÉ.

Et puis, la grande raison, c'est que sur les billets d'invitation que j'ai composés moi-même il est question d'un bal; c'est imprimé.

BONNEMAIN.

Eh bien! est-ce une raison pour que cela soit vrai?

M. DE SAINT-ANDRÉ.

Oui, sans doute; et moi, qui tiens scrupuleusement à la règle et à l'étiquette, vous m'avez fait commettre, depuis huit jours, plus de fautes...

BONNEMAIN.

Moi!

M. DE SAINT-ANDRÉ.

Certainement. D'abord il est question de votre mariage avec ma fille aînée, et je m'empresse d'envoyer à tous mes parents, amis et connaissances, la circulaire de rigueur, annonçant que mademoiselle Estelle de Saint-André va épouser M. Bonnemain, receveur général ; j'en ai envoyé jusqu'à Lyon et à Bordeaux. Eh bien ! pas du tout, monsieur n'était pas sûr...

BONNEMAIN.

Tiens ! qui est-ce qui est sûr de rien ? Comme si je pouvais prévoir un changement d'inclination !

AIR du vaudeville des *Scythes et les Amazones.*

C'est une chose à présent fort commune :
Ne voit-on pas chez nous, dans tous les rangs,
Pour l'amitié, les plaisirs, la fortune,
Changer d'idées ou bien de sentiments ?
L'ambition fait tourner bien des têtes ;
Enfin, pourquoi voulez-vous, de nos jours,
Lorsque partout on voit des girouettes, } (*Bis.*)
N'en pas trouver aussi chez les amours, }
N'en pas voir aussi chez les amours ? (*Bis.*)

Mme DE SAINT-ANDRÉ.

Vous perdez là un temps précieux ; partez donc !

BONNEMAIN.

Oui, ma belle-mère ; oui, mon beau-père. (Allant vers la porte du fond. — A la cantonade.) Faites avancer ma voiture... Il est bien temps que le mariage vienne me fixer, car depuis ce matin...

(Il va à la porte de la chambre à droite.)

Mme DE SAINT-ANDRÉ, à Bonnemain.

Que faites-vous donc ?

BONNEMAIN.

C'est que je voudrais, avant de partir, savoir où en est la toilette de ma femme.

(Il frappe à la porte.)

JULES, en dedans.

Qui est là ?

BONNEMAIN, prenant une petite voix.

C'est le marié.

JULES, en dedans.

Tout à l'heure ; on n'entre pas.

BONNEMAIN.

Qu'est-ce que cela signifie ? ma femme n'est pas seule.

Mme DE SAINT-ANDRÉ.

Eh ! non, elle est avec sa sœur, ses femmes de chambre, et Jules, un de nos parents.

BONNEMAIN.

Qu'est-ce que c'est que M. Jules ?

Mme DE SAINT-ANDRÉ.

C'est son cousin. Quel regard vous venez de me lancer ! est-ce que vous seriez jaloux ? jaloux d'un enfant qui fait encore sa logique !

BONNEMAIN.

La logique !... la logique !... qu'est-ce que cela prouve ? (Bas à madame de Saint-André.) Si cette lettre anonyme était de lui ! je me défie des cousins ; comme l'a dit un savant : l'hymen est un mélodrame à fracas où les petits cousins jouent le rôle de traîtres.

Mme DE SAINT-ANDRÉ, pleurant.

Et le mari le rôle de tyran.

M. DE SAINT-ANDRÉ, à Bonnemain.

Allons donc, mon gendre, qu'est-ce que vous faites là ? Je ne vous quitte pas que vous ne soyez en voiture.

BONNEMAIN.

C'est ça ; le beau-père qui s'impatiente, la belle-mère qui pleure ; je suis entre le feu et l'eau ; allons, belle-maman, essuyez vos beaux yeux ; je cours vous obéir... mais que de choses à faire !

AIR du vaudeville du Petit Courrier

Nous avons d'abord Collinet,
Puis la visite à la grand'tante,
Le maire qui s'impatiente,
Et le glacier qu'on oubliait.
Ah! grand Dieu! quel ennui j'éprouve!
Dans ce jour qu'on semble envier,
Il n'est pas bien sûr que je trouve
Un instant pour me marier.

(Il sort par le fond, M. de Saint-André sort avec lui.)

SCÈNE VI.

Mme DE SAINT-ANDRÉ, ANTONINE, ESTELLE.

Mme DE SAINT-ANDRÉ.

Je suis pour ce que j'ai dit : je crains qu'il ne soit un peu tyran. (Allant vers l'appartement à droite, dont elle ouvre la porte.) Ma fille, ma fille, je suis seule ici; tu peux y venir achever ta toilette.

ANTONINE, allant se placer devant la glace.

Si vous saviez, maman, combien je suis malheureuse! mon voile ne va pas bien du tout; il fait trop de plis...

ESTELLE.

Nous faisons cependant notre possible.

ANTONINE.

J'ai envie de n'en pas mettre.

Mme DE SAINT-ANDRÉ, arrangeant le voile.

Impossible, le voile est indispensable, c'est l'emblème de l'innocence, de la modestie, qui convient à une jeune personne... A propos, ton mari sort d'ici.

ANTONINE, sans l'écouter.

Ah! je crois qu'il faudrait une épingle.

Mme DE SAINT-ANDRÉ.

Il était désolé de ne pas te voir, et si tu avais été témoin de sa colère, de son impatience...

ANTONINE, sans l'écouter.

Dis donc, ma sœur, je crois que ma ceinture ne serre pas assez la taille.

ESTELLE.

Attends, je vais voir; regardez donc, maman, comme ma sœur est bien.

ANTONINE.

Ce n'est pas sans peine.

Mme DE SAINT-ANDRÉ, tout en arrangeant sa toilette.

Je n'ai pas besoin, ma chère amie, de te tracer la conduite que tu auras à suivre aujourd'hui : un air affable et attendri avec nos amis et nos parents, un maintien modeste et réservé avec ton mari; si cependant tu peux y mettre une nuance d'affection, cela ne sera pas mal; mais c'est comme tu voudras, parce que quelquefois la froideur sied bien à une jeune mariée; c'est meilleur ton.

ANTONINE.

Oui, maman.

Mme DE SAINT-ANDRÉ.

Si par hasard, et comme cela arrive un jour de noce, quelques personnes t'adressaient des plaisanteries qui ne fussent pas convenables, ne t'avise pas de rougir et de baisser les yeux; c'est une grande imprudence, parce qu'on a l'air de comprendre; regarde-les au contraire d'un air étonné; cela déconcerte sur-le-champ les mauvais plaisants et leur donne la meilleure opinion d'une jeune personne.

ANTONINE.

Ah! maman, c'est toujours ce que je fais.

Mme DE SAINT-ANDRÉ.

Cette chère enfant !... du reste j'ai étudié le caractère de ton mari ; c'est par la douceur qu'il faudra le prendre ; tu en feras ce que tu voudras avec les moindres prévenances, c'est bien facile.

ANTONINE.

Oh! oui ; mais vous, maman, quelle manière avez-vous prise avec mon père?

Mme DE SAINT-ANDRÉ, baissant la voix à cause d'Estelle qui est occupée à regarder la corbeille.

Mauvaise : les attaques de nerfs.

ANTONINE.

Comment?

Mme DE SAINT-ANDRÉ.

Moyen très-fatigant qu'on ne peut guère employer que tous les deux jours.

AIR : Femmes, voulez-vous éprouver. (*Le Secret*.)

Les nerfs n'ont jamais profité
Qu'aux gens d'une faiblesse extrême ;
J'ai par malheur une santé
Peu favorable a ce système.
Mon époux, d'abord affecté,
Rien qu'en me voyant se rassure.

ANTONINE.

Moi, je n'ai pas votre santé,
Et j'en rends grâce à la nature.

Mme DE SAINT-ANDRÉ.

Mais viens, passons au salon.

ANTONINE.

Vous ne sauriez croire ce qu'il m'en coûte d'aller recevoir tant de félicitations à la fois, et puis il y a peut-être des personnes qui ne sont pas encore arrivées.

Mme DE SAINT-ANDRÉ.

C'est juste, je vais voir auparavant si tout le monde y est, afin que ton entrée fasse plus d'effet.

ANTONINE, bas.

Et moi, pendant ce temps, je vais préparer mes cadeaux pour ma sœur et tous nos parents.

Mme DE SAINT-ANDRÉ.

A merveille ! Tenez-vous droite.

AIR du vaudeville de Voltaire chez Ninon.

Prends le maintien, la dignité,
Que ton nouvel état réclame ;
Plus de vaine timidité,
Car, à présent, te voilà femme :
J'abjure mes droits aujourd'hui.

ANTONINE.

Quoi ! sur moi votre pouvoir cesse ?

Mme DE SAINT-ANDRÉ.

Tu ne dépends que d'un mari.

ANTONINE.

Enfin, me voilà ma maîtresse !

(Madame de Saint-André passe dans l'appartement à gauche.)

SCÈNE VII.

ANTONINE, ESTELLE.

ESTELLE.

Que je suis heureuse, au milieu du fracas de cette journée, de me trouver seule un instant avec toi !

ANTONINE.

Ma bonne sœur, toi à qui je dois tout, car enfin, c'est un sacrifice que de me laisser marier la première ; ton mariage était arrêté avec M. Bonnemain, les billets de part envoyés, je crois même qu'un journal l'avait annoncé.

ESTELLE, riant.

C'est pour cela que ça n'a pas eu lieu ; mais tu ne me dois

pas de reconnaissance, car, s'il faut te dire la vérité, ce mariage-là m'aurait rendue bien malheureuse. Je te remercie de m'avoir enlevé ma conquête ; c'est un service d'amie.

ANTONINE.

Qui ne m'a rien coûté. Il est si joli de porter des diamants pour la première fois !

ESTELLE.

AIR : Voulant par ses œuvres complètes. (*Voltaire chez Ninon*.)

Dans une heure l'hymen t'engage,
Tu m'oublîras près d'un époux.

ANTONINE.

Peux-tu tenir un tel langage ?
Quelle différence entre vous !
Songe donc qu'en cette demeure,
Toujours auprès de toi, voici
Dix-huit ans que je t'aime, et lui,
Je vais commencer dans une heure.

ESTELLE.

Pauvre sœur ! Fasse le ciel que cela dure longtemps !

ANTONINE.

Et pourquoi pas ? avec un mari qui est riche, et qui ne me refuse rien... Je ferai des toilettes magnifiques, j'irai dans le monde, je serai admirée, enviée : est-ce qu'il est d'autres plaisirs ? Quant à moi, dans mes rêves, je me suis toujours représenté le bonheur entouré de cachemires et étincelant de pierreries.

ESTELLE.

C'est singulier, ce n'est pas l'idée que je m'en faisais.

ANTONINE.

Oh ! toi, tu n'as pas d'ambition, c'est une qualité qui te manque, et puis une tête trop romanesque : tu t'imagines qu'il faut être folle de son mari.

ESTELLE, souriant.

Chacun a ses travers.

ANTONINE.

Tu me rendras la justice de dire que j'ai respecté tes erreurs, et si jamais Frédéric paraît... il faudra bien qu'il t'épouse... Un jeune homme charmant... je ne dis pas non... l'ami de notre enfance, mais qui n'a pas de fortune, et puis qui demeure à Bordeaux. Comment veux-tu qu'on se marie par correspondance? Mais sois tranquille; je lui ferai avoir une place à Paris par le crédit de mon mari, et un receveur général doit en avoir.

ESTELLE, l'embrassant.

Que tu es bonne!

ANTONINE.

Pauvre sœur! ça ne sera jamais bien considérable, tu ne seras pas heureuse, tandis que moi...

AIR du vaudeville de La Robe et les bottes.

J'aurai toujours un brillant entourage.

ESTELLE.

Moi, le bruit n'est pas de mon goût.

ANTONINE.

J'aurai des gens, un superbe équipage.

ESTELLE.

Moi, l'amour qui tient lieu de tout.

ANTONINE.

Sans mon époux au bal j'irai sans cesse.

ESTELLE.

Moi, je serai près du mien; nous aurons,
Moi, le bonheur...

ANTONINE.

Moi, la richesse.

ESTELLE.

Dans quelque temps nous compterons.

ANTONINE, lui donnant un écrin.

En attendant, reçois ce gage d'amitié et de souvenir, c'est mon présent de noces.

ESTELLE.

C'est trop beau ; tu t'es ruinée.

ANTONINE.

Oh ! c'est avec l'argent de mon mari. Je suis bien fâchée de ne te donner qu'une parure en turquoises ; mais tu sais que, vous autres demoiselles, vous ne portez pas de diamants.

ESTELLE, souriant.

C'est juste ; il n'y a que vous autres femmes mariées.

ANTONINE.

Fais-moi le plaisir d'avertir mes petits cousins, mes cousines, j'ai aussi des cadeaux pour eux.

ESTELLE.

Voici déjà notre cousin Jules, et je vais t'envoyer nos bonnes amies.

(Elle entre dans la chambre à gauche.)

SCÈNE VIII.

JULES, sortant de l'appartement à droite, ANTONINE.

ANTONINE, toujours devant la glace, et se regardant avec complaisance.

Ah ! vous voilà ? Jules, approchez... Je n'ai jamais eu de robe aussi bien faite.

JULES.

C'est donc aujourd'hui, ma cousine, que l'on va vous marier ?

ANTONINE, de même.

Dans une heure je vais jurer à M. Bonnemain de l'aimer

toute la vie, et si mes parents l'avaient voulu je l'aurais juré à un autre. Dites-moi, Jules, comment me trouvez-vous?

JULES.

Mais très-bien, ma cousine, comme à l'ordinaire.

ANTONINE.

Rien de plus! Je suis bien bonne de lui demander... comme si un petit garçon s'y connaissait! Je ne sais pas ce que vous avez fait aujourd'hui de votre goût et de votre amabilité, mais vous êtes d'un maussade...

JULES.

C'est que j'ai du chagrin.

ANTONINE.

Aujourd'hui, c'est très-mal; vous auriez bien pu remettre ça à un autre jour, par amitié pour moi... (Gaîment et en confidence.) Dites donc, Jules... j'espère que vous avez fait des couplets pour mon mariage.

JULES.

Non, ma cousine.

ANTONINE.

C'est joli; comment! vous en avez chanté à la noce de madame Préval, et pour la mienne... c'est bien la peine d'avoir un poëte dans sa famille! Qu'est-ce que vous faites donc au collége?... mais si vous voulez, il est encore temps : mettez-vous à l'ouvrage, vite un impromptu.

AIR : comme il m'aimait. (M. Sans-Gêne.)

Dépêchez-vous, (*Bis.*)
Car déjà la journée avance.

JULES.

Que dire?

ANTONINE.

Ce qu'ils disent tous.
Comme eux, célébrez mon époux,
Son bonheur et son opulence,

Ma candeur et mon innocence...
Dépêchez-vous. (*Bis.*)

JULES.

Moi, célébrer ce mariage! ça me serait impossible.

ANTONINE.

Et pour quelle raison?

JULES.

Je ne sais, je ne puis vous dire... mais je suis au désespoir.

ANTONINE.

Comment! vous pleurez?

JULES.

C'est plus fort que moi, ça m'étouffe...

ANTONINE, avec douceur.

Il se pourrait! Allons, Jules, vous êtes un enfant; et je ne suis pas contente de vous : aussi je ne devrais pas vous donner ce cadeau que je vous destinais.

JULES.

Un présent de vous, oh! Dieu! Qu'est-ce que c'est? Une montre!

ANTONINE.

Oui, monsieur, à répétition, et j'espère que vous la garderez toujours.

JULES.

Ah! oui, toujours; elle m'aidera à compter les instants que vous passerez près d'un autre.

ANTONINE.

Encore! Jules, Jules, je vous en prie, quittez cet air triste et sentimental; voulez-vous donc être remarqué et me causer du chagrin?

JULES, essuyant ses yeux.

Moi! plutôt mourir, et je m'efforcerai pour vous faire plaisir... (A part.) Allons, il faut encore que je sois gai; est-on plus malheureux!

4.

SCÈNE IX.

Les mêmes; Parents et Amis arrivant par le fond; M. DE SAINT-ANDRÉ et Mme DE SAINT-ANDRÉ, sortant de l'appartement à gauche, pour les recevoir.

LE CHŒUR.

AIR de *Léocadie*.

Pour célébrer l'hymen qui vous engage,
Nous venons tous, en bons parents;
Ah! quel beau jour qu'un jour de mariage,
Quand l'amour reçoit nos serments!

SCÈNE X.

Les mêmes; BONNEMAIN, arrivant par le fond.

BONNEMAIN.

Eh bien! eh bien! qu'est-ce que vous faites donc? on nous attend... j'ai cru que je n'en finirais pas! la rue est encombrée de voitures et de curieux. (A part.) A chaque personne qui me saluait, je croyais voir mon jeune homme, d'autant plus qu'en bas on vient de me remettre une seconde lettre de la même écriture... maintenant il arrive le 7... suite de la mystification, qu'est-ce que cela signifie?

M. DE SAINT-ANDRÉ, qui, pendant cet aparté, a salué tous les gens de la noce.

Eh bien! mon gendre, on peut donc partir?

BONNEMAIN.

Oui, sans doute, tout est terminé, ce n'est pas sans peine; nous aurons ce soir notre grand'tante; quant à l'orchestre, ce n'est pas sûr; mais on me fait espérer un suppléant de Collinet, un galoubet adjoint.

ANTONINE.

Comment! monsieur, pas d'orchestre?

BONNEMAIN, avec satisfaction.

Qu'est-ce que je vois?

Mme DE SAINT-ANDRÉ.

Vous êtes ébloui.

JULES, à part.

C'est un fait exprès; elle n'a jamais été plus jolie.

BONNEMAIN.

Oui, certainement, tant d'attraits, de grâces, de diamants!

ANTONINE.

Pas d'orchestre! et vous n'y avez pas couru sur-le-champ!

BONNEMAIN.

Comme si je pouvais être partout! Tout à l'heure encore, le maire m'a fait dire qu'il allait s'en aller.

Mme DE SAINT-ANDRÉ.

Eh bien! partons à l'instant même. (Aux personnes de la noce.) Messieurs, la main aux dames.

BONNEMAIN.

Un instant, beau-père, et le déjeuner? moi qui meurs de faim, après l'exercice que j'ai fait!

M. DE SAINT-ANDRÉ.

Y pensez-vous? un jour de noce, le marié ne mange jamais... ce n'est même pas convenable.

BONNEMAIN, à part.

Et on appelle cela le plus beau jour de la vie!

Mme DE SAINT-ANDRÉ.

Occupons-nous de notre départ... Il faut que rien ne gêne la mariée, pour qu'elle puisse déployer de l'aisance et des grâces. (A Bonnemain.) Prenez son châle, son mouchoir, son éventail...

BONNEMAIN.

Avec tout cela il me sera impossible de donner la main à ma femme.

FINALE.

Quatuor du *Barbier de Séville*. (ROSSINI.)

Ensemble.

M. DE SAINT-ANDRÉ.

Suivant l'ordre ordinaire,
A ma fille d'abord je dois donner la main ;
Vous, mon gendre, à la belle-mère :
Allons, partons soudain.

Mme DE SAINT-ANDRÉ.

Suivant l'ordre ordinaire,
A ma fille d'abord il doit donner la main ;
Vous, mon gendre, à la belle-mère :
Allons, partons soudain.

BONNEMAIN.

Attendez, quelle erreur !
Il manque à la future
La fleur d'oranger de rigueur.

ANTONINE.

Mais, à quoi bon ? pour gâter ma coiffure !
Cela sied mal, c'est une horreur !

Mme DE SAINT-ANDRÉ.

C'est un emblème utile et nécessaire.

ANTONINE.

Qui ne dit rien ; c'est bon pour le vulgaire.

M. DE SAINT-ANDRÉ.

Vous vous trompez, ça dit beaucoup, ma chère
Et je le veux.

ANTONINE.

Dieu ! que c'est ennuyeux !

Mme DE SAINT-ANDRÉ.

Allons, ma fille, obéis à ton père.

Ensemble.

ANTONINE, pleurant de dépit.

Il faut donc se taire,
Hélas! hélas! ma mère!

Mme DE SAINT-ANDRÉ, arrangeant sa coiffure.

Mais je vais ici l'arranger de manière
Que, je t'en réponds, on ne le verra pas.

ANTONINE.

Je suis en colère.

BONNEMAIN, s'avançant près d'elle.

Permettez, ma chère...

ANTONINE, à Bonnemain.

Vous voyez, c'est vous qui seul en êtes cause.

Mme DE SAINT-ANDRÉ, de même.

Vous auriez bien pu vous taire, je suppose.

BONNEMAIN.

C'est aussi trop fort, tout le monde m'accable.

Ensemble.

ANTONINE et Mme DE SAINT-ANDRÉ.

Non, je n'eus jamais plus d'ennui
Qu'aujourd'hui!
Ce bruit, ce fracas, c'est si désagréable!
Quel ennui
Qu'un jour pareil à celui-ci!

M. DE SAINT-ANDRÉ et ESTELLE.

Dieu! quel doux moment! comme c'est agréable!
Quel beau jour qu'un jour pareil à celui-ci!

BONNEMAIN.

Dieu, quel doux aveu! pour moi c'est agréable.
Non, je n'eus jamais plus d'ennui
Qu'aujourd'hui!

TOUS.

C'est donc aujourd'hui que l'hymen vous engage,
L'amour vous promet les plus heureux instants;

Ah! quel heureux jour qu'un jour de mariage,
Surtout quand l'amour a reçu nos serments!
Partons, on attend, partons à l'instant même,
Partons, en chantant et l'hymen et l'amour!

Ensemble.

LE CHŒUR, M. DE SAINT-ANDRÉ et ESTELLE.
Quel bonheur suprême!
Ah! pour vous quel beau jour!

JULES, Mme DE SAINT-ANDRÉ, ANTONINE et BONNEMAIN.
Quel dépit extrême!
Mais il faut se contraindre, il faut sourire même;
Non, je n'eus jamais plus d'ennui qu'en ce jour.
Pour nous quel beau jour!

(M. de Saint-André donne la main à Antonine, M. Bonnemain la donne à madame de Saint-André; Jules prend celle d'Estelle : ils sortent par la porte du fond; toute la noce les suit et défile après eux.)

ACTE DEUXIÈME

Même décor.

SCÈNE PREMIÈRE.

FRÉDÉRIC, seul, entrant par le fond.

Toutes les portes ouvertes, et voici trois pièces que je traverse sans trouver personne ; toute la société est donc établie ailleurs, car il règne ici un air de fête : des arbres verts sur l'escalier, des voitures dans la cour ; et le concierge lui-même a un bouquet à la boutonnière.

(On entend chanter en chœur dans l'appartement à gauche.)

LE CHŒUR.

Sans l'hymen et les amours,
Franchement la vie
Ennuie ;
Sans l'hymen et les amours,
Peut-on passer d'heureux jours ?

Justement, on est dans la salle à manger, et il faut qu'il y ait quelque repas de famille ; car, Dieu me pardonne, on chante des couplets.

(On entend encore chanter : *Sans l'hymen*, etc. A la fin, on crie : *Bravo ! à la santé de la mariée !* et on applaudit.)

SCÈNE II.

FRÉDÉRIC, M. DE SAINT-ANDRÉ, sortant de l'appartement à gauche.

M. DE SAINT-ANDRÉ.

Je ne sais pas ce que je fais aujourd'hui, oublier mes couplets; je les ai laissés sur la table, et tous les convives qui m'attendent; c'est d'une inconvenance!
(Il va les chercher sur une petite table qui est de l'autre côté du théâtre.)

FRÉDÉRIC.

Que vois-je? Monsieur de Saint-André!

M. DE SAINT-ANDRÉ.

Je ne me trompe pas, c'est ce cher Frédéric, mon ancien pupille! Tu arrives donc de Bordeaux?

FRÉDÉRIC.

A l'instant même, et je viens de descendre ici en face, à *l'hôtel d'Espagne.*

M. DE SAINT-ANDRÉ.

Cela se trouve à merveille, je t'invite, tu seras des nôtres.

FRÉDÉRIC.

Que voulez-vous dire?

M. DE SAINT-ANDRÉ.

Nous sortons de l'église et de la municipalité.

FRÉDÉRIC.

O ciel! il se pourrait! la noce a donc été avancée?

M. DE SAINT-ANDRÉ.

Sans doute, j'ai brusqué les choses; nous épousons une recette générale, on n'avait pas envie de manquer cela, nous sommes encore à table. (On entend appeler dans la coulisse : *Monsieur de Saint-André, monsieur de Saint-André!*) Et l'on m'attend; mais dans l'instant je suis à toi. Voilà, voilà.

(Il rentre dans l'appartement à gauche.)

SCÈNE III.

FRÉDÉRIC, seul.

Il est donc vrai! il n'y a plus de doute, et j'aurai fait deux cents lieues pour arriver au moment où la perfide s'unit à un autre! Monsieur de Saint-André m'avait bien écrit que sa fille aînée allait épouser, à la fin du mois, M. Bonnemain, un receveur général...

AIR : Depuis longtemps j'aimais Adèle.

> A cette funeste nouvelle,
> Dont mon cœur, hélas! a frémi,
> Pour réclamer la main d'Estelle,
> J'ai tout quitté, je suis parti.
> Mais, malgré ma course rapide,
> Pour arriver j'aurai mis plus de temps
> Qu'il n'en fallut à la perfide
> Pour oublier tous ses serments!

Et dans quel moment viens-je d'apprendre sa trahison? lorsque la fortune me souriait, lorsqu'un opulent héritage me permettait de rendre heureuse celle que j'aimais! Amour, richesses, j'apportais tout à ses pieds, et je la trouve au pouvoir d'un autre! elle qui avait juré de m'aimer toujours, de résister même aux ordres de sa famille! Mais que dis-je! peut-être a-t-elle été contrainte; peut-être la violence seule a pu la décider! Ah! s'il en est ainsi, je trouverai bien encore le moyen de la soustraire à mon rival; il a dû recevoir deux lettres de moi; et puisqu'il n'en a pas tenu compte, aujourd'hui même, sa vie ou la mienne... Qui vient là? modérons-nous, et tâchons de savoir la vérité.

SCÈNE IV.

FRÉDÉRIC, à l'écart; **BONNEMAIN**, sortant de l'appartement à gauche.

BONNEMAIN.

Ah! j'ai besoin de prendre l'air; la fatigue, le vin de Champagne et le bonheur, tout ça porte à la tête; et puis à table, nous sommes si serrés! il a fallu faire place à douze convives inconnus, tous parents, sur lesquels on ne comptait pas; on est obligé de manger de côté, je ne vois ma femme que de profil, et je tourne le dos aux trois quarts de la famille.

FRÉDÉRIC.

C'est quelqu'un de la noce, prenons des informations.

BONNEMAIN, apercevant Frédéric.

Ah! mon Dieu, encore un convié du côté de ma femme.

FRÉDÉRIC.

Il paraît, monsieur, qu'on sort de table?

BONNEMAIN.

Ce n'est pas sans peine; il y a quatre heures que nous y sommes. Le père de la mariée, qui, au dessert, a chanté à sa fille une chanson en douze couplets sur l'air : *Femmes, voulez-vous éprouver?* Et quelle chanson! de la poésie de famille. Dieu! quelle journée! Et madame de Saint-André qui, au premier couplet, s'est mise à pleurer, croyant qu'il n'y en aurait que deux ou trois; mais comme ça se prolongeait indéfiniment et que la position n'était pas tenable, elle a jugé à propos de se trouver mal, et dans ce moment on est occupé à la desserrer; ça été le bouquet, et j'en ai profité pour sortir un instant.

FRÉDÉRIC.

J'étais absent lorsque ce mariage a été arrangé; et comme

vous me semblez être au fait, dites-moi un peu, quelle espèce d'homme est-ce que le marié?

BONNEMAIN, embarrassé.

Monsieur, c'est un homme qui... que... certainement... enfin, un homme de mérite ; et, quant à ses qualités, vous les trouverez dans l'*Almanach royal,* page 390.

FRÉDÉRIC.

Et croyez-vous que la jeune personne ait consenti de son plein gré à cette alliance?

BONNEMAIN.

Oui, monsieur, oui, sans doute ; mais oserais-je vous demander, monsieur, pourquoi toutes ces questions?

FRÉDÉRIC.

Pourquoi? Je n'y tiens plus! Apprenez, monsieur, que je l'aimais, que je l'adorais, qu'elle avait juré de me garder sa foi.

BONNEMAIN, stupéfait.

Comment!

FRÉDÉRIC.

AIR du Ménage de garçon.

Voulant d'abord chercher querelle
A cet époux qu'on lui donnait,
J'allais lui brûler la cervelle...

BONNEMAIN, à part.

C'est cela seul qui me manquait,
Et c'est mon jeune homme au billet.

FRÉDÉRIC.

Mais je renonce à cette envie.

BONNEMAIN, à part.

Ah! pour moi, quel joli métier,
Si le plus beau jour de ma vie
Allait en être le dernier!

SCÈNE V.

Les mêmes; UN DOMESTIQUE.

LE DOMESTIQUE.

Monsieur le marié! monsieur le marié!

BONNEMAIN, bas, lui faisant signe de se taire.

Veux-tu te taire!

LE DOMESTIQUE.

Monsieur le marié, on vous attend.

FRÉDÉRIC.

Qu'entends-je? quoi! monsieur, vous seriez...

BONNEMAIN, à Frédéric.

Oui, monsieur, c'est moi qui suis le marié. (A part.) Voilà un monsieur que je ne recevrai jamais chez moi, et je suis bien aise d'être averti; c'est le premier bonheur qui m'arrive aujourd'hui.

LE DOMESTIQUE.

Monsieur, madame vous attend pour commencer le bal.

(Il sort.)

BONNEMAIN.

J'y vais, j'y vais. (On entend les violons qui jouent la valse de *Robin des bois*.) Aussi bien, j'entends les violons; (A part.) c'est étonnant comme j'ai envie de danser!

(Il rentre dans l'appartement à gauche, dont il ferme la porte; et l'air de valse qu'on entend du salon continue pendant toute la scène suivante.)

SCÈNE VI.

FRÉDÉRIC, seul.

Il faut partir, et sans lui avoir dit adieu; mais je veux qu'elle sache tout ce que j'avais fait pour mériter sa main.

(Il se met à une table, qui se trouve à la droite du théâtre, et écrit.) Apprenons-lui que ma fortune, mon rang dans le monde... c'est cela. Mais comment lui faire remettre ce billet? (Apercevant Antonine qui sort de l'appartement à gauche.) Quel bonheur! voici sa sœur.

(Il ploie vivement son billet.)

SCÈNE VII.

FRÉDÉRIC, à la table, ANTONINE.

ANTONINE, d'un air de mauvaise humeur.

Je suis d'une colère! j'étais dans le grand salon à attendre, et la contredanse a commencé sans que mon mari vint m'offrir la main; de dépit je me suis levée, et je suis sortie, d'autant que toutes ces demoiselles avaient un air enchanté, et jouissaient de mon embarras. (Apercevant Frédéric.) Il se pourrait! monsieur Frédéric! que je suis contente de vous voir! nous parlions de vous ce matin; et quelle sera la surprise de ma sœur! sait-elle que vous êtes ici?

FRÉDÉRIC, vivement.

N'en parlons plus. J'ai à réclamer de votre amitié un dernier service.

ANTONINE.

Quel est-il?

FRÉDÉRIC.

Dans quelques instants, j'aurai quitté Paris, et pour toujours... Je ne reverrai plus ni vous, ni votre sœur; mais daignez vous charger pour elle de ce billet.

ANTONINE.

Mais qu'avez-vous donc? pourquoi ne pas rester?

FRÉDÉRIC.

Pourquoi?... (Apercevant Bonnemain qui sort de l'appartement à

gauche.) Adieu, adieu, je suis le plus malheureux des hommes!
(Il sort par le fond.)

SCÈNE VIII.

ANTONINE, BONNEMAIN.

BONNEMAIN, à part, en entrant.

Et moi donc!... qu'est-ce que je suis? je vous le demande.

ANTONINE, l'apercevant.

Ah! vous voilà, monsieur! vous êtes bien aimable. (Elle serre dans son corset le billet qu'elle tenait à la main.) Vous venez enfin me chercher pour danser; il est temps, au moment où la contredanse finit.

BONNEMAIN.

Madame, il ne s'agit pas de cela. Quelle est, s'il vous plaît, cette lettre que vous venez de recevoir?

ANTONINE, étonnée.

Comment!

BONNEMAIN.

Oui, que je vous ai vue cacher avec tant de soin.

ANTONINE.

Ah!... ce billet que m'a remis Frédéric?

BONNEMAIN, cachant sa colère.

Précisément... (A part.) Je ne sais comment m'y prendre... Quand on entre en ménage, et qu'on n'est pas encore fait aux explications conjugales... (Haut.) Ma chère amie, ne pourrais-je pas savoir ce qu'il contient?

ANTONINE, froidement.

Impossible : il n'est pas pour vous.

BONNEMAIN, toujours avec une colère concentrée.

Je m'en doute bien, mais n'importe, je voudrais le voir.

ANTONINE.

Je voudrais le voir !... Qu'est-ce que c'est que ce ton-là ? Un jour comme celui-ci !... Sachez, monsieur, que je ne vous laisserai point prendre de mauvaises habitudes; et puisque vous parlez ainsi, vous ne le verrez pas.

BONNEMAIN.

Vous ne songez pas, ma chère amie, que je pourrais l'exiger.

ANTONINE.

Maman ! maman ! il exige !...

SCÈNE IX.

Les mêmes; Mme DE SAINT-ANDRÉ, M DE SAINT-ANDRÉ, JULES.

Mme DE SAINT-ANDRÉ, avec indignation.

Déjà !... et tu pleures !

JULES.

Ma cousine qui pleure ! qu'est-ce qu'elle a donc ?

ANTONINE, pleurant.

C'est monsieur.

BONNEMAIN.

C'est madame.

M. DE SAINT-ANDRÉ, à Bonnemain.

Comment, mes enfants ! vous commencez votre bonheur par une querelle ?

BONNEMAIN.

Mais, beau-père !

M. DE SAINT-ANDRÉ.

Y pensez-vous, mon gendre ? le premier jour ? ce n'est pas l'usage.

ANTONINE.

C'est monsieur qui, au lieu de m'offrir sa main pour la première contredanse, m'a laissée toute seule ; moi, qui avais refusé trente invitations !

Mme DE SAINT-ANDRÉ.

C'est affreux !

JULES.

C'est indigne !

Mme DE SAINT-ANDRÉ.

Ma pauvre fille ! devais-tu t'attendre à ce manque d'égards ?

BONNEMAIN.

Mais permettez donc ! j'ai couru dans tous les salons.

M. DE SAINT-ANDRÉ.

Fi ! mon gendre, cela ne se fait pas.

ANTONINE.

Et quand je suis assez bonne pour lui pardonner, monsieur a des procédés affreux ; il prétend voir un billet qu'on vient de me remettre.

Mme DE SAINT-ANDRÉ.

J'espère que tu n'as pas cédé.

ANTONINE.

Oh ! non, maman.

Mme DE SAINT-ANDRÉ.

C'est bien, il ne faut pas compromettre son avenir ; mais moi, c'est différent, tu vas me confier cette lettre.

ANTONINE.

Non, maman ; je ne puis la donner qu'à ma sœur.

Mme DE SAINT-ANDRÉ.

C'est la même chose, allons la trouver. Pauvre enfant ! c'est un ange de douceur ! et quelle tenue ! quels principes ! (A Bonnemain.) Et vous avez eu le cœur de la chagriner ? (Pleurant.) Dieu ! quel avenir pour une mère !

ANTONINE, pleurant aussi.

Maman, calmez-vous.

BONNEMAIN.

Ma belle-mère, si vous ne pleuriez qu'après...

Mme DE SAINT-ANDRÉ.

Fi! monsieur, vous êtes un tyran.

BONNEMAIN.

Allons, la voilà partie!

Mme DE SAINT-ANDRÉ.

Viens, ma chère Antonine; certainement, si j'avais pu prévoir... mais il te reste l'amitié et les conseils d'une mère. (Elle emmène Antonine; elles entrent ensemble dans l'appartement à droite.)

BONNEMAIN, les regardant sortir.

Ses conseils! c'est fini, elle va tout brouiller. (A M. de Saint-André.) J'espère au moins, beau-père, que vous me rendrez justice.

M. DE SAINT-ANDRÉ.

Écoutez, mon gendre, je suis là-dedans tout à fait désintéressé; mais franchement vous avez tort, je dirai même plus, tous les torts sont de votre côté.

(Il rentre dans l'appartement.)

SCÈNE X.

JULES, BONNEMAIN.

BONNEMAIN.

Est-ce que ce sera toujours comme ça? Autant qu'on peut juger d'un livre par la première page, en voici un qui s'annonce d'une manière... J'aimerais mieux que ma femme n'eût pas de dot et fût orpheline! J'y gagnerais cent pour cent, j'aurais la famille de moins.

5.

JULES, qui a regardé autour de lui si personne ne venait, s'approche de Bonnemain, et lui dit, à voix basse :

Monsieur, ça ne se passera pas ainsi.

BONNEMAIN.

Hein! que me veut encore celui-là?

JULES.

Apprenez, monsieur, que, parmi ses parents, ma cousine trouvera des défenseurs; et je vous demanderai pourquoi vous vous permettez de la chagriner ainsi.

BONNEMAIN.

Il faut peut-être que je la remercie de ce qu'elle ne m'aime pas!

JULES, avec joie.

Comment, monsieur, il serait possible? ce serait pour cela!

BONNEMAIN.

Précisément.

JULES, cherchant à cacher sa joie.

Eh! mais il n'y a pas de quoi vous fâcher ni vous mettre en colère. Voyez-vous, mon cher cousin, il ne faut pas vous décourager; cela viendra peut-être, sans compter que les apparences sont trompeuses.

BONNEMAIN.

Ah! vous appelez cela des apparences! Un jeune homme qui l'aimait avant son mariage, et qui ici, devant moi, lui a remis un billet!

JULES.

Que dites-vous?

BONNEMAIN.

J'étais là, je l'ai vu.

JULES, vivement.

Il se pourrait! et vous êtes resté aussi calme, aussi tranquille! A votre place, je l'aurais tué.

BONNEMAIN.

A la bonne heure, au moins, en voilà un qui prend mes intérêts.

AIR de L'Artiste.

>Beau-père, belle-mère,
>M'en veulent, je le crois ;
>Et la famille entière
>Se ligue contre moi.
>Lorsque chacun me blâme,
>Quel serait mon destin,
>Si par bonheur ma femme
>N'avait pas un cousin !

JULES.

Non, je n'aurais jamais pensé que ma cousine fût capable d'une telle perfidie ! Certainement, je croyais, comme vous me le disiez tout à l'heure, qu'elle ne vous aimait pas, qu'elle n'aimait personne ; mais supposer qu'elle a une autre inclination, c'est une horreur, c'est une indignité !

BONNEMAIN.

N'est-ce pas? (A part.) C'est le seul de la famille. (Haut.) Allons, allons, jeune homme, calmez-vous. (A part.) En voilà un du moins que je peux recevoir chez moi sans danger. (Lui prenant la main.) Mon cousin, mon cher cousin, vous êtes le seul qui m'ayez témoigné une amitié véritable, et j'espère bien que vous me ferez le plaisir de venir souvent chez nous, et de regarder ma maison comme la vôtre. Vous me le promettez?

JULES.

De tout mon cœur.

SCÈNE XI.

Les mêmes; Mme DE SAINT-ANDRÉ, ANTONINE, ESTELLE, qui tient la lettre de Frédéric à la main. Ils sortent tous de l'appartement à droite.

Mme DE SAINT-ANDRÉ, ESTELLE et ANTONINE.

Où est-il? où est-il? ce cher Frédéric!

BONNEMAIN.

Et de qui parlez-vous donc?

Mme DE SAINT-ANDRÉ.

De cet estimable, de cet excellent jeune homme, celui qui tout à l'heure a remis ce billet à Antonine.

ESTELLE.

Ce cher Frédéric!

ANTONINE.

Ce pauvre garçon!

BONNEMAIN.

Eh bien, par exemple!

Mme DE SAINT-ANDRÉ.

Par malheur il n'a pas laissé son adresse.

ESTELLE.

Eh! mon Dieu, non, et comment lui faire savoir...

Mme DE SAINT-ANDRÉ.

Mon gendre l'a vu, il lui a parlé, peut-être sait-il où il demeure.

BONNEMAIN

Et pourquoi faire, s'il vous plaît?

ANTONINE.

Il doit être si malheureux dans ce moment!

Mme DE SAINT-ANDRÉ.

Il faut que nous le voyions.

BONNEMAIN, à Jules.

C'est fini, la famille est timbrée.

SCÈNE XII.

Les mêmes ; M. DE SAINT-ANDRÉ.

M. DE SAINT-ANDRÉ.

Eh bien! vous ne l'avez pas trouvé; mais, par bonheur, je me rappelle maintenant qu'en arrivant, il m'a dit qu'il venait de descendre à *l'hôtel d'Espagne*.

Mme DE SAINT-ANDRÉ.

C'est ici en face; il faut y envoyer.

ANTONINE.

Jules nous rendra ce service.

JULES.

Du tout, madame.

ANTONINE.

Est-il peu obligeant!

M. DE SAINT-ANDRÉ.

Eh bien, mon gendre, courez-y sur-le-champ.

BONNEMAIN.

Celui-là est trop fort; se moquer de moi à ce point!

M. DE SAINT-ANDRÉ.

Vous ne savez donc pas ce qui arrive? Frédéric était chez un négociant de Bordeaux, qui n'avait pas d'enfants...

ESTELLE.

Et qui l'avait pris en amitié.

M. DE SAINT-ANDRÉ.

Car, ce cher Frédéric, tout le monde l'aime.

Mme DE SAINT-ANDRÉ et ANTONINE.

C'est bien vrai.

ESTELLE.

Et en mourant il lui a laissé toute sa fortune.

M. DE SAINT-ANDRÉ.

Cinquante mille livres de rente; le voilà plus riche que vous.

BONNEMAIN.

Eh bien, par exemple! n'allez-vous pas lui donner votre fille?

M. DE SAINT-ANDRÉ.

Oui, sans doute.

BONNEMAIN, à part.

La tête n'y est plus; et lui qui ce matin parlait de girouettes! a-t-on jamais vu un beau-père l'être à ce point-là?

ESTELLE.

Vous perdez là du temps, il est peut-être parti; je vais envoyer un domestique.

(Elle sort par le fond.)

M. DE SAINT-ANDRÉ.

Ou plutôt j'y vais moi-même, et je vous l'amène; ce sera encore plus dans les convenances.

(Il sort par le fond.)

SCÈNE XIII.

Mme DE SAINT-ANDRÉ, BONNEMAIN, JULES, ANTONINE.

BONNEMAIN, élevant la voix.

J'espère qu'à la fin on daignera m'expliquer cette étrange démarche, à moins que décidément on ne regarde un mari comme rien, et un receveur général comme zéro.

JULES, bas à Bonnemain.

Bien, bien.

ANTONINE, s'avançant.

Je me suis justifiée aux yeux de ma famille, et je pourrais m'en tenir là ; mais je n'abuserai point de ce que ma position a de favorable : votre colère était absurde, vos soupçons ridicules ; ils ne valent pas la peine d'être réfutés.

BONNEMAIN.

C'est égal, essayez toujours, ça ne peut pas faire de tort.

ANTONINE.

Apprenez, monsieur, que ce n'est pas moi, mais ma sœur... c'est-à-dire, c'était bien moi, puisque c'est moi que vous avez épousée... mais c'est justement à cause de cela... parce qu'il a cru un moment... et c'est si naturel quand on aime bien !... C'est ce qui vous prouve qu'il n'y a de la faute de personne, et que c'est vous seul qui êtes coupable.

Mme DE SAINT-ANDRÉ.

C'est clair comme le jour, et vous devez voir...

BONNEMAIN.

C'est-à-dire, j'y vois... j'y vois de confiance.

ANTONINE, bas à sa mère.

Maman, si, pour achever de le convaincre, j'essayais de me trouver mal ?

Mme DE SAINT-ANDRÉ, bas.

Impossible avec ta toilette. (Haut.) Et tenez, tenez, les voici.

SCÈNE XIV.

Les mêmes ; M. DE SAINT-ANDRÉ, ESTELLE, FRÉDÉRIC,
et TOUTES LES PERSONNES DE LA NOCE.

LE CHŒUR.

AIR : Dans cet asile. (*Les Eaux du Mont-Dore.*)

Ah quelle ivresse !

De sa tendresse
Ce jour heureux
Comble les vœux;
Le mariage
Ici l'engage :
Quel moment
Pour le sentiment!

ANTONINE, à Bonnemain.

Aux noirs soupçons votre âme était en proie,
Vous le voyez, il adore ma sœur.

JULES.

Il aime Estelle! ah! pour moi quelle joie!

BONNEMAIN, regardant Jules.

Dieu, comme il m'aime, et comme il a bon cœur!

(Les acteurs sont rangés dans l'ordre suivant, le premier désigné tient la droite de l'acteur : M. de Saint-André, Frédéric, Estelle, madame de Saint-André, à qui on approche un fauteuil, Antonine, Bonnemain, Jules.)

BONNEMAIN, à part.

Tout est expliqué; et cette fois, j'en suis quitte pour la peur. Pendant qu'ils sont dans les reconnaissances, j'ai bien envie d'enlever ma femme impromptu; car, grâce au ciel, il est près de minuit, et nous touchons au lendemain du plus beau jour de ma vie. (Appelant.) Baptiste, les voitures de noce sont-elles là?

LE DOMESTIQUE.

Non, monsieur : M. Jules les a renvoyées.

BONNEMAIN.

Encore un contre-temps! Est-ce que nous pouvons nous en aller à pied? en bas de soie, dans la neige; il ne manquerait plus que cela pour réchauffer l'hymen. Tâche de rattraper ma voiture, et avertis-moi sur-le-champ.

Mme DE SAINT-ANDRÉ, qui, pendant ce temps, a causé avec Frédéric, son mari et ses deux filles.

J'ai peine à me remettre de mon émotion. Voilà donc mes deux filles établies. Quelle perspective douloureuse pour une mère! car enfin, je vais me trouver seule avec mon mari : sans compter que, dans huit jours, j'aurai encore une noce à subir, le spectacle d'un mariage.

ESTELLE.

Non, ma mère, si vous le permettez, nous nous marierons à la campagne, sans bruit, sans apprêts.

Mme DE SAINT-ANDRÉ.

Et pourquoi donc cela ?

FRÉDÉRIC.

Une noce à huis clos, au profit seulement des mariés.

M. DE SAINT-ANDRÉ.

Je ne sais pas si c'est dans les convenances.

BONNEMAIN, à voix basse.

Belle-mère, belle-mère, nous allons partir.

Mme DE SAINT-ANDRÉ.

Quoi! déjà ?

CHŒUR GÉNÉRAL.

AIR du *Calife de Bagdad*.

Ensemble.

JULES, à part.

Ah! je sens là battre mon cœur,
Et de dépit et de douleur!

BONNEMAIN.

Oui, je sens là battre mon cœur,
C'est donc fini; Dieu, quel bonheur!

ANTONINE.

Ah! je sens là battre mon cœur
D'émotion et de frayeur!

M. DE SAINT-ANDRÉ et Mme DE SAINT-ANDRÉ.

Ah! je sens là battre mon cœur
D'émotion et de frayeur!

FRÉDÉRIC et ESTELLE.

Ah ! je sens là battre mon cœur
Et d'espérance et de bonheur !

LE CHŒUR.

Chacun d'eux sent battre son cœur
Et d'espérance et de frayeur !

ESTELLE, au public.

Ma sœur aujourd'hui se marie,
Mais de vous dépend son destin ;
Ah ! tâchez, je vous en supplie,
Que le plus beau jour de sa vie
Ait encore un lendemain !

LE DOMESTIQUE, annonçant.

La voiture de la mariée !

ANTONINE, courant à sa mère.

Ah ! mon Dieu !

Mme DE SAINT-ANDRÉ.

Allons, ma fille, qu'est-ce que cela signifie ?

(On reprend le chœur général : *Ah ! je sens là battre mon cœur*, etc. — Chacun se range pour laisser passer les deux époux. Bonnemain prend le bras de sa femme. Estelle pose un châle sur les épaules d'Antonine. Sa mère lui parle bas à l'oreille. Le père lève les yeux au ciel, et fait respirer un flacon de sels à madame de Saint-André qui est près de se trouver mal ; Antonine, en s'éloignant, jette un dernier regard sur le petit cousin, qui, placé dans un coin, porte un mouchoir à ses yeux.)

LA
CHARGE A PAYER
ou
LA MÈRE INTRIGANTE

COMÉDIE - VAUDEVILLE EN UN ACTE

EN SOCIÉTÉ AVEC M. VARNER.

THÉATRE DE S. A. R. MADAME. — 13 Avril 1825.

PERSONNAGES. ACTEURS.

Me ALEXANDRE LOCARD, notaire, fils
de Mme Locard. . . . . MM. Numa.
M. DURAND, manufacturier de Saint-
Quentin. . . . . Dormeuil.
M. PLACIDE. . . . . Clozel.

Mme LOCARD. . . . . Mmes Grévedon.
Mme DE BEAUMONT, veuve d'un procu-
reur. Julienne.
AUGUSTE, troisième clerc chez Me Lo-
card . . . . Virginie-Déjazet.

deux Domestiques de madame Locard.

A Paris, dans la maison de madame Locard.

LA CHARGE A PAYER

OU

LA MÈRE INTRIGANTE

Un grand salon. — Porte au fond. A la droite de l'acteur, une cheminée et la porte d'un appartement. A gauche, sur le second plan, une porte qui conduit au cabinet de M. Alexandre Locard. Sur le troisième plan, une autre porte qui est censée conduire dans l'intérieur de la maison. Une table et des papiers sur le devant, à gauche.

SCÈNE PREMIÈRE.

Mme LOCARD, ALEXANDRE.

Mme LOCARD.

Il me semble que vous devez vous en rapporter à moi, après tout ce que j'ai fait pour vous.

ALEXANDRE.

Mon Dieu, ma mère, je sais ce que je vous dois. Mon frère et moi n'avions qu'un modique héritage ; vous avez juré que nous ferions fortune, vous avez su inspirer de la confiance à nos parents, à nos amis, même à ceux qui ne l'étaient pas. Voilà, grâce à vous, mon frère agent de change, à crédit, il est vrai, car il n'a pas encore donné un sou; mais enfin, il exerce, et il a voiture. Moi, qui vais à pied, je suis un peu plus avancé, je suis notaire, à moitié; je ne dois plus que deux cent mille francs; mais je les dois, et comment les payer?

Mme LOCARD.

Par un mariage, par un beau mariage; c'est la règle à présent, voyez tous vos confrères.

AIR : De sommeiller encor, ma chère. (Fanchon la vielleuse.)

Souvent il est fort difficile
De payer mille écus comptant;
Mais lorsque l'on en doit cent mille,
Cela devient tout différent :
Les affaires sont bientôt faites ;
On trouve un beau-père obligeant
A qui l'on apporte ses dettes,
Et qui vous donne son argent.

ALEXANDRE.

Tenez, ma mère, s'il m'était permis de ne pas avoir d'ambition et de penser à ma manière, j'épouserais Amélie, votre filleule, avec qui j'ai été élevé.

Mme LOCARD.

Y pensez-vous?

ALEXANDRE.

Je sais bien qu'elle est orpheline, qu'elle n'a rien pour le moment, et qu'elle n'en aura pas davantage par la suite.

Mme LOCARD.

Et votre charge à payer !

ALEXANDRE.

Sans doute, mais ça n'empêche pas de remarquer deux beaux yeux, d'éprouver une émotion involontaire, d'avoir des idées de bonheur !...

Mme LOCARD.

Et votre charge à payer !

ALEXANDRE.

Ah çà ! je n'ai donc pas le droit d'exiger que ma future me convienne ?

Mme LOCARD.

Non, monsieur; ce n'est pas pour vous que vous vous mariez.

ALEXANDRE.

C'est juste, c'est pour mon prédécesseur, celui qui m'a cédé son étude.

Mme LOCARD.

Un homme dur, inexorable, qui n'a que des chiffres dans le cœur; et tout à l'heure, je faisais mes comptes : c'est dans trois mois qu'est l'échéance, et s'il y a le moindre retard, la moindre poursuite, c'en est fait de votre considération, et par conséquent de votre fortune ; car le notariat est un état de confiance ; dès qu'on y fait faillite une fois, on est ruiné pour toujours ; ce n'est pas comme dans la banque ou les finances...

ALEXANDRE.

Vous avez raison... Eh bien ! voyons, ma mère, que faut-il faire ?

Mme LOCARD.

J'ai mis en campagne toutes mes connaissances, et l'on nous propose déjà plusieurs partis : ce qu'on a trouvé de mieux jusqu'à présent, c'est une demoiselle de deux cent mille francs.

ALEXANDRE.

C'est bien peu...

Mme LOCARD.

Oui, mais on aura la dot sur-le-champ, et pour nous c'est le principal. C'est la nièce d'un manufacturier.

ALEXANDRE.

Je n'aime pas beaucoup ces gens-là.

Mme LOCARD.

Ni moi non plus, mais ils paient comptant.

ALEXANDRE.

AIR : Un homme pour faire un tableau. (*Les Hasards de la guerre.*)

J'aurais désiré, je le sens,
Connaître un peu plus ma future...

Mme LOCARD.

On vous dit : deux cent mille francs !

ALEXANDRE.

Oui, c'est la dot qu'elle m'assure ;
Mais ses traits ?

Mme LOCARD.

Je n'en ai rien su.

ALEXANDRE.

Mais son humeur, son caractère ?

Mme LOCARD.

J'ai négligé le superflu
Pour m'occuper du nécessaire.

Qui vient là ? c'est Auguste, votre troisième clerc.

(Elle va s'asseoir auprès de la table, à gauche.)

SCÈNE II.

Les mêmes ; AUGUSTE.

AUGUSTE, à la cantonade.

Dites donc, messieurs, attendez un instant, ne déjeunez pas sans moi ; (Descendant en scène.) c'est qu'à l'étude, quand ils s'y mettent, la bouteille de vin et le pain sec vont joliment vite ; le premier clerc surtout, c'est un fameux gastronome !

AIR du vaudeville des *Dehors trompeurs.*

Aussi, son appétit extrême
Souvent tient le nôtre en échec ;

Car on fait des cabales, même
Pour l'eau claire et pour le pain sec !
Du pouvoir dont il est la source
Abusant, pour mieux s'en donner,
Tous les jours il m'envoie en course
Quand vient l'instant du déjeuner.

Tenez, mon patron, voilà ce contrat de vente que vous m'avez donné à copier.

ALEXANDRE.

Il n'y a pas de fautes ?

AUGUSTE.

Eh! non, monsieur! voyez plutôt. Cette fois-ci, je me suis joliment appliqué.

ALEXANDRE.

C'est bien... (Lisant.) « Par-devant Alexandre Locard et son « confrère, notaires à Paris, sont comparus... L'amour que « j'ai pour vous me rend d'autant plus malheureux, que je « n'ose en parler à personne. » Hein ! Qu'est-ce que c'est que ça ?

AUGUSTE.

Ah ! mon Dieu ! C'est une distraction. Je pensais à autre chose.

ALEXANDRE.

Et une distraction sur papier timbré encore ! Envoyez donc des actes comme ceux-là à l'enregistrement !

AUGUSTE.

Ne vous fâchez pas, mon patron. C'est que, voyez-vous, je suis amoureux.

ALEXANDRE.

Qu'est-ce que ça signifie ? J'avais défendu que dans mon étude... et puis je vous le demande, être amoureux à seize ans ! un troisième clerc !

AUGUSTE.

Et pourquoi pas ? Comme s'il fallait pour cela être de la chambre des notaires !

AIR : Voulant par ses œuvres complètes. (*Voltaire chez Ninon.*)

> A l'amour les clercs sont fidèles,
> Chacun d'eux doit être léger ;
> Le dieu d'amour porte des ailes,
> Dit la chanson, pour voltiger ;
> Si de cette ancienne coutume
> L'amour ne s'écarte jamais,
> Où trouvera-t-il des sujets,
> Si ce n'est chez les gens de plume ?

Je n'ai rien, je le sais; mais je travaillerai. Je peux parvenir ; et, dans quatre ou cinq ans, jugez de mon bonheur, si je puis lui offrir ma main, si je peux l'épouser ! Il doit être si doux d'épouser celle qu'on aime, n'est-ce pas, mon patron ? n'est-ce pas, madame ?

Mme LOCARD, qui était assise auprès de la table, se levant et allant à Auguste.

Il suffit, monsieur ; et, au lieu de venir causer au salon, vous feriez mieux d'aller à l'étude.

AUGUSTE.

Vous avez raison, je retourne au travail ; mais c'est que, voyez-vous, quand je parle d'elle, ça me fait tout oublier... Justement, madame, une lettre pour vous qui vient d'arriver. Adieu, mon patron, vous effacerez deux phrases, douze mots rayés, nuls. Je vais achever mon déjeuner.

(Il sort.)

SCÈNE III.

Mme LOCARD, ALEXANDRE.

ALEXANDRE.

Est-on heureux d'être troisième clerc ! Je ne sais pas

comment font ces petits gaillards-là, ils sont toujours gais ; moi, je n'ai jamais le temps.

Mme LOCARD, ouvrant la lettre.

Mon ami, c'est un autre parti qu'on nous propose, une fille unique ; la fille de madame de Beaumont, que vous connaissez. Vous l'avez vue l'autre semaine dans un concert.

ALEXANDRE.

Ah ! oui ! cette demoiselle qui chantait faux.

Mme LOCARD.

Qu'importe ! on ne se marie pas pour chanter.

ALEXANDRE.

Vous avez raison, et j'aimerais mieux celle-là.

Mme LOCARD.

Écoutez, écoutez. (Lisant.) « Madame de Beaumont, qui est
« la veuve d'un procureur, ne peut pas souffrir les avoués ;
« et comme elle a de l'ambition, elle ne veut pour gendre
« qu'un notaire. Elle donne deux cent cinquante mille
« francs... »

ALEXANDRE.

Il n'y a pas à hésiter ; cinquante mille francs de plus !

Mme LOCARD.

Et puis une musicienne !... (Continuant à lire.) « Elle donne
« deux cent cinquante mille francs, mais payables dans
« six mois. Il lui est impossible de compter la dot avant
« ce terme. » Ah ! mon Dieu ! voilà qui dérange tout.

ALEXANDRE.

Il serait possible !

Mme LOCARD.

Eh ! oui, sans doute ! puisqu'il vous faut votre argent dans trois mois ; puisque, pour payer votre charge, nous n'avons devant nous qu'un trimestre.

ALEXANDRE.

Si ça n'est pas désolant ! une femme qui me convenait

sous tous les rapports, une femme de deux cent cinquante mille francs, à laquelle il faut renoncer, et tout cela parce qu'on est pressé !

Mme LOCARD.

Ah! mon Dieu, oui! Il faut revenir à l'autre, qui, du reste, offre aussi de grands avantages. Comme je vous le disais, l'oncle est un riche manufacturier que vous connaissez de nom, M. Durand de Saint-Quentin.

ALEXANDRE.

Eh! mon Dieu, oui! et l'on me parlait, l'autre jour, de mademoiselle Élisa, sa nièce, une demoiselle charmante.

Mme LOCARD.

Vous voyez bien.

ALEXANDRE.

Mais c'est qu'on disait qu'elle avait une inclination.

Mme LOCARD.

Propos en l'air! Voulez-vous, oui ou non, vous en rapporter à moi?

ALEXANDRE.

Eh! oui, ma chère maman! Je sais bien que vous m'aimez, que vous m'adorez, que vous ne voulez que mon bonheur; aussi je me laisse guider par vous, qui, du reste, avez bien plus de tête que moi.

Mme LOCARD.

Eh bien! M. Durand doit venir aujourd'hui dîner, et pour le décider...

ALEXANDRE.

Est-ce qu'il ne l'est pas encore?

Mme LOCARD.

Eh! mon Dieu, non! et c'est pour cela que je l'ai invité, ainsi que sa nièce, votre prétendue... Mais comme vous êtes fait! Mettez-vous donc à la mode. Voilà une cravate comme on n'en porte plus, et vous êtes en arrière de trois mois.

ALEXANDRE.

Ne faudrait-il pas mettre un pantalon à la *Jocko*, et un chapeau à la *Robinson* ?

Mme LOCARD.

Eh bien, oui ! Mais allez donc ; j'attends M. Durand, qui peut arriver d'un moment à l'autre.

ALEXANDRE, en s'en allant.

C'est joli, un notaire à la *Jocko* !

Mme LOCARD, seule.

AIR du vaudeville de La Somnambule.

Quelques gens qu'un faux zèle excite,
Toujours prompts à moraliser,
Pourront critiquer ma conduite
Et d'égoïsme m'accuser ;
Mais dans mes desseins je persiste ;
Jamais, quel que soit leur avis,
Une mère n'est égoïste,
Car son bonheur est celui de son fils.

SCÈNE IV.

Mme LOCARD, M. DURAND, un Domestique.

LE DOMESTIQUE, annonçant.

M. Durand !

Mme LOCARD, allant au-devant de M. Durand, qui entre par le fond.

Quoi ! monsieur, c'est vous qui nous faites la première visite ? C'est trop d'honneur ; et c'était à nous, au contraire, à aller faire la demande.

DURAND.

Ça se peut bien ; mais voyez-vous, madame, moi, je suis sans façon, je ne tiens pas aux cérémonies, et surtout je suis rond en affaires.

6.

AIR du vaudeville du Petit Courrier.

Je suis marchand, fort étranger
Aux lois de la cérémonie ;
Que m'importe la broderie ?
C'est l'étoffe qu'il faut juger.
L'apparence souvent déguise
Plus d'un défaut, et je sais bien
Qu'en fait d'honneur, de marchandise,
L'étiquette ne prouve rien.

(D'un ton brusque.)

Je vous dirai donc qu'il me convenait d'abord de donner ma nièce à un notaire ; mais j'ai été aux informations, et c'est là-dessus que je veux avoir avec vous une explication.

Mme LOCARD.

Eh ! mon Dieu, très-volontiers ! ce que j'aime, avant tout, c'est la franchise. C'est, selon moi, une preuve d'amitié ; et je vous remercie, monsieur, de nous traiter déjà en amis.

DURAND, à part.

Cette femme-là a une manière d'entamer la conversation qui fait qu'on n'ose plus être en colère... (Haut.) Eh bien ! madame, on prétend qu'à Paris, maintenant, tout le monde se mêle de commerce et de spéculation ; que sans rien avoir, tout le monde achète ou revend des charges d'avoué, de notaire, d'agent de change ; le tout à crédit, *à prime* ou *fin courant*, comme un coupon de rente ; on prétend que, pour s'acquitter, on court les dots, les mariages ; que plus une charge est chère, c'est-à-dire plus on a de dettes, et plus on a de prétentions ; et qu'enfin, pour ces messieurs, une femme est toujours assez belle quand elle est assez riche. Voilà, madame, ce qu'on dit ; et je vous demande à vous-même ce que vous en pensez.

Mme LOCARD.

Cela peut être vrai en général ; mais, quant à nous, monsieur, pour vous prouver que nous tenons moins à l'argent qu'aux convenances de famille et de caractère. (Lui présentant la lettre qu'elle a lue à Alexandre.) voici une lettre dans laquelle on nous offre mademoiselle de Beaumont, et cinquante mille francs de plus que n'a votre nièce. (Durand prend la lettre et la lit.) Vous voyez, monsieur, que nous pourrions accepter ; et cependant nous refusons.

DURAND.

Il se pourrait! un pareil procédé... Ah! madame, je suis confus; il n'est pas besoin d'autres explications; je vous donne ma parole, et je suis prêt à conclure, quand vous voudrez ; le plus tôt vaudra le mieux ; car lorsqu'on a une manufacture, et six cents ouvriers sur les bras, on n'a pas de temps à perdre. On vous a dit que je donnais à ma nièce deux cent mille francs de dot?

Mme LOCARD.

Comptant!

DURAND.

Oui, madame, en signant le contrat.

Mme LOCARD.

C'est très-bien, c'est superbe, c'est tout ce que nous demandons ; et le reste après vous?

DURAND.

Du tout, et c'est là-dessus que je veux vous prévenir. Il se peut que je laisse quelque chose ; mais je ne m'engage à rien. Si, d'ici là, je rencontre de braves gens sur mon chemin, je veux être libre de leur faire du bien; je donne, je ne promets pas.

Mme LOCARD.

Et vous avez raison. Je ne puis pas souffrir qu'on attriste un contrat de mariage par des idées de succession, que l'on fasse entrer en ligne de compte toutes les infirmités d'une famille et toutes les probabilités de décès, que l'on paraisse désirer ce qu'on doit craindre; cela flétrit la pensée, cela révolte l'âme ; un parent qui nous aime est le plus précieux des trésors.

DURAND, à part.

Voilà une femme aimable, et qui raisonne bien. (Haut.) Oui, madame, vous avez raison ; la véritable richesse, c'est le travail, la bonne conduite et le bon caractère.

Mme LOCARD.

Sous ce rapport, mon fils est des plus riches. Laborieux, docile, aimant, il sera aux petits soins pour sa femme, et si j'ai à lui reprocher quelque chose, c'est l'abus d'une qualité, l'excès de sa douceur.

(On entend un grand bruit, et la voix d'Alexandre qui s'écrie.)

ALEXANDRE, en dehors.

Je suis capable de tout.

DURAND.

Qu'est-ce que j'entends ?

Mme LOCARD, embarrassée.

Rien ; c'est un de mes gens qui est très-emporté, que je serai obligée de congédier.

SCÈNE V.

Les mêmes ; AUGUSTE.

AUGUSTE.

Eh ! mon Dieu ! d'où vient donc ce tapage qu'on entend dans l'étude ?

Mme LOCARD.

Ce n'est rien.

AUGUSTE.

Si vraiment, et j'ai bien reconnu la voix de mon patron.

Mme LOCARD.

Vous vous êtes trompé, mon fils est sorti depuis plus d'une heure, et vous ne devriez pas venir, comme un étourdi, nous troubler, quand on est en affaires.

AUGUSTE.

Pardon, madame, si j'avais su...

(Il va pour sortir.)

DURAND, le considérant attentivement.

Eh mais! c'est mon ami Auguste. Tu ne viens pas m'embrasser?

AUGUSTE, courant à lui.

Vous ici, monsieur! Quel plaisir de vous revoir!

Mme LOCARD.

Comment! vous vous connaissez?

DURAND.

Oui, madame; c'est mon jeune compatriote; son père était un de mes chefs d'atelier.

AUGUSTE.

Et ce que monsieur ne vous dit pas, c'est qu'il m'a placé dans un collége, m'a élevé à ses frais, et que ma reconnaissance...

DURAND.

Tais-toi, tais-toi!... Tu m'avais bien écrit que tu étais entré à Paris chez un notaire, mais j'avais oublié le nom de ton patron. Es-tu content, mon garçon?

AUGUSTE.

Ce que j'ai me suffit.

DURAND.

Et tu travailles?

AUGUSTE.

De toutes mes forces.

DURAND.

A la bonne heure, avec ça l'on ne manque jamais, et quelquefois on s'enrichit.

AUGUSTE.

Je suis déjà monté en grade; l'année dernière, j'étais le coureur de l'étude, et maintenant, me voilà troisième clerc.

DURAND.

Diable ! c'est de l'avancement gagné à la course et à la sueur de ton front.

AIR : Connaissez mieux le grand Eugène. (*Les Amants sans amour.*

Comme moi, travaille sans cesse,
Et tu parviendras, mon enfant.

AUGUSTE.

Parvenir à votre richesse,
Moi !.., je ne conçois pas comment...

DURAND.

Pour être riche, il faut être économe.

AUGUSTE.

Vous imiter est le vœu de mon cœur.

DURAND.

Pour être heureux, il faut être honnête homme.

AUGUSTE.

Ah ! je comprends alors votre bonheur. (*Bis.*)

DURAND, à madame Locard.

Sans adieu, madame, à tantôt. (A Auguste.) Ah ! tu es clerc chez M. Alexandre Locard ? J'aurais plusieurs choses à te demander.

(Il sort.)

Mme LOCARD, à part.

Ah ! mon Dieu !

SCÈNE VI.

Mme LOCARD, AUGUSTE.

Mme LOCARD.

Il paraît que vous connaissez beaucoup ce monsieur ; j'en suis charmée, car vous n'ignorez pas l'amitié, l'attachement que mon fils a pour vous; son intention est de vous garder avec lui... Silence, le voici.

SCÈNE VII.

Les mêmes; ALEXANDRE.

ALEXANDRE, à Auguste.

Vous voilà encore ici, monsieur! vous pouvez sortir; dès ce moment, vous ne faites plus partie de mon étude.

Mme LOCARD, à part.

Ah! mon Dieu! Qu'est-ce qu'il fait donc?

AUGUSTE.

Vous me renvoyez, et pourquoi?

ALEXANDRE.

Pourquoi? c'est affreux! c'est abominable! heureusement, j'ai retenu ma colère...

Mme LOCARD.

C'est donc cela que nous avons si bien entendu...

ALEXANDRE.

Il n'y avait peut-être pas de quoi! Apprenez que, dans le contrat de vente qu'il m'a remis tout à l'heure, j'ai trouvé un brouillon de lettre; et cette lettre était adressée à Amélie, votre filleule.

Mme LOCARD.

Il se pourrait!

AUGUSTE, à part.

Je suis perdu!

ALEXANDRE.

Ce n'est rien encore; apprenez que mademoiselle Amélie n'est point insensible.

AUGUSTE.

O ciel! elle vous aurait dit...

ALEXANDRE.

Oui, monsieur, elle me l'a dit à moi, par-devant notaire.

AUGUSTE.

Ah! que je suis heureux, que je vous remercie, mon patron! vous pouvez me renvoyer si vous voulez, ça m'est égal.

ALEXANDRE.

Oui, monsieur, vous sortirez à l'instant même.

Mme LOCARD, bas à Alexandre.

Y pensez-vous? il faut encore le ménager; je vous dirai pourquoi. (Prenant Auguste à part.) Venez ici, monsieur Auguste; vous êtes un étourdi, un imprudent. Heureusement, j'ai parlé en votre faveur; vous resterez avec nous. Conduisez-vous bien, et nous verrons par la suite...

(Alexandre va s'asseoir auprès de la cheminée.)

AUGUSTE.

Quoi! madame, il se pourrait!

Mme LOCARD.

J'y mets une condition qui va stimuler votre zèle : le mariage de mon fils doit précéder le vôtre.

AUGUSTE.

Dieux! quel espoir! Avant huit jours, mon notaire sera marié. Je vais le proposer à tout le monde. Je vais le vanter dans toutes les sociétés.

AIR : L'amour qu'Edmond a su me taire.

Dans les salons, dans les bals de familles,
   Prônant mon notaire à l'envi,
J'inviterai veuves et jeunes filles ;
Je parlerai de lui, rien que de lui.
Et de leurs cœurs préparant la conquête,
   Valsant avec intention,
     Je leur ferai tourner la tête
     Pour le compte de mon patron.

Mais voici un client. Je me sauve.

SCÈNE VIII.

ALEXANDRE, Mme LOCARD, M. PLACIDE.

Mme LOCARD, *allant à Alexandre, qui, pendant toute la fin de la scène précédente, est resté près de la cheminée, la tête appuyée dans ses mains.*

Mon fils, prenez donc garde : c'est un client.

(Alexandre se lève et salue M. Placide.)

PLACIDE.

C'est un ami de collége qui m'envoie à vous, M. Martin.

Mme LOCARD.

Ah! oui... (Bas à Alexandre.) Ce gros imbécile qui vous a prêté des fonds.

ALEXANDRE.

Soyez le bienvenu, monsieur.

PLACIDE.

On m'a dit que je pouvais m'adresser ici en toute confiance. Je suis M. Placide. J'habite Fontainebleau, où j'ai une succession.

ALEXANDRE, vivement.

Une succession!

PLACIDE.

Oui, monsieur; j'ai perdu un arrière-cousin; j'ai cru que j'en mourrais...

Mme LOCARD.

De chagrin?

PLACIDE.

Non, de fatigue. Qu'une succession est une chose terrible à recueillir! que de peines! que de soins! pour moi surtout qui n'aime pas à me déranger! Enfin, j'y ai résisté; j'ai pris mon parti et mon argent; et je me trouve avec cent mille écus dont je ne sais que faire.

Mme LOCARD.

Cent mille écus!

PLACIDE.

Ils sont là, et ça me pèse terriblement, quoique ce soit en reconnaissances sur la banque de France. Je voudrais donc trouver quelque bon emploi de mes capitaux; car ils ne peuvent pas toujours rester placés dans ma poche.

ALEXANDRE.

Prenez du tiers consolidé à 101 fr. 50 c.

PLACIDE.

C'est trop cher; et puis d'ailleurs toute ma fortune est déjà en rentes sur l'État. Dieu! que les pauvres capitalistes sont à plaindre! Depuis ce matin, ma tête travaille. Je suis sûr que j'ai un commencement de fièvre cérébrale.

Mme LOCARD.

Allons, allons, cessez de vous tourmenter. J'ai une proposition à vous faire. Nous sommes bien aises de répondre à la confiance de votre ami et à la vôtre.

PLACIDE.

Madame...

Mme LOCARD.

Si vous voulez, mon fils se chargera de votre argent, pour trois ou quatre ans. Vous voulez des garanties, c'est trop juste. D'abord, mon fils a son étude; ensuite, il est cautionné par son frère l'agent de change.

ALEXANDRE.

Ça, c'est vrai, (A part.) et réciproquement.

PLACIDE.

Au fait, un notaire, un agent de change, je cumulerai toutes les garanties possibles; et dans la même famille, sans aucun déplacement.

Mme LOCARD, à Placide.

Eh bien! qu'en pensez-vous?

PLACIDE.

AIR : Dieu tout-puissant par qui le comestible. (*L'Avare en goguettes.*)

Comment ! j'accepte avec reconnaissance.

Mme LOCARD.

De nous, je crois, vous serez satisfait.

ALEXANDRE.

Je veux répondre à votre confiance :
Daignez passer jusqu'à mon cabinet.

PLACIDE.

Dépêchons-nous... la chance est plus certaine,
Sur nous jamais l'argent ne doit rester,
De peur qu'hélas ! un voleur ne le prenne,
    (A part.)
Ou qu'un ami ne vienne l'emprunter.

Ensemble.

PLACIDE.

Vraiment j'accepte avec reconnaissance.
De vous, je crois, je serai satisfait ;
Pour vous prouver quelle est ma confiance,
Passons, monsieur, dans votre cabinet.

ALEXANDRE.

Monsieur accepte avec reconnaissance.
De nous je crois qu'il sera satisfait,
Je veux répondre à votre confiance :
Daignez passer jusqu'à mon cabinet.

Mme LOCARD.

Monsieur accepte avec reconnaissance.
De nous je crois qu'il sera satisfait,
Il veut répondre à votre confiance :
Daignez passer jusqu'à son cabinet.

(Alexandre et Placide entrent dans le cabinet à gauche.)

SCÈNE IX.

Mme LOCARD, seule.

Ceci change la thèse, puisque l'on prête à mon fils cent mille écus pour trois ans, nous avons à présent du temps devant nous, et je ne vois pas pourquoi nous ne reviendrions pas à mademoiselle de Beaumont, pourquoi elle serait sacrifiée... On ne trouve pas tous les jours à gagner cinquante mille francs, surtout un notaire qui commence. Je sais bien que M. Durand m'a donné sa parole, tandis que du côté de madame de Beaumont, il n'y a encore rien de certain ; mais on peut toujours essayer. Écrivons à madame de Beaumont de venir dîner avec sa fille, ce sera, selon l'événement, ou une entrevue ou une simple politesse.

(Elle se met à la table à gauche, et écrit.)

SCÈNE X.

Mme LOCARD, AUGUSTE.

AUGUSTE, à part, en entrant.

Dieu ! il paraît que le dîner sera soigné, toute la cuisine est en feu. Je viens de donner douze feuilles de papier à minutes pour les côtelettes en papillotes. On a requis mon bureau pour y préparer le dessert, et le saute-ruisseau est en course chez le pâtissier.

Mme LOCARD.

Ah ! c'est vous, monsieur Auguste ! il faut absolument me rendre un service.

AUGUSTE.

Qu'est-ce que c'est, madame ?

Mme LOCARD.

Ce serait de porter cette lettre chez madame de Beaumont, que j'ai oublié d'inviter. J'abuse peut-être, mais je sais combien vous êtes complaisant.

AUGUSTE.

Comment donc, madame?... (A part.) Dans tout autre moment, je ferais joliment valoir la dignité de troisième clerc, qui me défend de porter des lettres; mais aujourd'hui, je ne tiens pas au *décorum;* et puis, en rapportant la réponse, je pourrai peut-être voir Amélie.

Mme LOCARD.

Tantôt, monsieur Auguste, je compte sur vous pour m'aider à faire les honneurs.

AUGUSTE.

Soyez tranquille, madame; moi et mes camarades nous serons là. Donner la main aux dames, faire la partie des jeunes personnes, et des attentions pour tout le monde, c'est la consigne des clercs.

AIR: Du partage de la richesse. (*Fanchon la vielleuse.*)

Doublant de petits soins, de zèle,
Nous allons tous nous surpasser;
Il est plus d'une demoiselle
Que cela peut influencer.
Mainte beauté, j'en ai la certitude,
Pourra fixer son choix sur votre fils,
En apprenant qu'il a l'étude
La plus aimable de Paris.

(Il sort.)

SCÈNE XI.

Mme LOCARD, puis PLACIDE.

Mme LOCARD, à part.

Maintenant tout est préparé, et je puis compter sur madame de Beaumont.

PLACIDE, sortant du cabinet du notaire.

Nous venons de terminer, et je n'ai pas voulu partir sans vous présenter mes hommages.

Mme LOCARD.

Êtes-vous content?

PLACIDE.

Enchanté! impossible de trouver un notaire plus habile! L'acte que j'ai signé est parfait; tout y est prévu et garanti; nous pouvons mourir l'un après l'autre ou simultanément, sans que cela fasse la moindre des choses; c'est un chef-d'œuvre de rédaction tranquillisante.

Mme LOCARD.

Ainsi, vous n'avez aucune crainte pour votre argent.

PLACIDE.

Oh! mon Dieu! je vous le laisserai jusqu'à ce qu'il se présente un établissement pour ma fille.

Mme LOCARD.

Vous avez donc une fille?

PLACIDE.

Oui, une demoiselle nubile, qui ne demanderait pas mieux que de se marier. C'est sa dot que je viens de déposer entre vos mains. Quant au reste, je ne m'en mêle pas; le mari viendra quand il voudra. Je n'ai pas envie de me mettre en course pour le chercher : on a bien assez de ses affaires.

Mme LOCARD.

C'est une plaisanterie, vous ne devez pas manquer de prétendants.

PLACIDE.

Je n'en ai pas encore vu un seul; il est vrai que je ne reçois jamais personne; nous vivons, ma fille et moi, comme le solitaire du Mont-Sauvage, pas la plus petite visite.

AIR : Le choix que fait tout le village. (*Les Deux Edmond.*)

Depuis trente ans, dans la même demeure,

Aux mêmes soins constamment attaché,
Je suis levé toujours à la même heure;
A la même heure aussi je suis couché...
Ce sont toujours les mêmes plats que j'aime,
Je bois toujours même vin... excepté
Que la bouteille, hélas! n'est pas la même!
Mais c'est toujours la même volupté.
Oui... la bouteille, hélas! n'est pas la même;
Mais c'est toujours la même volupté.

Mme LOCARD.

Mais enfin, vous désirez marier votre fille?

PLACIDE.

Sans doute; mais je voudrais que cela fût fait, ou au moins n'avoir plus qu'à signer le contrat, et à donner ma bénédiction. Je crains d'être obligé de jouer un rôle actif, de périr de fatigue dans le cours des visites, ou de suffocation au milieu des embrassements.

Mme LOCARD.

Je me mets à votre place, et je conçois vos inquiétudes; mais il est peut-être un moyen de les faire cesser, j'ai en tête certain projet... Vous avez vu mon fils; je ne vous en dis pas davantage; faites-nous l'amitié de nous amener ce soir votre aimable fille. Venez, sans façon, nous n'aurons pas beaucoup de monde. A quelle heure dînez-vous ordinairement?

PLACIDE.

A midi, et je soupe à sept heures.

Mme LOCARD.

Eh bien! nous retarderons le dîner d'une heure; ce sera comme si vous soupiez, et ça ne dérangera rien à vos habitudes.

PLACIDE, à part.

En vérité, cette femme-là est charmante... (Haut.) Certainement, madame, on peut toujours accepter un bon dîner, ça n'engage à rien; et puis d'ailleurs, je suis bon père, et si je peux, sans me déranger, faire le bonheur de ma fille...

AIR du vaudeville *Les Scythes et les Amazones.*

Je suis par goût tranquille et sédentaire :
C'est mon système, et je m'en trouve heureux.
Combien de gens, dans leur ardeur légère,
Vont poursuivant la fortune en tous lieux !...
Quand après elle ils courent de la sorte,
En l'attendant, je fais bien mieux, je croi ;
Si le bonheur souvent frappe à ma porte,
C est qu'il est sûr de me trouver chez moi.

(Il sort.)

SCÈNE XII.

Mme LOCARD seule; puis UN DOMESTIQUE.

C'est à merveille; cela vaut mieux; voilà le beau-père qu'il nous faut : cent mille écus comptant! mais avec un homme de ce caractère, rien n'est encore terminé; il faut donc, en le ménageant, ne pas perdre de vue mademoiselle de Beaumont, et pour plus de sûreté, tenir toujours M. Durand en réserve; alors on verra à choisir ; car moi, je ne favorise personne... Qui vient là?

UN DOMESTIQUE, annonçant.

M. Durand.

Mme LOCARD.

Comment! déjà! à quatre heures! ces provinciaux n'en font jamais d'autres.

LE DOMESTIQUE.

Il venait annoncer qu'il ne pouvait pas dîner avec vous.

Mme LOCARD, à part.

Tant mieux.

LE DOMESTIQUE.

Mais il aurait voulu vous parler.

Mme LOCARD.

J'ai quelques ordres à donner, faites attendre.

(Elle rentre dans l'appartement à droite.)

SCÈNE XIII.

M. DURAND, LE DOMESTIQUE.

DURAND, à la cantonade.

Ma chère Élisa, reste au salon, je te reprendrai dans l'instant.

LE DOMESTIQUE.

Monsieur, madame vous prie de vouloir bien patienter un moment.

(Il sort.)

DURAND.

Tant qu'elle voudra, je suis si désolé de mon impolitesse!... une invitation antérieure que j'avais oubliée, et c'est bien le moins que je vienne m'excuser moi-même.

SCÈNE XIV.

DURAND, Mme DE BEAUMONT, LE DOMESTIQUE.

LE DOMESTIQUE, annonçant.

Madame de Beaumont.

DURAND.

Madame de Beaumont! c'est probablement cette dame dont on me parlait tout à l'heure, et dont on a refusé l'alliance. (Ils se saluent.) Cette pauvre dame a un air triste et contrarié.

Mme DE BEAUMONT, à part.

Comment! il y a déjà du monde? comme c'est désagréable! j'espérais arriver d'assez bonne heure pour pouvoir causer avec madame Locard ; car ce projet de mariage me sourit beaucoup.

DURAND.

Madame, je vous en prie, (Lui montrant le coin du feu.) daignez donc vous asseoir... (A part.) Je ne puis pas i faire trop de politesses, moi qui suis cause du désagrément qu'elle éprouve. (Haut.) La maîtresse de la maison est sans doute à sa toilette.

Mme DE BEAUMONT, s'asseyant.

J'attendrai ici qu'elle sorte, afin de lui dire quelques mots sur une affaire très-importante.

DURAND, à part.

Je le crois bien.

Mme DE BEAUMONT.

C'est pour cela que j'ai laissé ma fille dans l'autre salon.

DURAND, à part.

Sa fille, c'est bien cela.

Mme DE BEAUMONT.

Elle y a trouvé une jeune personne charmante.

DURAND.

C'est ma nièce, madame.

Mme DE BEAUMONT.

Je vous en fais mon compliment ; ces demoiselles sont à peu près du même âge ; deux jeunes personnes à marier.

DURAND.

Oui, madame ; mais c'est maintenant si difficile ! on a tant de peine à trouver un établissement convenable !

Mme DE BEAUMONT, soupirant.

Vous avez bien raison !

DURAND.

Mais on aurait tort de se décourager ; parce qu'enfin, un mariage est manqué, un autre se présente.

Mme DE BEAUMONT.

C'est justement ce qui m'arrive.

DURAND.

Quoi ! vous auriez rencontré un autre parti ? ah ! tant mieux ; j'en suis enchanté.

Mme DE BEAUMONT, à part.

Ce monsieur est bien bon.

SCÈNE XV.

Les mêmes ; PLACIDE.

PLACIDE, entrant par le fond, et parlant à la cantonade.

Laissez donc, je n'ai pas besoin qu'on m'annonce. Élodie, ma fille, reste là avec ces demoiselles, je te rejoins à l'instant. (Madame de Beaumont et Durand se lèvent pour le saluer.) Ne vous dérangez donc pas, de grâce, ce serait plutôt à moi à faire les honneurs.

Mme DE BEAUMONT et DURAND.

Monsieur est trop honnête.

PLACIDE.

Non, madame, c'est de droit dans ma position. Vous êtes, je le crois, des amis de la maison ; et je suis enchanté de faire connaissance... Où est madame Locard ? où est le jeune homme ?

Mme DE BEAUMONT, à part, à Durand.

Il est sans façon... (A Placide.) Monsieur est un parent de madame Locard ?

PLACIDE.

Non, madame ; mais je vais être parent de son fils, parent de très-près ; vous comprenez ?

DURAND.

Que voulez-vous dire ?

PLACIDE.

Il n'y a pas deux heures que c'est arrangé, et j'en parle à tout le monde; parce que cela me convient tellement, un mariage impromptu qui ne donne pas de peine, et qui va tout seul.

Mme DE BEAUMONT.

Qu'est-ce que cela signifie ?

PLACIDE.

Que ma fille Élodie, qui est venue avec moi, est enfin pourvue; elle épouse le fils de madame Locard.

DURAND.

Il se pourrait !

PLACIDE.

C'est convenu; et depuis ce moment, il me semble que j'ai un poids de moins sur l'estomac; ça dégage mon existence.

DURAND, souriant.

J'en suis désolé pour vous; mais vous êtes sans doute dans l'erreur.

Mme DE BEAUMONT.

Oui, monsieur.

DURAND.

Car le fils de madame Locard épouse ma nièce Élisa, qui est là au salon.

Mme DE BEAUMONT.

Comment, messieurs? il est bien singulier...

AIR : Je reconnais ce militaire.

C'est moi, messieurs, que l'on préfère.

PLACIDE.

C'est à moi que l'on a promis.

DURAND.

J'ai la parole de la mère.

Ensemble.

DURAND.

Ma nièce épousera son fils.

PLACIDE et Mme DE BEAUMONT.

Ma fille épousera son fils.

DURAND.

Quelle que soit pour l'hyménée
Sa bonne volonté... je crois
Qu'il ne peut, dans cette journée,
En épouser trois à la fois.

Ensemble.

DURAND.

Mais quel peut être ce mystère ?
C'est à moi que l'on a promis :
J'ai la parole de la mère.
Ma nièce épousera son fils.

PLACIDE et Mme DE BEAUMONT.

Mais quel peut être ce mystère ?
C'est à moi que l'on a promis :
J'ai la parole de la mère.
Ma fille épousera son fils.

Mme DE BEAUMONT.

Voici justement M. Alexandre qui va terminer la discussion.

PLACIDE, à part.

La ! voilà ce que je craignais : des imbroglio, des embarras. D'abord, s'il y a de la concurrence, je n'en suis plus.

SCÈNE XVI.

Les mêmes; ALEXANDRE.

ALEXANDRE.

Comment, madame et messieurs, vous restez ici, lorsque tout le monde vous attend au salon. (A Durand.) C'est à M. Durand que j'ai l'honneur de parler ?

DURAND.

Oui, monsieur; mais un mot d'explication. Voici madame de Beaumont, à qui madame votre mère a donné parole pour votre mariage.

ALEXANDRE, à part.

Ma mère y serait revenue ; ah ! tant mieux !

DURAND.

Voici...

PLACIDE.

M. Placide, de Fontainebleau.

DURAND.

Qui prétend aussi avoir une promesse.

ALEXANDRE, à part.

Dieu ! le client de cent mille écus !

DURAND.

Nous voulons savoir quel est celui de nous dont on se joue. Êtes-vous mon neveu ?

Mme DE BEAUMONT.

Êtes-vous mon gendre ?

PLACIDE.

Êtes-vous mon beau-fils? oui ou non.

DURAND, Mme DE BEAUMONT et PLACIDE, le pressant vivement.

Allons, monsieur, expliquez-vous.

ALEXANDRE, à part.

Et ma mère qui ne me prévient pas ! (Haut.) Certainement, madame, certainement, messieurs, c'est trop de bonheur ; je dis trop de bonheur à la fois ; car vous devez bien penser qu'individuellement... Mais ma position me commande des ménagements que vous saurez apprécier... Je suis certain qu'à ma place, vous ne répondriez pas autrement que moi à l'honneur que vous voulez me faire.

DURAND.

Quel amphigouri !

Mme DE BEAUMONT.

On ne vous demande pas de faire ici des phrases et de l'esprit.

PLACIDE.

Donnez-nous tout bonnement du style de notaire : oui ou non.

ALEXANDRE, à part.

J'en ferai une maladie... Heureusement, voici ma mère qui vient à mon secours. (Allant à elle.) Arrivez, madame. (Bas.) Tout est perdu.

SCÈNE XVII.

Les mêmes ; Mme LOCARD.

Mme LOCARD.

Mille pardons, messieurs, de vous avoir fait attendre... (A madame de Beaumont.) C'est bien aimable à vous d'être venue ; je n'osais y compter. Vous avez reçu mes deux lettres ?

Mme DE BEAUMONT.

Je n'en ai reçu qu'une.

Mme LOCARD..

Celle qui vous invite à dîner ? c'est le principal, puisque cela me procure le plaisir de vous voir ; mais, dans l'autre, qui était de deux ou trois pages, et que probablement vous recevrez ce soir, j'entrais dans des explications et des arrangements qui nous sont particuliers, et qui ennuieraient beaucoup ces messieurs. D'ailleurs, madame, tout à l'heure, au salon, nous en causerons, et deux mots nous mettront bientôt d'accord.

DURAND.

A la bonne heure !... mais nous aussi, nous aurions encore quelques renseignements à vous demander.

PLACIDE.

Oui, madame, des instructions et documents.

Mme LOCARD.

Vraiment ; vous me dites cela d'un air bien sérieux. Tant mieux ; j'aime beaucoup les graves conférences, et quand vous voudrez... (A son fils.) Mais que faites-vous donc là, Alexandre ? y pensez-vous ! Donnez la main à madame, et conduisez-la au salon, où je la rejoins dans l'instant.

ALEXANDRE.

Oui, ma mère. (A part.) Il paraît décidément que c'est celle-là qu'on préfère.

(Il sort avec madame de Beaumont.)

SCÈNE XVIII.

PLACIDE, Mme LOCARD, DURAND.

Mme LOCARD.

J'étais là dans une position très-fausse et très-désagréable. (A Durand.) C'est cette dame dont je vous parlais ce matin. Forcée de refuser son alliance, je lui ai écrit la lettre la plus aimable, la plus polie, la suppliant de ne pas m'en vouloir ; et pour me le prouver, de venir aujourd'hui, sans façon et en amie, dîner avec nous ; elle n'a pas encore reçu ma lettre. Nous avons des domestiques et des clercs si négligents !... de sorte que, tout à l'heure, il faudra lui dire de vive voix... Mais voyons, messieurs, ce que vous avez à me demander.

DURAND.

Voici madame de Beaumont hors de cause. C'est très-bien.

PLACIDE.

Mais ça ne suffit pas.

Mme LOCARD, d'un air étonné.

Qu'est-ce que cela veut dire ?

DURAND.

Ne m'avez-vous pas proposé pour ma nièce la main de votre fils ?

Mme LOCARD.

C'est vrai.

PLACIDE.

Ne m'avez-vous pas donné votre parole pour ma fille ?

Mme LOCARD.

J'en conviens.

DURAND.

Eh bien ! madame, comment arrangez-vous cela, s'il vous plaît ?

Mme LOCARD.

De la manière la plus simple, et un mot va vous répondre. J'ai deux fils : l'un est notaire, et l'autre, agent de change.

DURAND et PLACIDE.

Que dites-vous ?

Mme LOCARD.

Il m'est permis, je pense, de m'occuper en même temps de leur avenir et de leur établissement. (A Durand.) Vous savez quelles sont nos conventions, (A Placide.) quels sont nos arrangements ; tout est convenu avec chacun de vous ; ainsi, je vous en prie, que ce soir il ne soit plus question d'affaires. (Montrant Durand.) Monsieur nous quitte à l'instant même, et malheureusement il ne peut dîner avec nous ; mais demain, de grand matin, nous en causerons. (A Placide.) Si monsieur veut me faire le plaisir de passer chez moi à dix heures, (A Durand.) et monsieur à midi, nous terminerons tout.

DURAND et PLACIDE.

A la bonne heure !

Mme LOCARD.

Aujourd'hui ne pensons qu'à notre dîner et à notre soirée. J'espère que vous ne m'en voulez pas, vous n'êtes plus ennemis.

PLACIDE.

Comment donc ! puisque nos enfants vont entrer dans la même famille.

DURAND.

Puisque nous allons être alliés.

PLACIDE.

Je vous demande votre amitié.

DURAND.

Moi, la vôtre.

PLACIDE.

De tout mon cœur.

(Ils se donnent une poignée de main.)

DURAND.

Adieu, madame ; je m'en vais faire avancer une voiture, et reprendre ma nièce au salon.

(Durand sort par la porte à gauche, et Placide va s'asseoir auprès de la cheminée.)

SCÈNE XIX.

Mme LOCARD, PLACIDE, assis auprès de la cheminée ; AUGUSTE, entrant par le fond.

AUGUSTE, accourant, bas à madame Locard.

Eh ! venez donc, madame ; votre fils m'envoie vous chercher, car il perd la tête.

Mme LOCARD.

Qu'y a-t-il donc ?

AUGUSTE.

Il est au milieu de quatre ou cinq demoiselles dont il ignore le nom ; et comme vous ne lui avez rien dit, il ne sait pas encore définitivement...

Mme LOCARD.

AIR du vaudeville du *Piége.*

N'est-il pas aimable et galant ?

AUGUSTE.

Il s'en fait vraiment une étude.

Mme LOCARD.

Alors, d'où provient son tourment ?

AUGUSTE.

Il flotte dans l'incertitude.
Son cœur, plein de vagues désirs,
Ne sait où fixer sa tendresse ;
Et dans l'envoi de ses soupirs,
Il craint de se tromper d'adresse.

Mme LOCARD, à part.

Allons veiller sur lui... (Haut.) Auguste, voulez-vous avoir la bonté d'écrire les cartes pour le dîner ?

AUGUSTE, allant s'asseoir auprès de la table.

C'est juste, ça rentre dans les fonctions de troisième clerc ; c'est comme pour découper à table.

Mme LOCARD, à part.

Grâce au ciel, tout est réparé, je puis maintenant choisir. (A Auguste.) Vous mettrez à table M. Placide à côté de moi. (A part, regardant Placide.) Demain, à dix heures, tout sera signé ; et je pourrai alors rompre avec M. Durand. (A Placide, qui est toujours auprès de la cheminée.) Vous venez, n'est-il pas vrai ?

PLACIDE.

Oui, madame, je vous suis : je vais seulement me chauffer

les pieds, parce que, dans le salon, à cause des dames, on ne peut pas approcher de la cheminée.

(Madame Locard sort par le fond.)

SCÈNE XX.

PLACIDE, à droite auprès de la cheminée, se chauffant les pieds ; AUGUSTE, à gauche à la table, écrivant ; DURAND, sortant de la porte à gauche, qui est celle de l'étude.

DURAND.

Est-il gentil, ce petit clerc, leste, ingambe ! il s'est empressé d'aller me chercher une voiture. Je crois bien, comme il disait, qu'il n'aura pas de peine à l'attraper à la course.

AUGUSTE.

C'est vous, monsieur Durand ? est-ce que vous ne dînez pas ici ? j'avais déjà écrit votre nom.

DURAND.

Non, je vais prendre ma nièce au salon pour partir avec elle. La voiture m'attend.

AUGUSTE.

Tant pis ; j'aurais bien voulu vous parler d'une affaire d'où dépend mon bonheur.

DURAND.

Ton bonheur ! Parle, mon ami ; ma nièce attendra, et le dîner aussi.

AUGUSTE.

Vous êtes mon bienfaiteur, je puis tout vous dire. Apprenez que j'étais amoureux ; oh ! mais amoureux à en perdre le boire et le manger ; et, pour un clerc, ce sont les symptômes les plus forts ; de plus, j'étais sans espérance ; mais à présent c'est changé.

DURAND.

Vraiment ! ce pauvre garçon !

AUGUSTE.

Ça va dépendre du mariage de M. Alexandre, mon notaire. S'il s'établit, le mien est certain.

DURAND.

N'est-ce que cela ? réjouis-toi, j'ai de bonnes nouvelles à t'apprendre.

PLACIDE, quittant la cheminée et s'approchant.

Oui, sans doute, mon petit garçon.

DURAND.

Apprends qu'il épouse Élisa, ma nièce.

AUGUSTE.

Comment, il se pourrait !

PLACIDE.

Eh non ! il épouse ma fille Élodie.

DURAND.

Non, monsieur, vous confondez ; Alexandre est le notaire, c'est mon neveu ; votre gendre, c'est l'agent de change.

PLACIDE.

Moi ! avoir pour gendre un agent de change ! Eh bien oui ! je ne suis pas assez brave pour cela.

DURAND.

Est-ce que vous n'êtes pas convenu avec madame Locard?...

PLACIDE.

Non pas ; c'est vous.

DURAND.

C'est vous-même... Je suis commerçant, et je crains les jeux de Bourse.

PLACIDE.

Moi, monsieur, je suis capitaliste, et je crains tout.

DURAND.

Il y a donc quelque erreur ?

AUGUSTE.

N'importe ! ce que je vois de certain, c'est que votre nièce doit épouser un des fils de madame Locard ; et vous a-t-on prévenu ?...

DURAND.

Que dis-tu ? est-ce que tu saurais quelque chose ?

AUGUSTE, se reprenant.

Eh ! mon Dieu ! qu'est-ce que je dis ?... et mon mariage qui en dépend !

DURAND.

Parle ; je veux tout savoir ; j'exige de toi la vérité.

AUGUSTE.

Oui, oui ; vous avez raison : je ne dois pas souffrir que mon bienfaiteur...

PLACIDE.

Oui, jeune homme, rendez ce service à deux pères de famille.

AUGUSTE.

AIR : Amis, voici la riante semaine. (*Le Carnaval.*)

Qui ? moi ! monsieur, je n'ai rien à vous dire.

PLACIDE, à part.

Son air contraint m'inspire un juste effroi.

AUGUSTE, à Durand.

Venez, monsieur, je m'en vais vous instruire ;
L'honneur le veut, tout est fini pour moi.
De mon hymen j'avais la certitude ;
Je vois qu'il faut y renoncer, hélas !
Et je m'en vais, quel malheur pour l'étude !
Du même coup déchirer deux contrats. (*Bis.*)

Ensemble.

AUGUSTE.

Et je m'en vais, quel malheur pour l'étude !

Du même coup déchirer deux contrats! (*Bis*.)

DURAND.

De tout prévoir j'eus toujours l'habitude :
Soyons prudent, et ne nous pressons pas. (*Bis*.)

PLACIDE.

Moi, de trembler j'eus toujours l'habitude :
Fuyons l'abîme entr'ouvert sous mes pas. (*Bis*.)

(Durand et Auguste sortent.)

SCÈNE XXI.

PLACIDE, seul.

Qu'est-ce que cela signifie? il emmène ce monsieur, et il ne veut rien me dire. Parbleu! c'est clair, cela dit tout : le notaire n'a point de bonnes affaires, et l'agent de change en a de mauvaises; dans quel guêpier je m'étais fourré! Moi! l'homme du repos et de la retraite ; compromettre mes capitaux, ma fille, et ma tranquillité!... Il faut à tout prix sortir de cette position téméraire.

SCÈNE XXII.

PLACIDE, Mme LOCARD.

Mme LOCARD, à part.

Pour ne rien risquer, j'ai agi franchement, et je viens de rompre avec madame de Beaumont, c'est plus sûr. (Haut.) Eh bien! monsieur Placide, vous ne venez pas? votre fille, votre aimable Élodie est inquiète de vous.

PLACIDE.

Ah! elle est inquiète! elle n'est pas la seule! Apprenez, madame, que tantôt il y a eu ici amphibologie, et que je n'ai jamais entendu que ma fille épousât un agent de change.

Mme LOCARD.

Mais c'est d'accord, c'est arrêté entre nous ; vous aurez pour gendre mon fils le notaire ; j'ai votre parole, vous avez la mienne ; et demain matin à dix heures, tout sera terminé.

PLACIDE.

Terminé, non pas ; c'est impossible : à présent, j'ai des motifs.

Mme LOCARD.

Et lesquels ?

PLACIDE.

Lesquels ? c'est-à-dire, pour des motifs, je n'en ai pas ; mais j'ai appris...

Mme LOCARD, à part.

Il se pourrait ! (Haut.) Parlez, monsieur, que vous a-t-on appris ?

PLACIDE.

On m'a appris... c'est-à-dire, madame... on ne m'a rien appris, et voilà ce qui me détermine...

Mme LOCARD.

Je vous comprends. Mais on n'en vient point à une rupture pareille sans des raisons majeures, et vous parlerez... vous m'expliquerez...

PLACIDE.

Du tout ; je ne parlerai pas, je ne dirai rien, et je n'ajouterai pas un mot de plus. C'est une affaire de confiance ; je suis le maître de ne plus en avoir, si ça m'arrange.

Mme LOCARD.

Il suffit, monsieur ; qu'il n'en soit plus question. On ne prétend pas vous contraindre, et vous pouvez rentrer au salon.

PLACIDE, à part, en s'en allant.

Je perds un gendre, c'est vrai ; mais je sauve mes capitaux.

(Il sort par le fond.)

SCÈNE XXIII.

Mme LOCARD, puis DURAND et AUGUSTE.

Mme LOCARD.

Je le disais bien, qu'avec un homme de ce caractère, on ne pouvait compter sur rien, et j'ai bien fait de ménager M. Durand... (L'apercevant au moment où il sort de l'étude.) Quoi ! monsieur, vous voilà ? vous n'êtes pas encore parti ?

DURAND.

Non, madame ; je venais prendre congé de vous, et vous prier de ne pas m'attendre demain à midi.

Mme LOCARD.

Et pour quelles raisons ?

DURAND.

C'est que je suis forcé de retirer ma parole ; non pas que votre fils ne soit un excellent sujet, et que son étude ne soit très-bonne ; mais enfin, il en doit une partie.

Mme LOCARD.

Je ne vous l'avais point laissé ignorer ; d'ailleurs, mon fils est cautionné par son frère l'agent de change.

DURAND.

D'accord ; mais on prétend que l'agent de change est également cautionné par son frère le notaire ; et c'est cette double sûreté qui m'inspire, pour la dot de ma nièce, des craintes, sans doute mal fondées.

Mme LOCARD.

C'en est assez, monsieur, et je devine de qui vous tenez ces renseignements.

AUGUSTE.

C'est de moi, madame.

AIR d'*Aristippe*.

Avec tout autre il eût fallu, je pense,
Me taire ici... mais près d'un bienfaiteur
J'étais forcé de rompre le silence;
Par là je perds tout espoir de bonheur.
Je me souviens des lois que l'on m'a faites;
Un seul espoir était, je le sens bien,
Mon seul trésor... et, pour payer mes dettes,
Sans hésiter, j'ai donné tout mon bien.

DURAND, à Auguste.

Non, mon ami, il n'en sera pas ainsi, madame est trop juste pour te punir d'une confidence que tu me devais. Je ne lui ferai point observer que, voulant établir son fils, il est peut-être de son intérêt de ne point laisser ébruiter cette affaire. Ce serait un moyen indigne de nous; mais elle comprendra sans peine qu'un jeune notaire ne doit éloigner aucune clientèle, que la mienne et celle de mes amis peuvent être utiles à M. Alexandre.

AIR : A soixante ans, on ne doit pas remettre. (*Le Dîner de Madelon.*)

Oui, votre fils parviendra, je parie,
S'il veut goûter mes conseils, et s'il croit
Que le travail, le temps, l'économie,
Sont, pour payer les charges que l'on doit,
Le vrai moyen, le plus sûr, le plus droit;
  Mais, par un hymen mercenaire,
En se vendant, quand on croit acquitter
Un riche emploi, trop cher à supporter,
On perd l'estime, à mes yeux bien plus chère,
Car on ne peut jamais la racheter.

Mme LOCARD.

Vous ne pouvez pas douter, monsieur, du prix que nous attachons à votre amitié, et si, pour la conserver, il ne faut que consentir au mariage de ma filleule...

AUGUSTE.

Il se pourrait !...

Mme LOCARD.

Aussi bien, tant que cette petite fille sera ici, mon fils ne voudra jamais se prêter à mes projets; mais je vous préviens qu'elle n'a point de fortune.

DURAND.

Qu'à cela ne tienne, je les emmène avec moi; et je donne à Auguste une place de quatre mille francs dans mon commerce. (A Auguste.) Acceptes-tu?

AUGUSTE.

Que je suis heureux!

Mme LOCARD.

Quoi! vous renoncez à votre état, vous qui pouviez un jour devenir notaire?

AUGUSTE.

Oui, comme tant d'autres, notaire à crédit, pour me marier par spéculation, et acheter ma charge aux dépens de mon bonheur! non, non; j'aime mieux donner ma démission de troisième clerc.

SCÈNE XXIV.

Les mêmes; Mme DE BEAUMONT, PLACIDE, trois Jeunes Demoiselles, le reste de la Société, deux Domestiques.

LE CHŒUR.

AIR de la contredanse du *Bal champêtre*.

En fidèle convié,
Chez vous j'accours au plus vite,
Surtout lorsque nous invite
Le plaisir ou l'amitié.

ALEXANDRE.

Eh bien! ma mère, est-ce qu'on ne se met pas à table?

Mme LOCARD.

Si vraiment... nous n'attendons plus personne.

ALEXANDRE, bas.

Est-ce toujours à la demoiselle en bleu que je dois donner la main ?

Mme LOCARD, de même.

Eh ! non...

ALEXANDRE, de même.

C'est donc à la petite en rose ?

Mme LOCARD, de même.

Encore moins.

ALEXANDRE, de même.

Alors, je comprends... c'est à la troisième.

Mme LOCARD, de même.

A aucune.

ALEXANDRE.

Comment ça se fait-il ?... je n'épouse plus personne ?

Mme LOCARD.

Non, pour le moment... à cause de votre insouciance, à cause de votre amour pour Amélie... mais j'y ai mis bon ordre... (A un domestique.) Faites servir, car tout le monde nous reste... (A Placide et à madame de Beaumont.) Tous les jours on ne se marie pas, et l'on dîne ensemble.

PLACIDE.

Je suis forcé de vous quitter... car on vient de me faire demander en bas... M. Badoulard, un de mes compatriotes.

Mme LOCARD.

Quoi ! M. Badoulard de Fontainebleau !... je le connais beaucoup... un petit bossu...

PLACIDE.

Qui n'est pas malheureux ; car sa fille Aspasie, qui est tout son portrait, vient d'hériter de quatre cent mille francs.

Mme LOCARD.

Et c'est pour lui que vous nous quittez !... Non pas, je vous garde, ainsi que votre ami... (A l'autre domestique.) Dites à M. Badoulard que nous l'attendons... que son couvert est mis, et qu'il faut qu'il dîne avec nous... (A Alexandre.) Changez les cartes, et mettez M. Badoulard à côté de moi.

ALEXANDRE, bas.

Quoi ! ma mère, vous auriez des idées ?...

Mme LOCARD, de même.

Taisez-vous !

ALEXANDRE, de même.

Me faire épouser une bossue !

Mme LOCARD, de même.

Et votre charge à payer ?

LE DOMESTIQUE.

Madame est servie...

TOUS.

Même air.

En fidèle convié
Chez vous j'accours au plus vite,
Surtout lorsque nous invite
Le plaisir ou l'amitié.

AUGUSTE, au public.

AIR de *Thémire*.

D'un notaire de confiance
Si quelqu'un n'était pas pourvu,
Voici le nôtre... il a, je pense,
Grand besoin d'être soutenu :
En attendant que quelque belle
Veuille avec lui se marier,

8.

Donnez-lui votre clientèle,
Car il a sa charge à payer.

TOUS.

Sa charge est encore à payer.

LES
INSÉPARABLES

COMÉDIE-VAUDEVILLE EN UN ACTE

EN SOCIÉTÉ AVEC M. H. DUPIN.

Théatre de S. A. R. Madame. — 2 Mai 1825.

PERSONNAGES.	ACTEURS.
M. DE VERNEUIL...............	MM. DORMEUIL.
ÉDOUARD, son pupille............	BÉRANGER.
SAINT-ANGE, jeune homme, ami de Verneuil.	PERRIN.
LEBON, garde du commerce............	FERVILLE.
AMÉLIE, fille de M. de Verneuil.........	Mmes DORMEUIL.
MARGUERITE, femme de charge de M. de Verneuil...................	JULIENNE.

UN HUISSIER. — UN DOMESTIQUE en livrée. — PARENTS et AMIS de M. de Verneuil.

A Paris, dans la maison de M. de Verneuil.

LES
INSÉPARABLES

Un des appartements de la maison de M. de Verneuil. — Porte au fond portes latérales. Sur le premier plan, à la droite du spectateur, la porte de la salle à manger ; sur le deuxième plan, celle du salon de compagnie. Du côté opposé, celles de l'appartement de M. de Verneuil ; une table sur le devant de la scène, à gauche.

SCÈNE PREMIÈRE.

SAINT-ANGE, entrant par le fond, M. DE VERNEUIL, sortant de son appartement.

M. DE VERNEUIL.

Eh! bonjour, mon cher Saint-Ange... vous voilà donc de retour ?... Depuis un mois j'ai envoyé au moins quatre ou cinq fois chez vous.

SAINT-ANGE.

J'ai trouvé vos lettres en arrivant, et j'accours... désolé de vous avoir fait attendre... Mais j'étais à Strasbourg, pour un héritage que je rapporte... un grand parent qui s'est avisé de mourir.

M. DE VERNEUIL.

Moi, pendant ce temps, je mariais ma fille à Édouard, mon pupille.

SAINT-ANGE, à part.

Ah ! mon Dieu !... (Haut.) Un charmant cavalier... un jeune militaire... qui vaut son pesant d'or.

M. DE VERNEUIL.

Heureusement qu'il n'a pas cette valeur-là... car il se serait dépensé lui-même, ou il se serait mis en gage, pour le moins... C'est un garçon qui a un cœur excellent, mille qualités aimables. Du côté de la fortune, il a, en Amérique, un oncle immensément riche, dont il héritera un jour, et par lui-même déjà un fort joli patrimoine; car c'est moi qui étais son tuteur... Mais il ne connaît pas le prix de l'argent; il le dépense à pleines mains... Il prête à tout le monde, et il a surtout une facilité à signer des lettres de change !... Enfin, tout cela me fait trembler pour le bonheur de ma fille, et surtout pour sa dot.

SAINT-ANGE.

Cependant, vous n'avez consenti à cette union qu'après avoir mûrement réfléchi.

M. DE VERNEUIL.

Mais non, je n'ai pas eu le temps... Ces enfants s'aimaient, s'adoraient ; ils se sont jetés à mes pieds en pleurant.

AIR : De sommeiller encor, ma chère. (*Fanchon la vielleuse*.)

Que voulez-vous que je vous dise?
Mon cher, c'est un consentement
Qui fut enlevé de surprise
Et surtout d'attendrissement.
De mon cœur je ne suis pas maître;
Jadis, quand ma femme pleurait,
Je cédais... ma fille peut-être
Aura retenu son secret;
Mon ami, ma fille peut-être
Aura retenu son secret.

Édouard a juré qu'il n'avait plus de dettes, et qu'il n'en ferait plus... que tout était payé... Je l'ai cru sur parole : mais il me reste encore quelques doutes; et c'est pour les éclaircir que je désirais vous voir, parce qu'entre jeunes gens, on sait toujours...

SAINT-ANGE.

Monsieur, je ne connais M. Édouard que pour l'avoir vu quelquefois chez vous, et je n'ai que du bien à en dire.

M. DE VERNEUIL.

Oui, oui... c'est une connaissance à vous... mais moi, je suis votre ami; vous êtes un brave jeune homme, et vous ne voudrez point tromper la confiance d'un père de famille... Je n'ai pas besoin de vous dire que depuis quelque temps je m'étais aperçu de votre amour pour ma fille... et que si je n'avais écouté que mon goût particulier et la raison, c'est vous que j'aurais préféré.

SAINT-ANGE.

Il se pourrait!

M. DE VERNEUIL.

Mais vous vous avisez de partir pour Strasbourg...

SAINT-ANGE.

Je sens tout ce que j'ai perdu... mais enfin, monsieur, votre parole est donnée.

M. DE VERNEUIL.

Conditionnellement... Ce soir, nous nous marions à la municipalité, et à minuit à l'église... Mais si d'ici là je découvre qu'Édouard a une seule lettre de change, un seul effet non acquitté, tout est rompu... Ce sont nos conventions; et il n'aura rien à dire.

SAINT-ANGE.

Certainement... Mais qui peut vous faire présumer qu'Édouard s'exposerait à un pareil danger?

M. DE VERNEUIL.

Je ne sais; mais sa conduite n'est pas claire... D'abord, hier, de toute la journée nous ne l'avons pas vu... Aujourd'hui même... voilà midi, le jour de son mariage... il n'est pas encore ici...

SAINT-ANGE, à part.

Allons, le beau-père a raison... il y a quelque chose là-dessous ; et je ne perds pas tout espoir.

M. DE VERNEUIL.

Et la corbeille même n'est pas envoyée !

SAINT-ANGE.

Il n'a peut-être plus crédit chez les marchandes de modes.

AIR du *Ménage de garçon.*

Ces dames sont très-exigeantes,
Et c'est un des malheurs du temps ;
Jadis ces beautés confiantes
Faisaient crédit aux jeunes gens ;
Mais les chalands, mais les amants
Par des promesses infidèles
Les abusèrent si souvent,
Que maintenant ces demoiselles
Ne donnent plus rien qu'au comptant.

SCÈNE II.

Les mêmes ; AMÉLIE et MARGUERITE.

AMÉLIE.

Mon père, mon père, si vous saviez ce qui vient d'arriver !...

M. DE VERNEUIL.

Serait-ce mon gendre ?

AMÉLIE, apercevant Saint-Ange.

Que vois-je !... M. de Saint-Ange, l'ami d'Édouard !

M. DE VERNEUIL.

Lui-même, qui est plus diligent que ton prétendu ; car il arrive de Strasbourg pour ta noce, tandis que M. Édouard, qui habite la rue de Grammont, a mis plus de deux jours pour faire le voyage.

AMÉLIE.

Oh! ne lui en voulez pas; il vient de m'envoyer une corbeille magnifique... (Montrant un écrin garni de bijoux.) Voyez plutôt les beaux diamants.

MARGUERITE.

Je le crois bien; Édouard est si généreux!

AMÉLIE.

Et une lettre charmante, où il m'explique son absence d'hier... Lisez plutôt.

M. DE VERNEUIL.

Voyons donc quelle excuse il nous donne. (Il lit.) « Ma « chère Amélie, ma jolie cousine, ma femme, je t'aime, je « t'adore... »

AMÉLIE.

J'étais bien sûre qu'il ne pouvait pas être coupable.

MARGUERITE.

Et moi aussi... Un enfant que j'ai élevé.

M. DE VERNEUIL, continuant la lecture de la lettre.

« Dans un instant je serai près de toi, et ce n'est pas ma « faute si je n'y ai pas été plus tôt. *Ton mari*, ÉDOUARD. »

AMÉLIE.

Vous voyez bien.

M. DE VERNEUIL.

Je vois... je vois... je ne vois pas du tout qu'il se justifie.

AMÉLIE, prenant la lettre.

AIR : Je sais attacher des rubans. (*Le Frère Philippe*.)

Quoi! vous n'êtes pas satisfait?
De mon cœur la crainte est bannie;
Relisez plutôt ce billet :
« Ma femme, ma chère Amélie; »
Voyez, « *je t'aime* » en commençant,
Et « *t'adore* » au bas de la page;
Il faut, mon père, être bien exigeant
Pour en demander davantage.

MARGUERITE.

Quant à moi, il ne me reste pas le plus léger doute.

AMÉLIE.

Ni à moi non plus.

M. DE VERNEUIL.

Pourquoi n'est-il pas venu hier?

AMÉLIE.

Mais puisqu'il vient aujourd'hui, il nous expliquera tout. D'ailleurs, il le dit en toutes lettres : « Ce n'est pas ma « faute. » Il me semble que c'est écrit... et je ne vous ai jamais vu ainsi.

M. DE VERNEUIL.

C'est que tout cela n'est pas naturel... Je suis négociant; j'aime, avant tout, la franchise, l'ordre et la bonne conduite... j'ai surtout horreur des dettes; et quelque avancé que soit son mariage, s'il m'était prouvé qu'Édouard...

AMÉLIE.

Puisqu'il vous a donné sa parole... et si vous en doutez encore, venez voir ma corbeille... Quel goût !... quelle richesse !... Ce n'est pas quand on a des dettes qu'on peut faire de pareilles dépenses.

AIR de *Cendrillon.*

Venez, mon père, ah! vous serez ravi,
 Car c'est vraiment une merveille!

M. DE VERNEUIL.

Allons, ma chère, allons voir la corbeille,
 En attendant qu'arrive le mari.

AMÉLIE.

Édouard au moins a de l'ordre à présent.

M. DE VERNEUIL.

Cela ne prouve rien, je pense,
 Car à Paris, ceux qui n'ont pas d'argent
   Font toujours le plus de dépense.

Ensemble.

AMÉLIE.

Venez, mon père, car chacun ici
　　Vous parle de cette merveille;
Dépêchons-nous d'aller voir la corbeille,
En attendant qu'arrive le mari.

M. DE VERNEUIL, à Saint-Ange.

Venez, monsieur, puisque chacun ici
　　Nous parle de cette merveille;
Dépêchons-nous d'aller voir la corbeille,
En attendant qu'arrive le mari.

(**M. de Verneuil, Amélie et Saint-Ange entrent dans le salon.**)

SCÈNE III.

MARGUERITE, seule, regardant sortir Saint-Ange.

C'est fini, on ne peut plus se passer de lui... Le voilà devenu l'ami de la maison. A la bonne heure, il peut avoir toutes les plus belles qualités du monde, (Montrant son cœur.) mais il n'a pas de ça... il n'a pas de franchise, et j'aime mieux mon petit Édouard.

AIR : J'ai vu le Parnasse des dames. (*Rien de trop.*)

Je sais que sa tête est légère
Et que c'est un franc étourdi;
Mais son cœur est bon et sincère :
Ça donne de l'espoir pour lui.
Moi j'ai, par un heureux prestige,
Confiance aux mauvais sujets;
Un mauvais sujet se corrige,
Mais un hypocrite, jamais.

Aussi, depuis que ce M. de Saint-Ange est de retour, je ne suis pas sans inquiétude, parce que cet autre est si étourdi, si inconséquent... Je ne le dirais pas si monsieur était là, mais je suis sûre qu'il a encore fait quelques fredaines, quelques folies... et ce qu'il y a de pire, c'est qu'il n'arrive pas.

(On entend en dehors la voix d'Édouard, qui dit :)

ÉDOUARD.

Ne craignez rien... je ne vous quitte pas... mais je vous montre le chemin.

MARGUERITE.

C'est lui... je respire...

SCÈNE IV.

MARGUERITE, ÉDOUARD, LEBON.

ÉDOUARD, en entrant, à Lebon qui est encore en dehors.

Entrez, entrez, vous voilà chez moi, ou chez mon beau-père ; c'est tout comme... (Courant à Marguerite.) Bonjour, ma bonne Marguerite.

MARGUERITE, l'embrassant.

Ce cher enfant!... (Quittant ses bras.) Maintenant laissez-moi vous gronder... Qu'est-ce que cela signifie, de nous laisser tous dans l'inquiétude depuis deux jours?... Où avez-vous été?... Qu'est-ce que vous êtes devenu?...

ÉDOUARD.

C'est cela, voilà qu'elle commence ses sermons.

MARGUERITE.

Oui, oui, vous le méritez, et j'en ai le droit, car je vous attaque quand vous êtes là, mais je vous défends quand vous êtes absent : ce n'est pas comme tant d'autres... Enfin, répondez-moi, d'où sortez-vous ?

ÉDOUARD.

A toi, je peux le dire, parce que tu n'en parleras pas... Je sors de prison.

MARGUERITE.

Ah! mon Dieu!.. Quelques mauvaises affaires!

ÉDOUARD.

Du tout, ça ne me regarde pas... C'est Derville, un de nos amis, un brave jeune homme, qui, faute d'une trentaine de mille francs, allait suspendre ses paiements... se brûler la cervelle.

AIR de *Préville et Taconnet.*

Rendre service est assez ma coutume :
Jusqu'à présent, je m'en suis bien trouvé ;
J'ai du crédit... et d'un seul trait de plume
Sans hésiter gaîment je l'ai sauvé.

MARGUERITE.

Voyez, hélas! si jamais il se range!

ÉDOUARD.

Me crois-tu donc un ami sans pitié ?...
Si j'ai parfois, n'étant pas marié,
Fait pour l'amour quelques lettres de change,
J'en puis bien faire une pour l'amitié.
J'ai pour l'amour fait des lettres de change,
J'en puis bien faire une pour l'amitié.

D'ailleurs, c'étaient des billets à trois mois de date... Trois mois!... j'ai cru que cela ne finirait jamais... Eh bien! pas du tout... hier matin, comme je sortais de chez moi pour faire la cour à ma prétendue, la pluie tombait à verse, impossible de venir en tilbury, ou d'avoir un fiacre, car lorsqu'il fait mauvais, pas un sur la place.

LEBON.

Triste emblème des amis du jour!

ÉDOUARD.

Vous avez lu cela quelque part, monsieur Lebon; mais n'importe, je vous sais gré de la citation... (A Marguerite.) J'allais donc me lancer au milieu des ruisseaux, en escarpins et la badine à la main, lorsque devant ma porte s'arrête une voiture, où monsieur était seul.

MARGUERITE, regardant Lebon.

Ah! c'était monsieur!

(Lebon salue.)

ÉDOUARD.

Lui-même, qui voyant un jeune homme comme il faut dans l'embarras, et en bas de soie, me propose, de la manière la plus aimable, une place à côté de lui... J'accepte sans façon, et nous voilà à causer comme d'anciennes connaissances. Mon compagnon de voyage allait du côté du Jardin des Plantes, rue de la Clef... Ce n'était pas tout à fait mon chemin.. mais la pluie qui continuait, et surtout la conversation originale de monsieur, me déterminèrent à prendre le plus long...

AIR : Au temps heureux de la chevalerie.

Lorsqu'à mes yeux s'offre une forteresse ;
J'entre avec lui, l'on ferme les verrous.
De ce château quelle est donc la maîtresse?
Un porte-clefs me répond d'un air doux :
« C'est Pélagie, illustre châtelaine,
« Nouvelle Armide, et fatale beauté ;
« Car on ne peut entrer dans son domaine,
« Sans aussitôt perdre la liberté. »

MARGUERITE, à Lebon avec indignation.

Quoi!... monsieur serait?..

ÉDOUARD.

Un excellent homme... C'est M. Lebon...

LEBON.

Oui, madame, M. Lebon, garde du commerce.. Les lettres de change de monsieur avaient été protestées... jugement obtenu... j'étais chargé de le mettre à exécution, et je ne pense pas qu'il soit possible de le faire avec plus d'égards. Aussi :

« Je suis aimé de tous ceux que j'arrête. »
comme le dit un de nos meilleurs auteurs.

MARGUERITE.

Dieu! quelle vilaine espèce d'homme! (A Édouard.) Comment êtes-vous sorti?

ÉDOUARD.

M. Lebon, qui, sous la redingote d'un recors, cache le cœur d'un philanthrope, a daigné prévenir mes amis de mon changement de domicile... eux, et surtout Derville, celui que j'avais obligé, en apprenant l'embarras où je me trouvais, ont tout engagé, tout vendu... et ce matin ces chers amis m'ont apporté vingt-sept mille francs... C'est tout ce qu'ils ont pu faire du jour au lendemain.

MARGUERITE.

Au moins, voilà d'honnêtes gens.

ÉDOUARD.

Par malheur, il restait encore une lettre de change de mille écus, à un M. Durand, négociant... Si l'on eût pu seulement attendre vingt-quatre heures, c'eût été une plaisanterie... Mais c'est aujourd'hui mon mariage... Il fallait que je vinsse à ma noce, j'y étais indispensable... Il fallait surtout le plus profond secret, à cause du beau-père... car à la moindre nouvelle, tout était rompu.

MARGUERITE.

Vous avez raison... Eh bien! alors, comment avez-vous pu faire?...

ÉDOUARD.

C'est encore M. Lebon qui a poussé à la roue.

MARGUERITE.

Lui!

LEBON.

Oui, madame... Vous avez dit, tout à l'heure : « Quelle vilaine espèce d'homme! »... Le mot ne m'a pas échappé...

Je vous prie de croire que je suis de la bonne espèce... j'arrête les gens qui ont des dettes, parce que c'est mon devoir... c'est ma place, et que je suis père de famille... mais j'aime à rendre service... et quand je le peux sans me compromettre...

ÉDOUARD.

Il a été trouver mon créancier; et en lui portant les vingt-sept mille francs, il a obtenu de lui que, malgré les mille écus qui restaient à payer, je serais libre.

LEBON.

Pour aujourd'hui seulement... car ce soir, à sept heures, je dois vous reconduire à Sainte-Pélagie... et songez bien que d'ici-là, je réponds de vous corps pour corps, et que je ne peux pas vous quitter d'un instant...

ÉDOUARD.

C'est trop juste... mais tu peux être sans inquiétude. D'ici à quelques heures, le beau-père me remettra la dot... tu as sur toi ma lettre de change?

LEBON.

Oui, monsieur; car M. Durand l'avait passée en blanc, et je peux la remettre sur-le-champ à celui qui me donnera les fonds.

ÉDOUARD.

Tu les auras; et de plus, dix louis pour ta peine; et c'est encore moi qui serai ton obligé... aussi, ma chère Marguerite, je te prie d'avoir soin de ce brave homme... Moi, je vais trouver M. de Verneuil.

LEBON.

J'y vais avec vous.

ÉDOUARD.

Comment! tu ne peux pas rester ici, dans cet appartement?

LEBON.

Si vous y restez, à la bonne heure! mais si vous allez ailleurs, je vous suivrai.

ÉDOUARD.

Quel diable d'homme!... je te dis que je vais seulement dire bonjour à ma prétendue.

LEBON.

J'y vais avec vous... je ne peux pas vous quitter d'un instant.

ÉDOUARD.

Il n'y a pas d'idée d'un attachement pareil... Tu as cependant confiance en moi, et dans les dix louis que je t'ai promis?

LEBON.

Oui, monsieur... mais le devoir avant tout; et je ne me soucie pas de perdre ma place... je suis père de famille.

ÉDOUARD.

Me voilà obligé de l'inviter à la noce... et que dira M. de Verneuil en le voyant sans cesse sur mes pas?...

MARGUERITE.

Surtout avec un pareil costume!

ÉDOUARD, à Marguerite.

Eh vite! donne-nous un habit du beau-père... (A Lebon.) J'espère du moins que sans te compromettre, tu peux, pour quelques instants, déposer la redingote grise.

LEBON.

C'est notre uniforme... mais comme je suis ici *incognito*, et en bourgeois...

ÉDOUARD.

A la bonne heure...

MARGUERITE.

Voici un habit bleu tout neuf, que le tailleur vient d'apporter pour monsieur.

ÉDOUARD.

AIR : Cet arbre apporté de Provence. (*Les Deux Panthéons.*)

Oui, je veux t'aider, ne t'en déplaise,

C'est un soin dont je veux me charger.

MARGUERITE.

Vous n'avez pas l'air d'être à votre aise.

LEBON.

On se gêne un peu pour obliger.

MARGUERITE, à part.

Je conçois la peine qu'il éprouve :
De Thémis un semblable suppôt
Doit être gêné quand il se trouve
Dans l'habit d'un homme comme il faut.

ÉDOUARD.

Du reste, je n'ai pas besoin de te recommander une tenue et des manières distinguées.

LEBON.

Monsieur sait que j'ai de l'instruction et de la lecture... Avant d'être garde du commerce, j'ai été chef d'une école primaire.

ÉDOUARD.

Je ne m'étonne plus de ton érudition.

LEBON.

Pour les manières... quand on a comme moi l'habitude de voir ce qu'il y a de mieux dans Paris... car il y a souvent très-bonne compagnie à Sainte-Pélagie... L'autre jour j'y ai mené un pauvre millionnaire... un débiteur insolvable, qui avait de l'or plein ses poches...

ÉDOUARD.

A merveille... (A Marguerite.) Eh bien ! Marguerite, tâche qu'Amélie vienne de ce côté.

MARGUERITE.

Elle est dans le salon, avec M. de Saint-Ange, votre ami...

ÉDOUARD.

Saint-Ange est arrivé de Strasbourg?... Garde-toi de lui rien dire... c'était mon rival... il aspirait aussi à la main d'Amélie... et en son absence je l'ai supplanté... (A Lebon.) Mais tu dois le connaître... un jeune homme à la mode...

LEBON.

Saint-Ange!... non, je ne le connais pas.

MARGUERITE.

Taisez-vous, car voici monsieur... et je vais à mon ouvrage.

(Elle sort.)

SCÈNE V.

ÉDOUARD, LEBON, M. DE VERNEUIL, AMÉLIE ; puis MARGUERITE.

M. DE VERNEUIL.

Enfin, c'est lui !... c'est bien heureux.

AMÉLIE, avec joie.

Quoi! monsieur, vous voilà!...

ÉDOUARD.

Oui, mon beau-père... oui, ma chère Amélie...

AMÉLIE.

J'étais d'une inquiétude!... Qu'êtes-vous devenu depuis avant-hier?

M. DE VERNEUIL.

Oui, sans doute, expliquez-nous tout cela... Et d'abord quel est ce monsieur?

ÉDOUARD.

Ce monsieur, mon beau-père... ce monsieur... vous ne vous en douteriez pas.

AIR : Il est à moi.

C'est un ami
D'une étonnante espèce,
C'est un ami

Peu commun aujourd'hui
Ne vous quittant jamais dans la détresse,
Il ne s'en va que quand vient la richesse.
C'est un ami!

TOUS.

Dieu!... quel ami!

M. DE VERNEUIL.

Et où vous êtes-vous donc connus?

ÉDOUARD.

A l'armée!... il n'a pas un air bien guerrier... au contraire... et cependant, tel que vous le voyez, c'est un gaillard qui, à lui tout seul, aurait arrêté tout un régiment (A part.) en détail... (Haut.) Comme il était plus âgé que moi, il s'était établi mon guide, mon mentor... et je me laissais conduire par lui... (Riant.) N'est-il pas vrai?... avec une facilité...

LEBON, saluant.

Monsieur... monsieur, c'était mon devoir.

ÉDOUARD.

Oui... le devoir de l'amitié... car il ne peut vivre sans moi... il ne me quitte jamais... au régiment, on nous appelait *les inséparables*.

M. DE VERNEUIL, à Lebon.

Monsieur, les amis de mon gendre seront toujours bien reçus chez nous... (A Édouard.) Mais tu ne nous dis pas pourquoi hier tu t'es absenté.

ÉDOUARD, montrant Lebon.

Demandez-lui... il vous le dira... c'est à cause de lui... (Bas.) Une aventure très-désagréable, où je lui étais nécessaire... mais ce n'est pas mon secret, c'est le sien... et je vous demanderai la permission de ne pas vous en dire davantage.

AMÉLIE.

Je vois en effet que vous avez pour lui une bien grande amitié, puisqu'hier tout le jour vous m'avez sacrifiée à lui.

ÉDOUARD.

Je vous jure que je ne pouvais pas faire autrement... après les services qu'il m'a rendus.

M. DE VERNEUIL.

Et quels services, s'il vous plaît?

ÉDOUARD.

C'était autrefois à l'armée... dans une grande affaire.

M. DE VERNEUIL.

En Allemagne?...

ÉDOUARD.

Non, c'était une affaire contre des Anglais... j'avais été fait prisonnier, et sans lui j'y serais encore... Sans lui, chère Amélie, je ne pourrais pas jouir aujourd'hui du bonheur qui m'attend.

AMÉLIE.

Allons, s'il en est ainsi, je lui pardonne.

(Elle sort.)

M. DE VERNEUIL.

Mais nous avons à parler d'affaires... et j'aurais deux mots à te dire en particulier.

ÉDOUARD.

Très-volontiers.

M. DE VERNEUIL.

C'est au sujet de la dot.

ÉDOUARD, à part.

Quel bonheur! il va me la donner... et je vais envoyer au diable mon ami intime.

M. DE VERNEUIL.

Tu m'as promis que tu ne ferais plus de dettes.

ÉDOUARD.

Et je tiendrai parole, je vous le jure.

M. DE VERNEUIL.

Alors, les conditions que je vais te proposer ne doivent point t'effrayer.

ÉDOUARD.

Parlez... tout ce que vous voudrez.

M. DE VERNEUIL.

Sans compter la succession de ton oncle Antoine, qui est à la Guadeloupe, tu as deux cent mille francs de fortune... (Apercevant Lebon qui s'approche.) Qu'est-ce qu'a donc ce monsieur?... Il me semble que ton ami intime nous écoute.

ÉDOUARD.

Lui !... c'est par distraction.

(Il fait signe à Lebon de s'éloigner.)

M. DE VERNEUIL.

Tu as deux cent mille francs qui sont entre mes mains... ma fille t'en apporte autant en mariage... je les garde...

ÉDOUARD.

Ah ! vous les garderez ?

M. DE VERNEUIL.

Et je vous en paierai les intérêts; est-ce que cela te contrarie ?

ÉDOUARD.

Moi ! du tout... (A part.) Me voilà bien... (Haut.) C'est que j'aurais voulu, pour entrer en ménage, quelque argent comptant.

M. DE VERNEUIL.

C'est trop juste... demain... après-demain, je te paierai le premier quartier; et alors... (Voyant Lebon qui s'approche d'eux.) Par exemple !... c'est trop indiscret... et ton ami ne connaît pas les usages.

ÉDOUARD.

Si vraiment... mais l'intérêt qu'il prend à mes affaires... et à tout ce qui me concerne...

LEBON.

Est-ce que vous ne donnez pas la dot à mon ami Édouard ?

(Amélie entre.)

M. DE VERNEUIL.

Non, monsieur, si vous voulez bien le permettre... et pour des motifs à moi connus... que je lui expliquerai plus au long, quand nous serons seuls... Je pense que dans ce moment... ces jeunes gens seront bien aises d'être ensemble.

LEBON.

Certainement.

M. DE VERNEUIL.

Moi, je vais aller m'habiller.

LEBON.

Vous ferez bien... moi d'abord je le suis.

M. DE VERNEUIL, à part.

Il n'a pas l'air de comprendre... (Il appelle.) Marguerite ! (Marguerite entre.) Est-ce que le tailleur n'a pas encore apporté mon habit neuf ?

MARGUERITE.

Non, monsieur.

M. DE VERNEUIL.

Je ne sais pas à quoi il pense... C'était un habit pour assister à la noce.

MARGUERITE.

Eh ! monsieur, soyez tranquille. (Regardant l'habit de Lebon.) Il y sera... à la noce.

(Elle sort.)

M. DE VERNEUIL.

En attendant, je vais en mettre un autre. (A Lebon.) Monsieur, je suis à vous... Si vous voulez passer dans le salon...

LEBON.

Vous êtes bien bon.

M. DE VERNEUIL.

Vous y trouverez de la société.

LEBON, montrant Édouard.

Celle de mon ami me suffit.

M. DE VERNEUIL, bas à Édouard.

Alors, j'y renonce.

AIR : Amis, voici la riante semaine. (*Le Carnaval.*)

Je fais en vain mes efforts pour qu'il sorte ;
Un tel ami devient très-importun.

ÉDOUARD.

Moi, je m'en charge... et puis d'ailleurs, qu'importe ?
Vous savez bien que nous ne faisons qu'un.

M. DE VERNEUIL.

Que diras-tu, d'après ce beau système,
Lorsque ta femme aura reçu ta foi,
Qu'elle sera comme un autre toi-même,
Si ce monsieur ne fait qu'un avec toi ?

(Il entre dans l'appartement à droite.)

SCÈNE VI.

ÉDOUARD, AMÉLIE, LEBON, qui est un peu au fond.

ÉDOUARD.

Chère Amélie, je puis donc vous dire enfin tout le bonheur que j'éprouve à vous revoir !

AMÉLIE.

Et moi donc !... j'étais d'une tristesse que je ne pouvais m'expliquer... (Apercevant Lebon qui s'est un peu rapproché d'eux.) Ah ! mon Dieu !

ÉDOUARD.

Eh bien !... pourquoi n'achevez-vous pas ?

AMÉLIE, à voix basse.

Je n'avais pas vu que ce monsieur était resté là.

ÉDOUARD.

Ne craignez rien... il ne peut pas nous entendre.

AMÉLIE.

Qu'importe? Est-ce que devant lui j'oserai jamais vous parler? Mon ami, dites-lui de s'en aller.

ÉDOUARD, à part.

Dieu! quelle situation!... (Haut.) Je vous avoue que je n'ose pas... C'est peut-être malhonnête... et puis il est si susceptible! d'ailleurs, dans un instant nous allons être unis.

AMÉLIE.

C'est ce qui vous trompe... car le mariage ne doit avoir lieu que ce soir, à minuit... (A part.) et je prévois que d'ici là je pourrai bien changer d'idée.

ÉDOUARD.

O ciel! à minuit... Et pourquoi pas ce matin?

AMÉLIE.

C'est mon père qui l'a décidé ainsi...

ÉDOUARD, à part.

Et moi qui, à sept heures, suis obligé de partir...

(Courant à Lebon.)

AMÉLIE, à part.

A merveille!... il me quitte pour monsieur... Je suis bien malheureuse!

ÉDOUARD, à Lebon.

AIR : Qu'il est flatteur d'épouser celle. (*Le Jaloux malade.*)

A ma prière sois sensible
Et donne-moi jusqu'à ce soir,
Jusqu'à minuit.

LEBON.

C'est impossible,
Je ne connais que mon devoir.
Sur vous tous mes soins se concentrent,
Et je dois, crainte de malheur,
En attendant que les fonds rentrent
Faire rentrer le débiteur.

ÉDOUARD.

Morbleu!... je ne sais qui me retient...

LEBON.

Monsieur... si vous vous fâchez...

AMÉLIE, s'approchant.

Ah! mon Dieu!... qu'est-ce donc?

ÉDOUARD.

Vous le voyez... je le prie de s'en aller... et monsieur se formalise... Il a un si mauvais caractère!

AMÉLIE.

Et c'est pour un pareil ami que vous me faites du chagrin... que vous vous brouillez avec moi?... Arrangez-vous, monsieur; mais tant qu'il sera ici... je ne vous épouserai pas.

ÉDOUARD, à part.

Il n'y a pas moyen d'en sortir. (A Amélie à voix basse.) Amélie, deux mots seulement... Apprenez que monsieur n'est pas ce que vous pensez, et qu'il m'est impossible de le renvoyer... Je ne peux pas vous en dire davantage... mais mon intérêt est de le ménager... mon sort dépend de lui.

AMÉLIE.

Et de qui donc pouvez-vous dépendre?... Vous n'avez, en fait de parents, que votre oncle Antoine, qui est à la Guadeloupe... (Regardant Lebon qui est assis.) Ah! mon Dieu!... est-ce que par hasard?...

ÉDOUARD, à voix basse.

Silence... Demain, vous saurez tout... Croyez seulement que je vous aime... que je vous adore... et quant à la conduite que je tiens... elle m'est prescrite... Je ne peux pas faire autrement.

AMÉLIE.

Eh! que ne le disiez-vous?

ÉDOUARD, tombant à ses genoux.

Ah! que je suis heureux!

SCÈNE VII.

Les mêmes; M. DE VERNEUIL, entrant avec toutes les Personnes de la noce; puis SAINT-ANGE.

LE CHOEUR.

Air : Autrefois le domino.

Que la gaîté, verre en main,
Au festin
Nous accompagne!
Allons sabler le champagne,
Pour fêter, verre en main,
L'hymen!

SAINT-ANGE, entrant à la fin du chœur.

Eh bien! est-ce qu'on ne dîne pas? Tout le monde s'impatiente, on attend le futur.

ÉDOUARD.

Eh bien! mon cher Saint-Ange, le voilà.

SAINT-ANGE, surpris.

Comment! monsieur Édouard!... on ne nous avait pas avertis de votre arrivée...

M. DE VERNEUIL.

Allons, messieurs, à table... (A Lebon.) Monsieur nous fait l'honneur de dîner avec nous?

LEBON.

Certainement, monsieur, je m'en fais un devoir...

M. DE VERNEUIL.

Nous n'avons que notre famille; car, du côté de mon gendre... il n'y a que son oncle Antoine...

AMÉLIE, avec intention.

Qui, malheureusement, n'est pas ici... Nous aurions tant de plaisir à le recevoir... à le fêter !

ÉDOUARD, à part.

Pauvre Amélie !... Voilà qu'elle lui fait la cour.

M. DE VERNEUIL.

Et malgré cela, nous sommes tant de monde, que nous serons obligés de dîner dans deux appartements séparés.

LEBON, à part.

Ah ! mon Dieu !... (A M. de Verneuil.) Pardon, monsieur... Oserai-je vous demander dans quel appartement vous me mettrez?

M. DE VERNEUIL, à part.

Quelle demande !... (Haut à Lebon.) Dans la seconde pièce, et les mariés dans la première... Il n'y a que le vestibule qui nous sépare.

LEBON.

Je vous fais mille excuses de mon impolitesse ; mais je vous prierai en grâce de me mettre à la même table que mon ami.

ÉDOUARD, bas.

Veux-tu te taire !

LEBON.

Je ne pourrais pas dîner sans cela... Du reste, ne vous gênez pas... A côté de lui, ou en face, comme vous voudrez, pourvu que je le voie.

M. DE VERNEUIL.

Eh bien ! par exemple...

ÉDOUARD, à part.

Je suis sur les épines.

LEBON.

Vous voyez que j'agis sans façon... c'est mon caractère.

M. DE VERNEUIL.

Il n'y a pas de mal... et pour agir de même, je vous dirai que je suis désolé de vous refuser.

LEBON.

Et moi aussi... car à coup sûr je ne quitterai pas mon ami... Je resterai plutôt derrière sa chaise.

ÉDOUARD, à M. de Verneuil.

C'est un original sans pareil, que vous ne connaissez pas comme moi.

AMÉLIE.

Ça, c'est bien vrai... (A part.) Mais enfin... c'est notre oncle.

ÉDOUARD.

Vous allez lui faire mettre une petite table dans cette pièce qui donne sur notre salle à manger; et je parie qu'il aimera mieux cela... (Bas à Lebon.) Veux-tu bien accepter...

LEBON.

Oui, sans doute, pourvu qu'on laisse les portes ouvertes, et que je sois toujours avec vous.

M. DE VERNEUIL, à Édouard.

Ah! je t'avoue que de ton ami intime... j'en ai déjà assez.

ÉDOUARD, à part.

Et moi donc!

LE CHŒUR.

Même air.

Que la gaîté, verre en main,
Au festin
Nous accompagne!
Allons sabler le champagne,
Pour fêter, verre en main,
L'hymen!

M. DE VERNEUIL.

Mais cet homme est insupportable.

Ah! si je ne me retenais,
Au lieu de le mettre à la table,
(Montrant la porte à droite.)
Je sais bien où je le mettrais.

LE CHOEUR.

Que la gaîté, verre en main, etc.

(M. de Verneuil, Édouard, Amélie et Saint-Ange entrent dans la salle à manger, et sont suivis de tous les convives.)

SCÈNE VIII.

LEBON, puis MARGUERITE, qui apprête une table, et met son couvert.

LEBON, en débitant le monologue suivant, regarde toujours du côté de la salle à manger.

Je n'ai pas à me plaindre... ce sont de braves gens, qui m'invitent à dîner... Et dans les maisons où je vais, il est rare qu'on m'engage à rester... Au contraire... Tant il est vrai que, dans notre état, il y a peu de considération, et peu de dîners en ville... Et pourquoi?... Car enfin un garde du commerce a un estomac comme tout autre fonctionnaire... Il boit comme les autres hommes... il mange comme eux... plus même, à cause de l'exercice... Et il y a aussi des gens qui nous croient insensibles! Qu'ils demandent à ma femme... à madame Lebon... Dieu! ai-je aimé madame Lebon!... Et tout à l'heure encore, les amours de ces jeunes gens me rappelaient les miennes... Ça me rappelait le temps où j'étais jaloux, et où il me fallait quitter ma femme pour porter des assignations. (A Marguerite, qui a mis la table à droite.) Permettez... C'est trop loin : j'aime mieux que la table soit de ce côté.

(Il transporte la table à gauche, près de la porte de la salle à manger.)

MARGUERITE.

C'est que vous aurez le vent de la porte.

LEBON.

C'est égal... je risque le rhume... Dans notre état, nous y sommes faits... (Regardant dans la salle à manger.) Réellement ils sont bien pressés; et il eût été difficile de placer un convive de plus... Mais d'ici, je vois tout mon monde... Je vois mon jeune homme... Estimable jeune homme!... Excellent potage! (Un domestique en livrée sortant de la salle à manger, et apportant plusieurs plats.)

LE DOMESTIQUE.

C'est mademoiselle Amélie qui vous envoie tout cela; et qui m'a dit de veiller à ce que vous ne manquiez de rien.

LEBON.

Quelle aimable personne!... Si l'on pouvait manger tranquillement, comme l'on s'en donnerait!

AIR de *Lantara.*

Dieux! quelle alternative étrange!
Il faut, hélas! quel embarras!
Ne pas regarder ce qu'on mange,
Pour regarder ce qu'on ne mange pas.
Mets succulents, mets délicats,
A mon devoir, pardonnez cette offense.
Ciel! une truffe au bout de ce couteau!
Sans le parfum qui trahit sa présence,
Elle passait incognito.

Rattrapons le temps perdu. (Il porte cinq ou six morceaux coup sur coup à sa bouche, sans regarder son assiette, et toujours les yeux fixés sur la salle à manger.) Excellent... mais ça ne me profitera pas... j'ai trop d'inquiétude... (Regardant.) Ce garçon-là me donne une peine!... Quand il serait mon propre enfant...

MARGUERITE.

Vous ne veilleriez pas sur lui avec plus de tendresse.

LEBON.

C'est vrai... Mais à propos d'enfants... si je portais quelques friandises à mes petits..., c'est permis, n'est-il pas vrai?

MARGUERITE.

Voulez-vous du papier?

LEBON.

Je vous remercie... (Se levant et arrangeant des biscuits dans le papier.) J'en ai trois... trois garçons... et madame Lebon, qui est encore jeune...

MARGUERITE.

Voici mademoiselle... Mettez cela dans votre poche.

LEBON.

Non pas... ces poches-là ne m'appartiennent pas... Portez cela dans ma redingote... C'est plus sûr, et puis c'est plus ample.

MARGUERITE.

C'est juste... Deo poches d'huissier, ça ne refuse jamais... (A part.) Allons, je reviens de mes préventions; et malgré son état... c'est vraiment un brave homme.

SCÈNE IX.

LEBON, AMÉLIE, sortant de la salle à manger.

AMÉLIE.

Ah! monsieur!... que j'avais besoin de vous parler!

LEBON.

La chaleur vous a peut-être fait sortir de table?

AMÉLIE.

C'est du moins le prétexte que j'ai pris... Il vient d'arriver plusieurs lettres de félicitations, que mon père m'a priée de lire pour lui... Dans le nombre, il y en avait une que je me suis bien gardée de lui montrer... Elle est d'un M. Durand, négociant... Il a, dit-il, contre son gendre une lettre de change de mille écus... Je tremble que ce ne soit vrai.

LEBON.

Et moi, j'en suis sûr.

AMÉLIE.

Vous le saviez... Eh bien! monsieur, je viens vous en supplier... ne laissez pas à mon père le plus léger prétexte ; et daignez acquitter sur-le-champ cette dette...

LEBON.

Moi!... Eh bien! par exemple...

AMÉLIE.

Vous êtes si riche, et si bon... Pour vous, mille écus, ce n'est rien... C'est une misère... Et vous assurez à jamais le bonheur de votre neveu.

LEBON.

De mon neveu!... Qu'est-ce que cela signifie?

AMÉLIE.

Eh bien! non... Je sais que vous ne voulez pas être connu... Mais ne ferez-vous rien pour lui?

LEBON.

Rien... que des vœux pour son bonheur... Car je suis père de famille... (Regardant du côté de la salle à manger.) Ah! mon Dieu! on est au dessert... et je ne vois pas M. Édouard... Il n'est plus à sa place... Où est-il donc?

SCÈNE X.

Les mêmes; SAINT-ANGE.

SAINT-ANGE, entrant gaiement.

Dieu!... comme il est parti!

LEBON, avec effroi.

Parti!... Qui donc?

SAINT-ANGE.

Ce bouchon de vin de Champagne... Paf... au plafond!

LEBON, à part.

Ce n'est qu'un bouchon !... je respire.

SAINT-ANGE, à Amélie.

Je ne m'attendais pas à vous trouver ici, avec monsieur... car de tous côtés on demande la mariée.

AMÉLIE.

Je retourne au salon... (A part, regardant Lebon.) Et puisqu'il est inflexible... si je pouvais par moi-même... Quelle idée !... Oui... je crois que cela pourra suffire.

(Elle sort.)

SCÈNE XI.

LEBON, SAINT-ANGE.

SAINT-ANGE.

Elle s'éloigne. (A Lebon, qui va pour sortir.) Monsieur, vous êtes l'ami d'Édouard... son ami intime ?

LEBON.

Oui, monsieur... C'est l'opinion générale.

SAINT-ANGE.

Ne pourrai-je pas vous dire deux mots en particulier ?

LEBON.

A moi !... Si je ne me trompe, vous êtes M. de Saint-Ange ?

SAINT-ANGE.

Oui, monsieur.

LEBON, à part.

Cet ancien rival dont Édouard me parlait ce matin... (A Saint-Ange.) Monsieur, je suis à vous dans la minute.

AIR du vaudeville de Les Scythes et les Amazones.

Mais pardonnez à mon inquiétude,
Un seul instant je vais voir mon ami;

Je l'avoûrai, je n'ai pas l'habitude
De demeurer si longtemps loin de lui.
(A part.)
Rien qu'en voyant pétiller ce champagne,
Qui prisonnier sort de captivité,
Je crains qu'hélas ! l'exemple ne le gagne,
Et qu'il ne rêve aussi la liberté.

(Il entre dans la salle à manger.)

SCÈNE XII.

SAINT-ANGE, seul.

Je me doute du sujet qui les occupe, et je devine leur inquiétude; car tout à l'heure, dans le salon, on parlait à voix basse d'un créancier, d'un certain M. Durand... Je n'ai pas pu en savoir davantage... Mais il y a, dans la position d'Édouard, quelque chose d'équivoque dont je pourrai tirer parti... Car enfin je ne suis pas obligé de servir un rival qui m'enlève ma maîtresse... D'ailleurs, il est évident qu'Édouard ne l'aime pas, puisqu'au moment de l'épouser il s'expose ainsi à la perdre... Et si je savais seulement quel est ce M. Durand... Si je pouvais acquérir quelques preuves... C'est notre homme qui revient, tâchons de le faire causer.

SCÈNE XIII.

SAINT-ANGE, un peu à l'écart, LEBON.

LEBON, à part, en entrant.

Je suis tranquille; il est là à causer avec sa future. C'est un digne jeune homme... Il m'a fait prendre le café et la liqueur; et j'ai gardé trois morceaux de sucre pour madame Lebon, qui n'est point insensible aux douceurs... Mais, quand j'y pense... cette pauvre chère demoiselle qui voulait absolument me confier son écrin... (Apercevant Saint-Ange qui s'approche.) Voyons maintenant, monsieur, qu'y a-t-il pour votre service?

SAINT-ANGE.

Ne connaissez-vous pas M. Durand?

LEBON.

M. Durand, le négociant?... Oui, monsieur.

SAINT-ANGE.

N'est-ce pas à lui qu'Édouard a souscrit une lettre de change?

LEBON, à part.

Une lettre de change... (Haut.) Oserai-je vous demander, avant tout, pourquoi ces questions?

SAINT-ANGE.

Plus bas, monsieur... Il est important qu'Édouard n'ait plus de dettes... Et s'il avait encore quelques billets de par le monde, nous voudrions, en secret, et sans l'en prévenir, les retirer de la circulation.

LEBON.

En secret?...

SAINT-ANGE.

Oui, monsieur.

LEBON, à part.

Un rival!... ça ne me paraît pas naturel; et je crois, mon ami Lebon, qu'il faut ici jouer serré... (Haut.) Monsieur... M. Édouard n'a pas de dettes... du moins à ma connaissance.

SAINT-ANGE.

Eh bien!... j'en suis fâché; car j'aurais donné tout au monde pour trouver de lui un seul billet au porteur.

LEBON.

Que dites-vous, monsieur?... vous donneriez tout au monde...

SAINT-ANGE.

Sans doute.

LEBON.

Voilà qui est différent; et il y aurait peut-être moyen de s'entendre... Combien donneriez-vous?

SAINT-ANGE.

Hein!... qu'est-ce que cela signifie? est-ce que vous auriez?...

LEBON.

Il ne s'agit pas de cela; combien donneriez-vous pour avoir entre les mains une lettre de change?

SAINT-ANGE.

Mais... quitte à me faire rembourser plus tard... j'en paierais d'abord le montant.

LEBON.

C'est-à-dire que vous la prendriez au prix coûtant... ce n'est pas assez.... le papier de M. Édouard est très-recherché, maintenant surtout qu'il est rare sur la place... et j'ai là un effet de lui de mille écus, que je ne donnerais pas pour le double.

SAINT-ANGE.

Vous, monsieur! n'êtes-vous pas l'ami d'Édouard?

LEBON.

Moi, monsieur!... pas plus que vous.

SAINT-ANGE.

Je comprends alors... vous êtes un créancier... vous êtes ce M. Durand?

LEBON.

Peut-être bien.

SAINT-ANGE.

Porteur d'une lettre de change?

LEBON.

C'est vrai.

SAINT-ANGE.

Et pourquoi ne vous présentez-vous pas?

LEBON.

Si je ne veux pas!

SAINT-ANGE.

Vous seriez payé.

LEBON.

Je n'y tiens pas.

SAINT-ANGE.

Ce n'est pas croyable!... et quels sont vos motifs?

LEBON.

Tenez, monsieur, ne cherchons point à pénétrer nos secrets : vous avez vos raisons ; j'ai les miennes... Autant que je puis m'y connaître, vous faites une bonne affaire, et moi aussi... voyez donc si ça vous convient... deux mille écus, sur-le-champ : c'est à prendre ou à laisser.

SAINT-ANGE.

Y pensez-vous!... un pareil prix!... (A part.) C'est un arabe que cet homme-là. (Haut.) Me forcer à acheter six mille francs une lettre de change dont, après tout, je ne pourrai jamais toucher que mille écus... c'est trois mille francs que j'y mets de ma poche.

LEBON.

C'est juste ; mais si cela vous en fait gagner trente fois autant... si cela vous délivre d'un rival...

SAINT-ANGE.

Que dites-vous ?

LEBON.

Qu'il n'y a peut-être plus que celui-là en circulation... outre qu'il est orné de tous ses accessoires... protêt, jugement, signification ; et puis il est passé en blanc.

SAINT-ANGE.

C'est bien quelque chose.

LEBON.

Air d'Ambroise.

Ce billet, vous pouvez m'en croire,
Est sur-le-champ exécutoire,
En le donnant à quelque huissier,
Qui connaisse bien son métier.

SAINT-ANGE.

Oui, pour convaincre le beau-père
Il n'est pas de meilleurs moyens.
(Bas à Lebon.)
Si j'étais bien sûr du mystère?...

LEBON.

Vos secrets sont aussi les miens.

SAINT-ANGE.

Eh bien ! terminons cette affaire.
(Il donne des billets de banque qu'il tire de son portefeuille, et prend la lettre de change.)
Ah ! je la tiens !

LEBON.

Ah ! je les tiens.
C'est, je crois, une bonne affaire.

SAINT-ANGE et LEBON.

Ah ! je le tiens... Ah ! je le tiens !
(Saint Ange s'en va par le fond.)

SCÈNE XIV.

LEBON, seul.

Une lettre de change de mille écus... que je viens de lui vendre le double ; ça n'est pas maladroit, ça ; et quoique simple garde du commerce, j'ai mené cela comme un avoué... je l'ai mis dedans... au bénéfice de mon client. Mais un instant... le devoir avant tout... il faut d'abord payer

M. Durand le négociant ; car c'est à lui qu'appartient la lettre de change... c'est lui qui m'avait chargé de la toucher... et voici, à part, les mille écus qui lui reviennent, et que je lui porterai ce soir... (Il met cette somme dans la poche de son gilet.) Maintenant, attention ; car c'est ici un compte à parties doubles ; cette lettre de change, passée à l'ordre d'un rival, ne tardera pas à se présenter... ainsi, mon ami Lebon... soyons au poste, et attendons les événements.

SCÈNE XV.

LEBON, ÉDOUARD, sortant du salon.

ÉDOUARD.
Ah ! mon ami ! mon cher Lebon ! je suis désolé.

LEBON.
Et pourquoi cela ?

ÉDOUARD.
Six heures et demie viennent de sonner, et dans une demi-heure il faudra quitter ma femme !... renoncer à tout ce que j'aime... Et que penseront-ils de mon absence ?... Si au moins j'étais marié... Si tu voulais me donner quelques heures de plus ?

LEBON.
Vraiment !... Écoutez, jeune homme, vous m'avez donné un bon dîner... Vous m'avez appelé votre ami... Vous m'avez traité avec des égards... inusités ! Tout cela mérite une récompense, et ne fût-ce que pour encourager les jeunes gens, vos confrères, je vous donne jusqu'à minuit.

ÉDOUARD.
Il se pourrait !... Je ne peux le croire encore... Jusqu'à minuit ! (L'embrassant.) Mon ami !... Mon sauveur !...

LEBON.
Assez, assez... Gardez cela pour votre femme.

ÉDOUARD.

Minuit!... (Avec désespoir et se promenant.) Est-il un malheur pareil au mien?... C'est au moment où j'aurai reçu sa main, qu'il faudra m'éloigner d'elle! et tu aurais le courage de l'exiger?

LEBON.

Au fait, si le jour de mes noces il m'avait fallu quitter madame Lebon...

ÉDOUARD.

Madame Lebon!... justement, j'allais t'en parler, j'allais invoquer son souvenir.

LEBON.

Moi, d'abord, on m'attendrit toujours quand on me parle de ma femme... Eh bien! voyons; et en souvenir de mes amours, et dans l'intérêt des vôtres, je vous donne jusqu'à demain matin.

ÉDOUARD.

Ah! mon ami!... Mon véritable ami!

AIR : Muse des jeux et des accords champêtres.

Ne parlez pas d'huissier célibataire :
C'est l'hymen seul qui les rend indulgents.

LEBON.

C'est vrai, monsieur, ce nom d'époux, de père,
Fait qu'on exerce avec des sentiments.
Dans ma maison par la morale on brille ;
Et je me dis pourtant, tout attendri,
Lorsque j'arrête un enfant de famille :
« Peut-être un jour les miens seront ainsi. »

SCÈNE XVI.

Les mêmes ; AMÉLIE.

AMÉLIE.

Ah! monsieur!... Ah! mon cher Édouard! quel événement!... Mon père était dans le salon, on l'a fait appeler...

je l'ai suivi bien doucement dans l'antichambre, et là, on lui a présenté une lettre de change de vous.

ÉDOUARD.

De moi !... (Regardant Lebon.) Est-ce que ce serait une autre que j'aurais oubliée ?... Et comment cela se fait-il ?

AMÉLIE.

Cela vient d'être apporté par un huissier ; et ce que vous ne croirez jamais, cet huissier est envoyé par M. de Saint-Ange, votre rival.

ÉDOUARD.

Quelle trahison !... Que faire ?... Quel parti prendre ?...

LEBON.

Payer votre lettre de change.

ÉDOUARD.

Et comment ?

AMÉLIE, à Lebon.

Monsieur, je vous en supplie, venez à notre secours.. Verrez-vous notre mariage rompu? Verrez-vous notre douleur sans en être ému ?

LEBON.

Non, sans doute, et j'ai moi-même le cœur trop sensible... Tenez, tenez, mon jeune ami, prenez ces valeurs, ces billets de banque, c'est le montant de la somme.

ÉDOUARD.

Que faites-vous ?

AMÉLIE.

Ah! le bon oncle !... J'étais bien sûre qu'il pardonnerait et qu'il paierait... Ils finissent tous par là.

ÉDOUARD.

Que dit-elle? mon oncle !... Ah çà, est-ce que réellement...

LEBON.

Qu'importe qui je puis être... Vous m'avez nommé votre

ami intime, j'ai voulu en remplir les fonctions... Prenez, payez le beau-père, et renvoyer l'huissier ; renvoyez-le avec les égards qu'on doit à une profession modeste et pénible, et d'autant plus sensible aux politesses, qu'elle y est moins habituée... Mais silence, c'est M. de Verneuil.

SCÈNE XVII.

Les mêmes; M. DE VERNEUIL, MARGUERITE, UN HUISSIER, qui se tient à l'écart.

M. DE VERNEUIL, à Édouard, d'un ton sévère.

Monsieur, je n'ai pas besoin de vous rappeler nos conventions, ni les promesses que vous m'aviez faites.

ÉDOUARD.

A coup sûr je ne les ai point oubliées.

M. DE VERNEUIL.

D'où vient donc qu'un pareil effet est encore en circulation ?

ÉDOUARD.

Un effet de moi !... Voulez-vous permettre ?... (Le regardant.) O ciel ! (Bas à Lebon.) Celui de M. Durand passé à l'ordre de Saint-Ange ! Comment est-il sorti de tes mains ?

LEBON, de même.

Pour vous sauver... Allez, et ne craignez rien. (A M. de Verneuil.) Où est le mal, monsieur, de faire des lettres de change ?... Vous qui êtes négociant, vous en faites tous les jours.

M. DE VERNEUIL.

Sans contredit, mais le mal est de ne point les payer.

ÉDOUARD.

J'attendais qu'on se présentât ; car hier, vous le savez, j'étais absent, et je suis trop heureux de pouvoir m'acquitter devant vous. Voici trois mille francs.

(Il lui donne les billets de banque.)

M. DE VERNEUIL.

Je ne reviens pas de ma surprise... Mais, je devine : c'est monsieur, c'est votre ami qui a payé pour vous.

LEBON.

Moi, monsieur !... Vous ne me connaissez pas ; vous ne connaissez pas mon ami Édouard... Mais, quoiqu'il n'ait besoin de personne, il faut qu'il sache ce que sa prétendue voulait faire pour lui... Noble et généreux sacrifice, surtout pour une femme !... Elle renonçait à ses diamants, à ses parures... Elle se trouvait assez belle de son amour et de sa tendresse... (A Amélie.) C'est bien, mademoiselle, c'est très-bien, vous en serez récompensée... Voici vos diamants, je vous les rends...

(Il lui remet son écrin.)

M. DE VERNEUIL.

Quoi ! monsieur, ma fille vous avait confié ?...

LEBON.

Oui, monsieur : j'avais accepté pour donner une preuve d'intérêt à votre famille, une leçon à mon jeune ami; et pour assurer à jamais à votre fille le cœur et la reconnaissance de son époux :

« L'amour, l'estime et l'amitié, »
comme dit la romance.

AMÉLIE.

O le meilleur des oncles !

M. DE VERNEUIL, ÉDOUARD et MARGUERITE.

Que dites-vous ?

AMÉLIE.

Quoi !... Vous ne l'avez pas reconnu?... C'est l'oncle d'Édouard, son oncle Antoine qui arrive de la Guadeloupe.

TOUS.

Serait-il vrai ?

LEBON.

Non, messieurs, non ; calmez vos transports... Quoique les

dénoûments et les oncles d'Amérique soient plus à la mode que jamais... je suis Parisien... je ne suis point parent de M. Édouard... (A l'huissier.) Quant à vous, monsieur Legris...

L'HUISSIER, s'avançant.

Quoi, monsieur, vous voilà! je me retire.

LEBON.

On vous a appelé, on vous paiera votre vacation... Emportez le dossier et les fonds : plus tard je passerai chez vous, et nous nous entendrons ensemble.

L'HUISSIER.

Comme vous voudrez... Je suis bien votre serviteur.

(Il sort.)

M. DE VERNEUIL.

Ah! il connaît tout le monde, même des huissiers... Au nom du ciel, monsieur, qui donc êtes-vous?

LEBON.

C'est la seule chose que je ne puisse vous dire ; votre gendre, qui est dans la confidence, vous apprendra un jour les motifs de mon incognito... En attendant, Édouard épouse celle qu'il aime ; il a payé toutes ses dettes, car il ne lui en reste pas une seule... pas un seul protêt.

M. DE VERNEUIL.

Vous en êtes bien sûr ?

LEBON.

Je vous le jure, foi d'hu... (Se reprenant.) foi d'honnête homme !

ÉDOUARD, bas à Lebon.

Mais dites-moi au moins de qui je suis le débiteur?

LEBON, de même.

Demain, vous le saurez... (Haut.) Car je vous demanderai, mon jeune ami, la permission d'aller vous voir quelquefois le matin... quand il n'y aura personne.

ÉDOUARD.

Tu seras toujours le bien reçu... Tout ce que tu as fait pour moi (Montrant son cœur.) est là... et ton souvenir et ma reconnaissance seront toujours comme nous étions aujourd'hui...

LEBON.

Je comprends, *inséparables*.

AIR du vaudeville de *La Petite Sœur*

M. DE VERNEUIL.

On manque à vingt ans de raison ;
Mais le temps passe, on devient sage.
Pour achever ta guérison,
Rien n'est tel que le mariage.
Oui, je vous unis en ce jour ;
Mais pour rendre ces nœuds durables,
Chez vous que l'hymen et l'amour
Soient désormais inséparables!

MARGUERITE.

Je voudrais bien voir revenir
Certaine loi jadis de mode ;
Cessait-on de se convenir ?
On se quittait, c'était la mode.
Et si de l'hymen jusqu'ici
J'ai fui les chaînes respectables,
C'est que la femme et le mari
Sont maintenant inséparables.

LEBON.

D'inventer pourquoi prendre soin ?
C'est bon pour les gens de mérite :
Auteurs du jour, il n'est besoin
Que de vous traîner à leur suite ;
Copiez-les, imitez-les,
Vos succès seront profitables ;
Car les singes et les succès
Sont maintenant inséparables.

AMÉLIE, au public.

Quelquefois en hostilité
On voit l'auteur et le parterre ;
J'ose proposer un traité
Qui pourrait terminer la guerre :
Pour bannir tout noir pronostic,
Et rendre nos pièces durables,
Que l'indulgence et le public
Désormais soient inséparables !

LE
CHARLATANISME

COMÉDIE-VAUDEVILLE EN UN ACTE

EN SOCIÉTÉ AVEC M. MAZÈRES.

Théatre de S. A. R. Madame. — 10 Mai 1825.

PERSONNAGES.   ACTEURS.

DELMAR, homme de lettres . . . . MM. Gontier.
RONDON, journaliste. . . . .   Clozel.
RÉMY, médecin . . . .   Perrin.
M. GERMONT. . . . .   Numa.
JOHN, } domestiques de Delmar . . . . {   Émilien.
FRANÇOIS, }   Bordier.

SOPHIE, fille de M. Germont . . . . Mmes Adeline.
Mme DE MELCOURT, nièce de M. Germont . .   Théodore.

A Paris, dans la maison de Delmar, rue du Mont-Blanc.

LE
CHARLATANISME

Un salon élégant. — Porte au fond, et deux portes latérales. — Aux côtés de la porte du fond, deux corps de bibliothèque garnis de livres, et surmontés, l'un du buste de Piron, l'autre de celui de Favart. — A la droite du théâtre, un bureau; à gauche, une table sur laquelle Delmar est occupé à écrire au lever du rideau.

SCÈNE PREMIÈRE.

DELMAR, JOHN.

DELMAR, travaillant à son bureau.

Hein! qui vient là me déranger? Voilà une scène que je n'achèverai jamais. Eh bien, John! qu'est-ce que c'est?

JOHN.

Monsieur, c'est aujourd'hui le 15 avril; et le monsieur qui a retenu l'appartement du quatrième vient s'y installer.

DELMAR.

Est-ce que je l'en empêche?

JOHN.

Non, monsieur; mais il veut vous parler, parce que c'est lui qui a aussi retenu l'appartement du premier, vis-à-vis; c'est pour des personnes de province.

DELMAR.

Je dis qu'il n'y a pas moyen de travailler, quand on est homme de lettres, et qu'on a le malheur d'être propriétaire. Je sais bien que l'inconvénient est rare. Mais enfin, voilà une scène d'amour, une situation dramatique...

AIR du vaudeville de Partie carrée.

A chaque instant on m'importune !
Il faut quitter les muses pour l'argent ;
On veut avoir et génie et fortune
Tout à la fois ! impossible, vraiment !
Lorsque l'on est au sein de l'opulence,
L'esprit ne fait qu'embarrasser :
Voilà pourquoi tant de gens de finance
Aiment mieux s'en passer.

JOHN.

Monsieur, je vais renvoyer le locataire.

DELMAR.

Eh non ! ce ne serait pas honnête. Qu'est-ce que c'est ?

JOHN.

Je crois que c'est un médecin.

DELMAR.

Un médecin ! diable, les médecins, c'est bien usé ! J'aurais préféré un locataire qui eût un autre état, un état original ; cela m'aurait fourni quelques sujets. (A John.) C'est égal, fais entrer. (John sort.) J'ai justement un vieux médecin à mettre en scène ; et peut-être, sans qu'il s'en doute, ce brave homme pourra me servir.

SCÈNE II.

DELMAR, RÉMY, JOHN.

JOHN, annonçant.

M. le docteur Rémy.

DELMAR, se levant.

Rémy! (Courant à Rémy.) Mon ami, mon ancien camarade! Comment! c'est toi qui viens loger chez moi?

RÉMY.

Cette maison t'appartient?

DELMAR.

Eh! oui, vraiment!

RÉMY.

Je n'en savais rien. Il y a si longtemps que nous ne nous sommes vus!

DELMAR.

Tu as raison. Autrefois, quand nous étions étudiants, moi à l'école de droit, toi à l'école de médecine...

RÉMY.

Alors, nous ne nous quittions pas, nous vivions ensemble.

DELMAR.

Et quand j'étais malade, quel zèle! quelle amitié! comme tu me soignais!... deux fois je t'ai dû la vie. Mais que veux-tu? je suis un malheureux, un ingrat; depuis que je me porte bien, je t'ai oublié.

RÉMY.

Non, tu ne m'as pas oublié; tu m'aimes toujours, je le vois à la franchise de ton accueil; mais les événements nous ont séparés. J'ai été passer deux ans à Montpellier. Je travaillais beaucoup, je t'écrivais quelquefois; et toi, lancé au milieu des plaisirs de la capitale, tu n'avais pas le temps de me répondre. Cela m'a fait un peu de peine; et pourtant je ne t'en ai pas voulu; tu as la tête légère, mais le cœur excellent; et en amitié, cela suffit.

DELMAR.

Ainsi donc, tu abandonnes le quartier Saint-Jacques pour la rue du Mont-Blanc? Tant mieux, morbleu!

AIR de Préville et Taconnet.

Comme autrefois nous vivrons, je l'espère :
Pour commencer, plus de bail, plus d'argent.

RÉMY.

Quoi, tu voudrais ?...

DELMAR.

Je suis propriétaire !
Tu garderas pour rien ton logement,
Ou nous aurons un procès sur-le-champ.

RÉMY.

Mais permets donc...

DELMAR.

Allons, cher camarade,
Daigne accepter les offres d'un ami ;
Ne souffre pas que l'on dise aujourd'hui
Qu'Oreste envoie un huissier à Pylade,
Pour le forcer à demeurer chez lui.

RÉMY.

Un procès avec toi ! certes, je ne m'y exposerai pas ; car, autant que j'y puis voir, tu es devenu un avocat distingué, tu as fait fortune au barreau.

DELMAR.

Du tout.

RÉMY.

Cependant, quand j'ai quitté Paris, tu venais de passer ton dernier examen.

DELMAR.

J'en suis resté là ; et de l'étude d'avoué, je me suis élancé sur la scène.

RÉMY.

Vraiment ! tu as toujours eu du goût pour la littérature.

DELMAR.

Non pas celle de Racine et de Molière, mais une autre qu'on a inventée depuis, et qui est plus expéditive. Je me rappelais l'exemple de Gilbert, de Malfilâtre et compagnie, qui sont arrivés au Temple de Mémoire en passant par l'hôpital; et je me disais : « Pourquoi les gens qui ont de l'esprit n'auraient-ils pas celui de faire fortune ? pourquoi la richesse serait-elle le privilége exclusif des imbéciles et des sots ? pourquoi surtout un homme de lettres irait-il fatiguer les grands de ses importunités ? Non, morbleu ! il est un protecteur auquel on peut, sans rougir, consacrer ses travaux, un Mécène noble et généreux qui récompense sans marchander, et qui paye ceux qui l'amusent ; c'est le public. »

RÉMY.

Je comprends ; tu as fait quelques tragédies, quelques poëmes épiques?

DELMAR.

Pas si bête ! Je fais l'opéra-comique et le vaudeville. On se ruine dans la haute littérature ; on s'enrichit dans la petite. Soyez donc dix ans à créer un chef-d'œuvre ! Nous mettons trois jours à composer les nôtres ; et encore souvent nous sommes trois : ainsi, calcule.

RÉMY.

C'est l'affaire d'un déjeuner.

DELMAR.

Comme tu dis, les déjeuners jouent un grand rôle dans la littérature : c'est comme les dîners dans la politique. De nos jours, combien de réputations et de fortunes enlevées à la fourchette ! Je sais bien que nos chefs-d'œuvre valent à peu près ce qu'ils nous coûtent. Mais on en a vu qui duraient huit jours; quelques-uns ont été jusqu'à quinze ; et quand on vit un mois, c'est l'immortalité, et on peut se faire lithographier avec une couronne de laurier.

RÉMY.

Et tu es heureux ?

DELMAR.

Si je suis heureux !

AIR du vaudeville de *Les Scythes et les Amazones.*

N'allant jamais implorer la puissance,
Je ne crains pas qu'on m'arrête en chemin ;
Libre et tout fier de mon indépendance,
Par le travail j'embellis mon destin ;
Aux malheureux je peux tendre la main.
Quand je le veux, je cède à la paresse ;
L'amour souvent vient agiter mon cœur.
(Prenant la main de Rémy.)
J'ai retrouvé l'ami de ma jeunesse,
Dis-moi, mon cher, n'est-ce pas le bonheur?

Et toi, mon cher, comment vont les affaires ?

RÉMY.

Assez mal; j'ai peu de réputation, peu de clients.

DELMAR.

C'est inconcevable! car je ne connais pas dans Paris de médecin qui ait plus de talent.

RÉMY.

Dans notre état, il faut du temps pour se faire connaître : nous ne jouissons que dans l'arrière-saison ; et quand la réputation arrive...

DELMAR.

Il faut s'en aller ; comme c'est gai! Mais, dis-moi, pour qui est cet appartement que tu as loué sur le même palier que moi?

RÉMY.

Ce n'est pas pour moi, mais pour une famille qui arrive de Montpellier, et qui m'a prié de lui retenir un logement. Le père d'abord est un excellent homme, et puis la jeune personne...

DELMAR.

Ah! ah! il y a une jeune personne! Permettez donc, monsieur le docteur, est-ce que nous serions amoureux?

RÉMY.

A toi je peux le confier. Eh bien! oui, je suis amoureux, et sans espoir.

DELMAR.

Sans espoir! laisse donc : c'est quand les médecins n'en ont plus, que cela va toujours à merveille.

RÉMY.

Le père est un riche propriétaire, M. Germont.

DELMAR.

M. Germont, de Montpellier! Nous voilà en pays de connaissance. Il a ici à Paris une nièce, madame de Melcourt, chez laquelle je suis reçu, et qui me parle souvent de son oncle, un original sans pareil, qui tient à la gloire et à la réputation, et qui a pensé mourir de joie en voyant un jour son nom imprimé dans le journal du département.

RÉMY.

C'est lui-même. Il ne recherche pas la fortune, car il en a beaucoup; mais quand j'étais à Montpellier, il m'a promis la main de sa fille à condition que je retournerais à Paris, que je m'y ferais connaître, que je deviendrais un docteur à la mode; et pour tout cela, il ne m'a donné que trois ans.

DELMAR.

C'est plus qu'il n'en faut.

RÉMY.

Non, vraiment; car nous voilà à la fin de la troisième année : j'ai travaillé sans relâche, et je suis encore inconnu.

AIR : Connaissez mieux le grand Eugène. (*Les Amants sans amour.*

Ma clientèle est bien loin d'être bonne.

DELMAR.

Les vivants sont tous des ingrats.

RÉMY.

Pourtant je n'ai tué personne.

DELMAR.

Mon pauvre ami, tu ne parviendras pas.
Il faut à vous d'illustres funérailles!
Un médecin est comme un conquérant :
Autour de lui, sur les champs de batailles,
Plus il en tombe et plus il paraît grand!

C'est ta faute; si tu m'étais venu voir plus tôt, nous aurions cherché à te lancer. D'abord, j'aurais parlé de toi dans mes vaudevilles; cela aurait couru la province, cela se serait peut-être joué à Montpellier; et si ton beau-père va au spectacle, ton mariage était décidé.

RÉMY.

Laisse donc. Est-ce que j'aurais jamais consenti?...

DELMAR.

Pourquoi pas? mais il est encore temps; nous avons vingt-quatre heures devant nous; et en vingt-quatre heures, il se fait à Paris bien des réputations... Justement, voici mon ami Rondon, le journaliste.

SCÈNE III.

Les mêmes; RONDON.

RONDON.

Bonjour, mon cher Delmar. (A Rémy, qu'il salue.) Monsieur, votre serviteur. (A Delmar.) Je t'apporte de bonnes nouvelles, car je sors du comité de lecture, et l'ouvrage que nous avons terminé hier a produit un effet...

DELMAR.

C'est bien; nous en parlerons dans un autre moment. Tu viens pour travailler?

RONDON.

Oui, morbleu! (Appelant.) John! à déjeuner! car moi, je suis un bon convive et un bon enfant.

DELMAR.

Je te présente le docteur Rémy, mon camarade de collége et mon meilleur ami, un jeune praticien qui est persuadé que, pour réussir, il suffit d'avoir du mérite.

RONDON.

Monsieur vient de province?

DELMAR.

Non; du faubourg Saint-Jacques.

RONDON.

C'est ce que je voulais dire.

DELMAR, à Rémy.

Apprends donc, et mon ami Rondon te le dira, que, dans ce siècle-ci, ce n'est rien que d'avoir du talent.

RONDON.

Tout le monde en a

DELMAR.

L'essentiel est de le persuader aux autres; et pour cela, il faut le dire, il faut le crier.

RONDON.

Monsieur a-t-il composé quelque ouvrage?

RÉMY.

Un *Traité sur le croup*, qui renferme, je crois, quelques vues utiles; mais toute l'édition est encore chez Ponthieu et Delaunay mes libraires.

RONDON.

Nous l'enlèverons; j'en ai enlevé bien d'autres!

DELMAR.

Ne fais-tu pas un cours?

RÉMY.

Oui, tous les soirs, je réunis quelques étudiants.

DELMAR.

Nous en parlerons.

RONDON.

Nous vous ferons connaître. Avez-vous une nombreuse clientèle?

RÉMY.

Non, vraiment.

RONDON.

C'est égal, on le dira tout de même.

DELMAR.

Cela encouragera les autres! et puis, j'y pense, il y a une place vacante à l'académie de médecine de Paris.

RONDON.

Pourquoi ne vous mettez-vous pas sur les rangs?

RÉMY.

Moi!... et des titres?

DELMAR.

Des titres! à l'académie! c'est du luxe. As-tu adopté quelque innovation, quelque système? pourquoi n'entreprends-tu pas l'*acuponcture?*

RONDON.

Ah! oui! le système des aiguilles?

AIR du vaudeville de *Fanchon la vielleuse.*

Pour guérir on vous pique,
Système économique,
Qui, depuis ce moment,
Répand
La joie en nos familles;
Car nous avons en magasins
Plus de bonnes aiguilles
Que de bons médecins.

DELMAR.

Les jeunes ouvrières,
Les jeunes couturières,
Ont remplacé la Faculté;
Ces novices gentilles

Vont, en servant l'humanité,
Avec un cent d'aiguilles,
Nous rendre la santé.

RONDON.

Je te prends ce trait-là pour mon journal, car je parle de tout dans mon journal; mais je ne me connais pas beaucoup en médecine, et si monsieur veut me donner deux ou trois articles tout faits...

RÉMY.

Y pensez-vous! Employer de pareils moyens, ce serait mal, ce serait du charlatanisme.

DELMAR.

Raison de plus.

RONDON.

Du charlatanisme! mais tout le monde en use à Paris; c'est approuvé, c'est reçu, c'est la monnaie courante.

DELMAR.

Témoin notre dernier succès.

RONDON.

D'abord la représentation était au bénéfice d'un acteur, qui se retirait définitivement pour la quatrième fois...

DELMAR.

Depuis un mois, les journaux annonçaient qu'il n'y avait plus de places, que tout était loué.

RONDON.

Et la composition du spectacle!

DELMAR.

Et celle du parterre! je ne t'en parle pas; mais il ne faut pas croire que nous soyons les seuls. Dans tous les états, dans toutes les classes, on ne voit que charlatanisme.

RONDON.

Le marchand affiche une cessation de commerce qui n'arrive jamais.

DELMAR.

Le libraire publie la troisième édition d'un ouvrage avant la première.

RONDON.

Le chanteur fait annoncer qu'il est enrhumé, pour exciter l'indulgence. Charlatans, charlatans ! tout ici-bas n'est que charlatans.

DELMAR.

Je ne te parle pas des compères.

RONDON.

Nous serons les vôtres. Je vous offre mes services et mon journal, car moi je suis bon enfant.

RÉMY.

Je vous remercie, messieurs, mais j'ai aussi mon système, et je suis persuadé que, sans intrigue, sans prôneurs, sans charlatanisme, le véritable mérite finit toujours par se faire connaître et acquérir une gloire solide et plus durable.

DELMAR.

Oui, une gloire posthume ! essaye, et tu m'en diras des nouvelles.

RÉMY.

Adieu ; je vais faire quelques visites.

DELMAR, le retenant.

Mais, écoute donc !

RÉMY.

Si les personnes que j'attends arrivaient pendant mon absence, charge-toi de les recevoir et de leur montrer leur appartement.

DELMAR.

AIR : En attendant que le punch se présente.

Quand par nos soins, notre appui tutélaire,
Tu peux marcher à la célébrité,
Quand des honneurs nous t'ouvrons la carrière,

Tu vas languir dans ton obscurité.
Songe à l'amour que ton cœur abandonne!
Songe à la gloire...

RÉMY.

On doit en être épris,
Quand d'elle-même à nous elle se donne ;
Dès qu'on l'achète, elle n'a plus de prix.

Ensemble.

RONDON et DELMAR.

Quand par nos soins, notre appui tutélaire,
Tu peux marcher à la célébrité,
Quand des honneurs nous t'ouvrons la carrière,
Tu vas languir dans ton obscurité!

RÉMY.

Quand par vos soins, votre appui tutélaire,
Je puis marcher à la célébrité,
Quand des honneurs vous m'ouvrez la carrière,
Moi, j'aime mieux mon humble obscurité.

(Il sort.)

SCÈNE IV.

RONDON, DELMAR.

RONDON.

C'est donc un philosophe que ton ami le médecin?

DELMAR.

Non, mais c'est un obstiné qui, par des scrupules déplacés, va manquer un beau mariage.

RONDON.

C'est cependant quelque chose qu'un beau mariage, et puisque nous en sommes sur ce chapitre, j'ai une confidence à te faire. Il est question, en projet, d'un superbe établissement pour moi; vingt mille livres de rente.

DELMAR.

Vraiment! et quelle est la famille?

RONDON.

Je ne te le dirai pas, car je n'en sais rien encore; mais on doit me présenter au beau-père, dès qu'il sera arrivé.

DELMAR.

Ah! il n'est pas de Paris?

RONDON.

Non; mais il vient s'y fixer; un homme immensément riche, qui aime les arts, qui les cultive lui-même, et qui ne serait pas fâché d'avoir pour gendre un littérateur distingué et un bon enfant; et je suis là.

DELMAR.

C'est cela, te voilà marié, et tu ne feras plus rien.

AIR du vaudeville de *La Robe et les Bottes.*

Prends-y bien garde, tu t'abuses!
Oui, tu compromets ton état ;
Quand on se voue au commerce des muses,
On doit rester fidèle au célibat.

RONDON.

Crois-tu l'hymen si funeste à l'étude?

DELMAR.

L'hymen, mon cher, est funeste aux auteurs
A nous surtout, nous qui, par habitude,
Avons toujours des collaborateurs.

Et voilà pourquoi je veux rester garçon.

RONDON.

Oui, et pour quelque autre raison encore. Il y a, de par le monde, une jolie petite dame de Melcourt...

DELMAR.

Y penses-tu? la femme d'un académicien! Un instant, monsieur, respect à nos chefs, aux vétérans de la littérature!

RONDON.

Oh! je suis prêt à ôter mon chapeau; mais il n'en est pas moins vrai qu'un mari académicien est ce qu'il y a de plus commode! d'abord, l'habitude qu'ils ont de fermer les yeux...

DELMAR.

Halte-là! ou nous nous fâcherons. Madame de Melcourt est la sagesse même. Avant son mariage, c'était une amie de ma sœur; et il n'y a entre nous que de la bonne amitié. Ingrat que tu es! c'est à elle que nous devons nos succès; c'est notre providence littéraire. Vive, aimable, spirituelle, répandue dans le grand monde, partout elle vante tous nos ouvrages. *Divin! délicieux! admirable!* elle ne sort pas de là; et il y a tant de gens qui n'ont jamais d'avis, et qui sont enchantés d'être l'écho d'une jolie femme!... Et aux premières représentations, il faut la voir aux loges d'avant-scène! Elle rit à nos vaudevilles, elle pleure à nos opéras-comiques. Dernièrement encore, j'avais fait un mélodrame... qui est-ce qui ne fait pas de sottise? j'avais fait un mélodrame à Feydeau; elle a eu la présence d'esprit de s'évanouir au second acte, cela a donné l'exemple; cela a gagné la première galerie; toutes les dames ont eu des attaques de nerfs, et moi un succès fou. Si ce ne sont pas là des obligations!...

RONDON.

Allons! allons! tu as raison; mais il faudra lui parler de notre pièce d'aujourd'hui, celle que je viens de lire, pour que d'avance elle l'annonce dans les bals et dans les sociétés; cela fait louer des loges.

DELMAR.

A propos de cela, parlons donc de notre ouvrage, donne-moi des détails sur la lecture.

RONDON.

Je sors du comité, il était au grand complet. Comme c'est imposant, un comité! On y voit de tout, de graves professeurs, des militaires, des employés, des avoués, et même des hommes de lettres.

DELMAR.

As-tu bien lu?

RONDON.

Comme un ange.

DELMAR.

Et nous sommes reçus?

RONDON.

Je n'en doute pas, ils ont ri; et le directeur m'a reconduit jusqu'au bas de l'escalier, en disant qu'on allait m'écrire. (Se mettant à la table.) Aussi, je vais annoncer notre réception dans le journal de ce soir.

DELMAR.

Il n'y a en toi qu'une chose qui me fâche, c'est que tu sois à la fois auteur et journaliste; tu te fais des pièces et tu t'en rends compte, tu te distribues, à toi des éloges, et à tes rivaux des critiques; cela ne me paraît pas bien.

AIR : Le choix que fait tout le village. (*Les Deux Edmond*.)

Lorsque l'on est sorti de la carrière,
Lorsque l'on goûte un glorieux repos,
On peut porter un arrêt littéraire,
On peut alors parler de ses rivaux.
Oui, le pouvoir que déjà tu te donnes,
A nos anciens il faut l'abandonner :
Ceux qui jadis ont gagné des couronnes
Seuls à présent ont le droit d'en donner.

RONDON.

Écoute donc; il faut se faire craindre des directeurs et des confrères.

DELMAR.

Et même dans les pièces où tu ne travailles pas avec moi, tu ne m'épargnes jamais les épigrammes.

RONDON.

C'est vrai ; je t'aime, je t'estime, j'aime tous mes confrères, mais je n'aime pas leurs succès. — Moi ! un succès me fait mal ; j'en conviens franchement, je suis bon enfant, mais... Tiens, écoute. (Il lit ce qu'il vient d'écrire.) « On a reçu aujour-
« d'hui au théâtre de... » Faut-il nommer le théâtre ?

DELMAR.

Pourquoi pas ?

RONDON, lisant.

« On a reçu aujourd'hui au théâtre de MADAME un vau-
« deville qu'on attribue à deux auteurs connus par de nom-
« breux succès... »

DELMAR.

La phrase de rigueur, et si la pièce tombe, tu mettras :
« Elle est de deux hommes d'esprit, qui prendront leur
« revanche. »

RONDON.

C'est juste ! (Continuant à lire.) « On assure que cette pièce
« ne peut qu'augmenter la prospérité d'un théâtre qui s'ef-
« force de mériter chaque jour la bienveillance du public.
« Le zèle des acteurs, l'activité de l'administration, l'intelli-
« gence du directeur, du comité... »

DELMAR.

Il y en a pour tout le monde.

RONDON.

Dame ! ils ont tous ri. Et puis, si une pièce est bonne, il ne faut pas, parce qu'elle est de nous, que cela m'empêche d'en dire du bien. Moi, je ne connais personne ; la vérité avant tout !

SCÈNE V.

Les mêmes; JOHN.

JOHN.

Monsieur, c'est de l'argent.

DELMAR.

Bon, mes droits d'auteur du mois dernier.

JOHN.

Oui, monsieur, quatre mille francs.

DELMAR.

Quatre mille francs ! ô Racine ! ô Molière ! (Les prenant de la main de John.) C'est bien ; mille francs pour l'économie, et mille écus pour les plaisirs.

(Il les renferme dans son secrétaire.)

JOHN.

Et puis, voici une lettre qu'un garçon de théâtre vient d'apporter.

RONDON, se levant, et prenant la lettre.

Eh ! c'est la lettre de réception ! (Il lit tout haut.) « Messieurs, « votre petite pièce... » Petite pièce, elle est parbleu bien grande ! « Votre petite pièce pétille d'esprit et d'originalité ; « les caractères sont bien tracés, le dialogue est vif et na- « turel, les scènes abondent en intentions comiques ; mais « on a trouvé que le genre de l'ouvrage ne convient pas à « notre théâtre. Je vous annonce donc à regret que la pièce « a été refusée... »

DELMAR.

Refusée !

RONDON.

« A l'unanimité. Croyez bien, messieurs, que l'adminis- « tration... » Oui, les termes de consolation ! C'est une horreur !

DELMAR.

Tu disais qu'ils avaient ri.

RONDON.

Mais à mes dépens, à ce qu'il paraît. C'est prendre les gens en traîtres. C'est une indignité.

DELMAR.

Ils sont fiers, parce qu'ils ont la vogue.

RONDON.

Ils ne l'auront pas longtemps, je me vengerai; et pour commencer, un bon article, bien juste... (Il se met à table, et écrit :) « Les recettes du théâtre de Madame commencent à « baisser; son astre pâlit!... »

DELMAR.

Comment! tu vas...

RONDON.

Écoute donc! je suis bon enfant; mais cela a des bornes : il ne faut pas non plus se laisser faire la loi. (Il écrit et répète à haute voix :) « La négligence de l'administration, la révol- « tante partialité des directeurs, la nullité des membres du « comité, le honteux monopole, le marivaudage, etc., etc., « etc. Au lieu de prendre pour modèle les administrations « voisines; celle de Feydeau, par exemple, si douce, si pa- « ternelle... »

DELMAR.

Est-ce que tu veux porter notre pièce à l'Opéra-Comique?

RONDON.

Sans doute.

DELMAR.

On sonne.

RONDON.

Feydeau est un théâtre royal, un théâtre estimable, ennemi des cabales.

DELMAR.

Oui, si l'on nous reçoit.

JOHN, annonçant.

Madame de Melcourt!

SCÈNE VI.

Les mêmes; Mme DE MELCOURT; puis JOHN.

DELMAR.

Qu'entends-je? madame de Melcourt chez moi! quel bonheur inattendu!

Mme DE MELCOURT, étonnée.

Monsieur Delmar! eh! mais, monsieur, comment êtes-vous ici pour me recevoir?... Je venais voir mon oncle, pour qui on a retenu un logement dans cette maison, et l'on m'a dit : « Montez au premier. »

DELMAR.

Je récompenserai mon portier; c'est un homme qui a d'heureuses idées.

Mme DE MELCOURT.

Et moi, je le gronderai. M'exposer à vous faire une visite! Que dira M. Rondon, qui est mauvaise langue?

RONDON.

Oh! madame, je suis bon enfant.

DELMAR.

N'allez-vous pas me reprocher un bonheur que je ne dois qu'au hasard? M. votre oncle va arriver dans l'instant; j'ai promis au docteur Rémy de le recevoir.

Mme DE MELCOURT.

Le jeune Rémy! vous le connaissez? vous êtes bien heureux; c'est l'homme invisible : il m'était recommandé, mais jamais il ne s'est présenté chez moi, et cependant je lui porte le plus vif intérêt. J'ai reçu de ma jeune cousine une lettre si pressante !... Il faut absolument faire connaître ce jeune homme.

DELMAR.

Il ne le veut pas.

Mme DE MELCOURT.

Comment ! il ne le veut pas ! il le faudra bien ; nous lui donnerons de la vogue malgré lui, et sans qu'il s'en doute.

DELMAR.

Ce serait admirable !

Mme DE MELCOURT.

Et pourquoi pas, si vous me secondez ?

RONDON.

Ce sera une conspiration.

Mme DE MELCOURT.

AIR : Au temps heureux de la chevalerie.

Oui, conspirons pour l'unir à sa belle.

DELMAR et RONDON.

Nous sommes prêts.

Mme DE MELCOURT.

Marchons donc hardiment ;
Et si le sort nous était infidèle,
(Montrant son aigrette.)
Ralliez-vous à mon panache blanc.

DELMAR.

Du Béarnais jadis c'était l'emblème.

Mme DE MELCOURT.

Avec raison je l'invoque en ces lieux :
Notre entreprise est digne de lui-même,
Nous conspirons pour faire des heureux.

Mme DE MELCOURT, DELMAR et RONDON.

Notre entreprise est digne de lui-même,
Nous conspirons pour faire des heureux.

Mme DE MELCOURT.

Il faut d'abord quelques articles de journaux.

DELMAR.

Voici Rondon qui s'en chargera.

RONDON.

Certainement; un médecin, ce n'est pas un confrère; moi, je suis bon enfant... Donne-moi des notes. (Il va s'asseoir à la table, et écrit.) « Le docteur Rémy... »

DELMAR.

Auteur d'un ouvrage *sur le croup*.

RONDON, écrivant.

« Le docteur Rémy, le sauveur de l'enfance, l'espoir des « mères de famille... »

DELMAR.

Il fait tous les soirs un petit cours de physiologie.

RONDON.

Un petit cours ! (Écrivant.) « C'est aujourd'hui que le célèbre « docteur Rémy termine son cours de physiologie. On com- « mencera à sept heures précises. Les voitures prendront la « file au coin de la rue Neuve-des-Mathurins, et sortiront « par la rue Joubert. »

DELMAR.

Parfait ! Dès qu'on promet de la foule, tout le monde y court. (Il appelle.) John, John ! (John paraît.) tu iras à la préfecture demander deux gendarmes.

JOHN.

Oui, monsieur.

DELMAR.

Gendarmes à cheval surtout ! on les voit mieux, et cela attire de plus loin.

Mme DE MELCOURT.

Attendez donc ! il y a une place vacante à l'académie de médecine de Paris.

DELMAR.

C'est ce que nous disions ce matin.

RONDON.

Il faut qu'il l'ait.

Mme DE MELCOURT.

Il l'aura; c'est aujourd'hui que l'on prononce. On est incertain entre deux rivaux; de sorte qu'un troisième qui se présenterait pourrait tout concilier.

RONDON.

Oui; mais encore faudrait-il faire quelques visites; et jamais ce monsieur ne s'y décidera.

DELMAR.

Je les ferai pour lui, et sans qu'il le sache. J'irai voir le président, et je mettrai des cartes chez les autres.

Mme DE MELCOURT.

Moi, j'irai voir leurs femmes.

AIR : Amis, voici la riante semaine. (*Le Carnaval.*)

Je tâcherai de séduire ces dames,
Qui séduiront leurs époux. C'est ainsi
Que l'on parvient, c'est toujours par les femmes;
Voilà comment j'ai placé mon mari.

RONDON.

Nous courrons tous.

Mme DE MELCOURT.

        Grâce à nos promenades,
Notre docteur est dans le bon chemin;
Rien ne lui manque.

DELMAR.

        Excepté des malades,
Et le voilà tout à fait médecin!

Mme DE MELCOURT.

C'est vrai; il faut lui trouver quelques malades riches, des malades de bonne compagnie ou des petits malades de grande maison... Attendez ! l'ambassadrice d'Espagne me demandait ce matin un médecin pour sa femme de chambre. Ensuite, je connais une princesse polonaise dont le singe s'est cassé la cuisse, la princesse *Jockoniska*.

DELMAR.

Cela suffit pour commencer. (Il appelle.) John, John ! Dès que le docteur Rémy sera rentré, et qu'il y aura du monde... (Il lui parle bas.) Tu m'entends, l'air inquiet, effaré...

JOHN.

Oui, monsieur.

(Il sort.)

Mme DE MELCOURT.

On monte l'escalier ; je reconnais la voix de mon oncle, celle de sa fille ; ce sont nos voyageurs.

RONDON.

Moi, je vais à l'imprimerie ; je sors par la porte dérobée.

Mme DE MELCOURT.

Ah ! monsieur a deux sorties à son appartement ?

DELMAR.

Les architectes ont tout prévu.

RONDON.

Sans doute, un garçon ! et un auteur dramatique !... mais je n'en dis pas davantage, parce que je suis bon enfant.

(Il sort par la porte à droite.)

SCÈNE VII.

DELMAR, Mme DE MELCOURT, GERMONT, SOPHIE.

TOUS.

AIR du Valet de chambre.

Ah ! quel plaisir (*Bis.*)
De s'embrasser après l'absence !

Ah! quel plaisir
De pouvoir tous se réunir !

(Ils s'embrassent.)

DELMAR, les regardant.

Les scènes de reconnaissance
Ont toujours l'art de m'attendrir !

TOUS.

Ah! quel plaisir !

GERMONT.

Paris, Paris ! j'en suis avide ;
Que rien n'échappe à mes regards !

Mme DE MELCOURT.

C'est moi qui serai votre guide.

GERMONT.

Tu sais que je tiens aux beaux-arts,
A la peinture, à la musique ;
Mais j'aime avant tout, je m'en pique,
La littérature...

DELMAR.

Bravo !
Nous vous mènerons voir *Jocko*.

TOUS.

Ah! quel plaisir (*Bis.*)
De s'embrasser après l'absence !
Ah! quel plaisir
De pouvoir tous se réunir !

Mme DE MELCOURT.

Ah çà ! mon oncle, vous venez sans doute à Paris pour marier ma cousine ?

GERMONT.

Mais, oui, c'est mon intention.

Mme DE MELCOURT.

Elle sera vraiment charmante quand elle aura un mari, et une robe de chez Victorine. (A Sophie.) Victorine, ma chère, il n'y a qu'elle pour les robes, Nattier pour les fleurs, Herbault pour les toques; c'est cher, mais c'est distingué.

GERMONT.

C'est bon, c'est bon; à demain les affaires sérieuses. Occupons-nous de notre appartement; et, avant tout, montons chez ce cher Rémy : à quel étage demeure-t-il?

DELMAR, bas à madame de Melcourt.

Décemment, je ne peux pas dire qu'il loge au quatrième. (Haut.) Monsieur, vous êtes chez lui.

Mme DE MELCOURT, bas à Delmar.

Y pensez-vous?

DELMAR, de même.

Je partagerai avec lui : ce n'est pas la première fois.

GERMONT.

Comment diable! au premier, dans la Chaussée-d'Antin!

DELMAR.

Et l'appartement qui vous est réservé est ici en face, sur le même palier.

GERMONT.

Et un mobilier charmant, d'une fraîcheur! d'une élégance!... une bibliothèque! et des bustes!

AIR : Il me faudra quitter l'empire. (*Les Filles à marier*.)

J'aperçois là deux docteurs qu'on renomme,
C'est Hippocrate et Galien.

DELMAR, bas à madame de Melcourt.

Oui, c'est Favart, c'est Piron... le brave homme!

GERMONT.

Ah! tous les deux, je les reconnais bien. (*Bis*.)
N'est-il pas vrai? c'étaient deux fortes têtes,
Deux grands docteurs...

DELMAR.

C'étaient deux grands talents...

(A part.)
Pour les couplets.

GERMONT.
Ils ont l'air bons vivants!

DELMAR.
Je le crois bien. Si j'avais leurs recettes,
Je serais sûr de vivre bien longtemps.

GERMONT, à Delmar.
Monsieur est de la maison?

DELMAR.
Je suis le propriétaire ; et si ce n'étaient les services que M. Rémy m'a rendus, il y a longtemps que je lui aurais donné congé.

SOPHIE.
Et pourquoi donc?

DELMAR.
Pourquoi, mademoiselle? parce que je ne peux pas dormir; parce qu'on m'éveille toutes les nuits. La nuit dernière encore, deux équipages qui s'arrêtent à ma porte, et l'on frappe à coups redoublés. « N'est-ce pas ici le célèbre doc-« teur Rémy? on le demande chez un riche financier qui a « une indigestion, chez la femme d'un ministre destitué qui « a des attaques de nerfs. » C'est à n'y pas tenir. Je n'ose pas le renvoyer ; mais à l'expiration du bail, je serai obligé de l'augmenter, je vous en préviens.

GERMONT.
Qu'est-ce que vous me dites là? Ce pauvre Rémy a donc un peu de réputation ?

DELMAR.
Lui! il n'a pas un moment de repos, ni moi non plus.

SOPHIE.
Ah! que je suis contente! vous voyez bien, mon père, j'étais sûre qu'il parviendrait.

GERMONT.

Et où est-il en ce moment ?

DELMAR.

Dieu le sait ! il est monté dans son cabriolet, et il court Paris.

GERMONT.

Qu'entends-je ? il a un cabriolet ?

DELMAR.

AIR du vaudeville du Piége.

Eh ! oui, monsieur; c'est bien juste en effet :
Tous les docteurs un peu célèbres
Ont au moins un cabriolet
Payé par les pompes funèbres.
On doit beaucoup à leurs secours ;
Pourrait-on, sans leur faire injure,
Les voir à pied, eux qui font tous les jours
Partir tant de gens en voiture ?

GERMONT.

Et vous, ma chère nièce, que dites-vous de tout cela ?

Mme DE MELCOURT.

Qu'il y a beaucoup d'exagération.

GERMONT.

Quoi ! vous pensez que le docteur Rémy ?...

Mme DE MELCOURT.

Moi, je n'en dis rien, parce que je ne puis pas le souffrir. C'est un homme insupportable, qu'on ne trouve jamais : toutes les dames en sont folles, et je ne sais pas pourquoi.

SOPHIE, à voix basse.

Mais taisez-vous donc !

Mme DE MELCOURT.

Et pourquoi donc me taire? je dis ce que je pense; il m'a enlevé mes spasmes nerveux, j'en conviens; car il guérit, c'est vrai, il guérit; il n'a que cela pour lui : il faut bien qu'il ait quelque chose.

DELMAR.

Vous voilà! toujours injuste, exagérée quand vous n'aimez pas les gens.

Mme DE MELCOURT.

Et vous, toujours prêt à partager l'engouement général.

GERMONT.

Mais, ma nièce... mais, monsieur...

Mme DE MELCOURT.

Vous verrez ce que deviendra votre docteur Rémy. Malgré tous ses succès, je ne lui donne pas dix ans de vogue.

DELMAR.

Eh bien! par exemple!

SOPHIE.

Fi! ma cousine; c'est indigne à vous!

SCÈNE VIII.

Les mêmes; RÉMY.

Mme DE MELCOURT.

Eh! tenez; voici encore quelqu'un qui vient le demander, et qui ne le trouvera pas.

DELMAR, bas à madame de Melcourt.

C'est lui-même.

Mme DE MELCOURT, à part.

Ah! mon Dieu! ce que c'est que de ne pas connaître les personnes que l'on vante!

RÉMY.

Enfin, vous voilà donc arrivés!

GERMONT.

Ce cher Rémy! embrasse-moi donc.

RÉMY.

Bonjour, monsieur; bonjour, mademoiselle ; un si aimable accueil...

GERMONT.

Ne doit pas t'étonner, toi qui partout es reçu et fêté; nous savons de tes nouvelles.

RÉMY.

De mes nouvelles! et comment ?

GERMONT.

Parbleu ! par la renommée.

RÉMY.

Par la renommée? je ne croyais pas qu'elle s'occupât de moi.

Mme DE MELCOURT.

Ah! quoique médecin, monsieur est modeste; voilà une qualité qui va nous raccommoder ensemble.

SOPHIE, à Rémy.

C'est madame de Melcourt, ma cousine, et une de vos malades.

RÉMY.

De mes malades! je ne pense pas avoir eu l'honneur...

Mme DE MELCOURT.

Qu'est-ce que je vous disais? c'est insupportable! et nous allons de nouveau nous brouiller; il ne reconnaît pas même ceux à qui il a rendu la santé !

DELMAR.

Parbleu ! je le crois bien, sur la quantité !... (A Germont.) Mais, pardon, monsieur, avant de sortir, j'aurais un mot de consultation à demander au docteur sur des douleurs que j'éprouve.

RÉMY.

Il serait vrai! Qu'est-ce que c'est? parle vite, mon cher Delmar.

DELMAR, conduisant Rémy à l'extrémité du théâtre à gauche.

Rien ; mais j'ai une confidence à te faire. M. Germont a pris l'appartement en face, sur le même palier ; je lui ai dit que tu demeurais ici avec moi.

RÉMY.

Et pourquoi donc ?

DELMAR.

Belle question ! pour que tu aies plus d'occasions de voir ta prétendue.

RÉMY.

Je te remercie; quel bonheur !... Mais quant à cette dame, elle se trompe, je ne la connais pas.

DELMAR.

Qu'est-ce que cela te fait ? ne va pas la contredire, ce n'est pas honnête.

Mme DE MELCOURT, bas à Germont.

Ce jeune homme qui cause avec lui, est M. Delmar, son propriétaire, un auteur très-distingué.

GERMONT.

Comment, c'est M. Delmar, l'auteur ? je logerais dans la maison d'un auteur ! (A Sophie.) Tu sais bien, ma fille, cet opéra que nous avons vu à Montpellier... M. Delmar... les paroles de cet air que tu chantes si bien sur ton piano... M. Delmar...

Mme DE MELCOURT.

J'espère que vous vous rencontrerez chez moi avec monsieur, qui me fait souvent l'honneur d'y venir; c'est aussi un ami du docteur.

GERMONT.

Je lui en fais compliment. Si je me fixais à Paris, je ne voudrais voir que des poëtes, des artistes, des gens célèbres. J'aimerais à paraître en public avec eux, parce que c'est agréable d'être remarqué, d'être suivi, d'entendre dire autour de soi : « C'est monsieur un tel, c'est sûr, le voilà ; et quel est donc ce monsieur qui lui donne le bras ? — C'est M. Germont, de Montpellier, son ami intime. » C'est une manière de se faire connaître. Voilà pourquoi j'ai toujours voulu pour gendre un homme célèbre ; il en rejaillit sur la famille et sur le beau-père une illustration... relative.

RÉMY.

Je suis désolé, monsieur, de vous voir de pareilles idées, non pas qu'elles ne soient très-louables en elles-mêmes ; mais, malheureusement pour moi, mon peu de réputation...

SOPHIE.

Que voulez-vous donc de plus ?

DELMAR.

Tu es bien difficile ; après les ouvrages que tu as faits, après ton *Traité sur le croup* !

Mme DE MELCOURT.

C'est-à-dire que c'est une modestie qui ressemble beaucoup à de l'orgueil.

RÉMY, à Delmar qui lui fait des signes.

Non, morbleu ! je ne veux point tromper un honnête homme ; je veux qu'il sache que j'ai peu de réputation, peu de clients...

SCÈNE IX.

Les mêmes ; JOHN.

JOHN.

Monsieur le docteur, on vous fait demander chez l'ambassadeur d'Espagne.

RÉMY.

Moi ?

JOHN.

Oui, vous, le docteur Rémy, et on vous prie de ne pas

perdre de temps, car madame l'ambassadrice est très-inquiète.

GERMONT.

L'ambassadrice !

SCÈNE X.

Les mêmes ; FRANÇOIS.

FRANÇOIS.

Monsieur le docteur, c'est de la part d'une princesse polonaise, qui vous supplie de passer chez elle ce matin.

RÉMY.

A moi ! une princesse polonaise ?

FRANÇOIS.

La princesse Jockoniska ; elle vous attend en consultation pour une personne de sa maison qui est gravement indisposée.

RÉMY.

Je vous jure que je ne les connais pas.

Mme DE MELCOURT.

C'est tous les jours de nouveaux clients.

DELMAR.

AIR de Marianne. (DALAYRAC.

Voyez combien d'argent il gagne !
Il n'a pas un moment à lui !
C'est la Pologne et c'est l'Espagne,
Il soigne le Nord, le Midi.

GERMONT.

Chez la princesse,
Chez Son Altesse,
Puisqu'on t'attend,
Allons, pars à l'instant.

RÉMY.

Non, je l'atteste,
Ici je reste;
L'ambassadeur
Me fait par trop d'honneur.

GERMONT.

Eh quoi! dans l'état qu'il exerce,
Refuser un pareil client!

DELMAR.

C'est Hippocrate refusant
Les présents d'Artaxerce.

GERMONT.

Et moi j'exige que vous partiez. Tantôt, à dîner, nous nous reverrons.

DELMAR, lui donnant son chapeau.

Voilà ton chapeau, le cabriolet est en bas, et le cheval est attelé.

RÉMY.

Mais est-ce que je peux profiter?...

DELMAR, bas.

Eh! oui, sans doute; tu reviendras plus vite.

RÉMY.

A la bonne heure; mais il y a dans tout cela quelque chose que je ne comprends pas.

(Il sort.)

SCÈNE XI.

Les mêmes, excepté Rémy.

DELMAR.

Il doit vous paraître fort original; mais il a une ambition telle qu'il croit toujours n'être rien.

GERMONT.

Tant mieux, tant mieux ! c'est ainsi qu'on arrive ; et je vois maintenant que c'est là le gendre qu'il me faut.

SOPHIE.

N'est-ce pas, mon père ?

GERMONT.

Oui, mais je me trouve dans un grand embarras, dont il faut que je vous fasse part.

Mme DE MELCOURT.

Ah ! mon Dieu ! qu'est-ce que c'est ?

GERMONT.

Ne me doutant pas de la réputation du docteur Rémy, j'avais renoncé à cette alliance ; et ma fille sait que j'avais donné ma parole à un de mes amis qui demeure à Paris.

SOPHIE.

Aussi c'est bien malgré moi.

GERMONT.

Que veux-tu ! il m'avait proposé pour gendre un littérateur connu.

DELMAR.

Il faut rompre avec lui.

GERMONT.

Sans doute, mais cela demande des ménagements. Il faudrait le voir, lui parler. C'est un homme qui travaille pour le théâtre, et pour les journaux. (A Delmar.) Et vous, qui fréquentez ces messieurs, si vous vouliez me donner quelques renseignements...

DELMAR, bas à madame de Melcourt.

Comme si j'avais le temps ! et nos visites à l'académie ?

GERMONT, fouillant dans sa poche.

J'ai là son nom, et une note sur ses ouvrages.

SCÈNE XII.

Les mêmes; RONDON.

DELMAR.

Mais, tenez; voici un de mes amis qui connaît tout le monde, et qui vous dira tout ce qu'il sait, et tout ce qu'il ne sait pas; c'est un dictionnaire biographique ambulant. (Bas à Rondon.) C'est le provincial que nous attendions, le beau-père du docteur; ainsi, soigne-le.

RONDON, de même.

Sois tranquille, tu sais que je suis bon enf...

DELMAR, de même.

Eh! oui, c'est connu ! (Haut.) Adieu, monsieur; je vais faire quelques courses.

Mme DE MELCOURT.

Et moi, je vais conduire Sophie dans votre nouvel appartement. Viens, ma chère, nous avons tant de choses à nous dire ! Messieurs, nous vous laissons.

(Elles sortent.)

SCÈNE XIII.

RONDON, GERMONT.

GERMONT.

Monsieur est un ami du jeune M. Delmar? un auteur, sans doute?

RONDON.

Oui, monsieur, connu par quelques succès agréables.

GERMONT.

Monsieur, je cultive aussi les sciences et les arts, mais en amateur. J'ai composé un *Cours d'Agriculture* ; et, dans ma jeunesse, je maniais le pinceau ; j'ai fait un *Massacre des Innocents* qui, j'ose dire, était effrayant à voir.

RONDON.

Monsieur, je m'en rapporte bien à vous ; mais, que puis-je faire pour votre service?

GERMONT.

Je ne sais comment reconnaître votre obligeance, monsieur; c'est sur un de vos confrères que je voudrais vous consulter. (Regardant le papier qu'il tire de sa poche.) Connaissez-vous un M. Rondon?

RONDON.

Hein ! qu'est-ce que c'est?

GERMONT.

Un littérateur qui travaille à plusieurs ouvrages périodiques.

RONDON.

Oui, monsieur, oui, je le connais beaucoup ; je ne suis pas le seul.

GERMONT.

Eh bien ! monsieur, qu'est-ce que vous en pensez?

RONDON.

Mais, monsieur, je dis que... (A part.) Quelque habitué qu'on soit à faire son éloge, on ne peut pas, comme cela de vive voix... si c'était imprimé, encore passe ! (Haut.) Je dis, monsieur, que c'est un garçon à qui généralement l'on reconnaît du mérite.

GERMONT.

Tant mieux ; mais est-ce un homme aimable, un bon enfant?

RONDON.

Oh ! pour cela, il s'en vante ; mais oserai-je vous demander pourquoi toutes ces questions?

GERMONT.

Je m'en vais vous le dire. Sans le connaître, je suis presque engagé avec lui. Un ami commun, M. Derbois...

RONDON.

M. Derbois! je le connais beaucoup.

GERMONT.

Un conseiller à la cour royale... M. Derbois lui avait proposé ma fille en mariage.

RONDON, à part.

Quoi! c'était là le parti qu'il me destinait! A merveille. (Haut.) Eh bien! monsieur?

GERMONT.

Eh bien! monsieur, je n'ose pas l'avouer à mon ami Derbois, qui a cette affaire très à cœur; mais je ne veux plus de M. Rondon pour gendre.

RONDON.

Comment! monsieur?

GERMONT.

Je cherche quelque moyen de le lui faire savoir avec politesse et avec égards. Si vous vouliez vous en charger...

RONDON.

Je vous remercie de la commission.

GERMONT.

Est-ce que vous croyez qu'il le prendra mal?

RONDON.

Sans doute, car encore voudra-t-il savoir pour quelles raisons.

GERMONT.

Oh! c'est trop juste; et je m'en vais vous le dire, c'est que j'ai préféré pour gendre le docteur Rémy.

RONDON, à part.

Qu'entends-je?... notre jeune protégé!... c'est bien différent. (Haut.) Rémy! qu'est-ce que c'est que ça?

GERMONT.

Le célèbre docteur Rémy! ce médecin si connu dans Paris!

RONDON.

Je ne le connais pas, et je vous dirai même que jamais je n'en ai entendu parler.

GERMONT.

Il serait possible !... et ses malades? et ses ouvrages?

RONDON.

Pour des malades, il est possible qu'il en ait fait; mais pour des ouvrages, je crois qu'excepté ses libraires, personne n'en a eu connaissance.

GERMONT.

AIR : Du partage de la richesse. (*Fanchon la vielleuse.*)

Qu'ai-je entendu! ma surprise est extrême!

RONDON.

Mon témoignage est peut-être douteux ;
Voyez, monsieur, interrogez vous-même.

GERMONT.

Dans mes projets je suis bien malheureux ;
Moi qui cherchais à donner à ma fille
Un nom fameux... Dès longtemps je voulais
Voir un génie au sein de ma famille ;
Ah ! c'en est fait... nous n'en aurons jamais.

SCÈNE XIV.

Les mêmes ; Mme DE MELCOURT.

Mme DE MELCOURT.

Mon oncle, mon oncle, je quitte ma cousine qui vient de me faire ses confidences.

GERMONT.

Il suffit, ma nièce. Je ne croirai désormais aucun rapport ; je ne veux me fier qu'à moi-même, à mon propre jugement ; je vais chez mon ami Derbois, un conseiller, un excellent homme qui est toujours malade, et qui toutes les semaines change de médecin ; ainsi il doit en avoir l'habitude, il doit connaître les meilleurs ; je lui parlerai du docteur Rémy.

Mme DE MELCOURT.

Pourquoi me dites-vous cela ?

GERMONT.

Suffit, je m'entends. Je passerai après cela chez les libraires du Palais-Royal ; et je verrai si, par hasard, l'édition entière ne serait pas dans leurs boutiques ; car il ne faut pas croire que nous autres provinciaux...

Mme DE MELCOURT.

Voulez-vous que je vous accompagne ? J'ai là ma voiture.

GERMONT.

Du tout, je rentre chez moi, je vais m'habiller ; je demanderai un fiacre, et nous verrons. (A Rondon.) Monsieur, enchanté d'avoir fait votre connaissance.

RONDON.

Monsieur, je descends avec vous. (A madame de Melcourt.) Madame, j'ai bien l'honneur...

(Ils sortent par le fond.)

SCÈNE XV.

Mme DE MELCOURT seule, puis **DELMAR**, et à la fin de la scène **JOHN** et **FRANÇOIS**.

Mme DE MELCOURT.

Nous voilà bien ! toute la conspiration est découverte ! C'est vous, Delmar ?

DELMAR, entrant par la porte à droite.

Je rentre par mon escalier dérobé; j'ai fait nos visites; j'ai vu beaucoup de monde, tout va bien, et je vous apporte de bonnes nouvelles.

Mme DE MELCOURT.

Et moi, j'en ai de mauvaises. Sophie m'a tout raconté. Cet homme de lettres qu'on lui destinait pour mari n'est autre que votre ami Rondon.

DELMAR.

Dieu ! quelle faute nous avons faite en le mettant dans notre parti !

Mme DE MELCOURT.

Il n'en est déjà plus; il est passé à l'ennemi.

DELMAR.

Eh bien! tant mieux, si vous me secondez.

AIR de Julie.

J'étais jaloux, au fond de l'âme,
De le voir en tiers avec nous.
Je suis bien plus heureux, madame,
De ne conspirer qu'avec vous :
Ne craignez point qu'ici je vous trahisse ;
Que n'avez-vous (c'est là mon seul souhait)
Un secret qui vous forcerait
A n'avoir que moi pour complice !

Mme DE MELCOURT.

Il ne s'agit pas de cela, monsieur, mais de mon oncle à qui l'on a tout dit, et qui va lui-même courir aux informations chez M. Derbois, conseiller, qui connaît tous les médecins de Paris; il va partir dans l'instant, car il a même fait demander un fiacre.

DELMAR.

Un fiacre ! c'est bon ; nous avons du temps à nous; vite l'Almanach des 25,000 adresses !

(Il l'ouvre.)

Mme DE MELCOURT.

De là, il doit aller au Palais-Royal, chez les libraires du docteur, pour demander le fameux *Traité du croup*, et sa visite fera époque, car c'est peut-être le premier exemplaire qui se sera vendu de l'année.

DELMAR.

Rassurez-vous, car l'on peut tout réparer. (Appelant.) John ! François ! Toute la maison !

(Allant à son secrétaire.)

Mme DE MELCOURT.

Eh bien ! que faites-vous donc ?

DELMAR.

AIR : L'amour qu'Edmond a su me taire.

Dans notre sagesse ordinaire,
Notre budget tantôt fut arrêté ;
Et voilà, dans mon secrétaire
Trois mille francs que j'ai mis de côté.

Mme DE MELCOURT.

Chez un auteur, mille écus ! quel prodige !

DELMAR.

Pour mes plaisirs je les avais laissés ;
Ils vont sauver un ami que j'oblige ;
Selon mes vœux les voilà dépensés.

(A John et à François qui entrent.)

Approchez, vous autres, et écoutez bien. Il me faut du monde, des amis dévoués, et il m'en faut beaucoup ; enfin, comme s'il s'agissait d'une première représentation.

JOHN.

Je comprends, monsieur, on fera comme la dernière fois.

DELMAR.

C'est bien, ce sera enlevé ! quatre de vos gens iront à dix minutes de distance, chez M. Derbois, conseiller, rue du Harlay ; ils monteront, ils sonneront fort ; ils demanderont si on n'a pas vu M. le docteur Rémy. Ils ajouteront qu'on le cherche dans tout le quartier, qu'il doit y être, qu'il faut qu'on le trouve, attendu qu'il est demandé par un ministre, par un prince et par un banquier.

JOHN.

Oui, monsieur.

DELMAR.

Pendant ce temps, les autres courront les galeries du Palais-Royal, entreront chez tous les libraires, et achèteront tous les exemplaires qu'ils pourront trouver d'un *Traité sur le croup*, par le docteur Rémy. Comprends-tu bien?

JOHN.

Oui, monsieur.

DELMAR.

Surtout ne va pas te tromper et en acheter un autre ! quelque confrère dont on enlèverait l'édition !

JOHN.

Soyez tranquille.

DELMAR.

Tous les exemplaires, à quelque prix que ce soit; quand les derniers devraient coûter vingt francs ! tenez, prenez, voilà de l'argent; et s'il en faut encore, n'épargnez rien.

JOHN.

Monsieur sera content.

DELMAR.

Ce gaillard-là a de l'intelligence : il faudra que je le pousse au théâtre. Partez.

(John et François sortent.)

Mme DE MELCOURT.

Moi, je vais porter les derniers coups. Tout ce que je crains maintenant, ce sont les articles de Rondon.

DELMAR.

Ne craignez rien, c'est lui, je l'entends; je vais parer ce dernier coup, car je connais son côté faible.

(Madame de Melcourt sort.)

SCÈNE XVI.

DELMAR, RONDON.

RONDON, à part.

J'avais fait pour le docteur un article d'amitié, mais la justice doit reprendre ses droits ; et dans celui-ci, je l'ai traité en conscience.

DELMAR.

Ah ! te voilà, Rondon ? as-tu envoyé l'article de ce matin sur l'ouvrage du docteur Rémy ?

RONDON.

Oui, oui, il était même imprimé ; et dans un quart d'heure il va paraître, si je ne fais rien dire. Mais j'ai prié qu'on attendît, parce que je veux en envoyer un autre que je viens de composer dans ton cabinet.

DELMAR.

Un second ! c'est trop beau, et je t'en remercie. Mais tu as bien fait, et sans t'en douter, tu te seras rendu service à toi-même.

RONDON.

Que veux-tu dire ?

DELMAR.

Le journal où tu travailles vient d'être acheté secrètement par M. de Melcourt, l'académicien.

RONDON.

Secrètement ?

DELMAR.

Sans doute, à cause de sa dignité. Madame de Melcourt, enchantée de la complaisance, de la bonne grâce que tu as mises à la seconder, te fera d'abord conserver ta place qui est, je crois, de cinq à six mille francs ?

RONDON.

C'est vrai.

DELMAR.

Elle peut encore, par la suite, te faire augmenter, tandis que, si tu avais refusé de la servir, si tu y avais mis de la mauvaise volonté... tu sais ce que peut le ressentiment d'une femme?

RONDON, pliant et déchirant son article.

Oui, sans doute, mais ce que j'en fais dans cette occasion, c'est plutôt pour toi que pour elle; car, s'il faut te parler à cœur ouvert, j'ai découvert que ce docteur était mon rival.

DELMAR.

Vraiment?

RONDON.

Il vient m'enlever un très-beau mariage; et la délicatesse ne m'oblige pas à le servir. Je laisse aujourd'hui le premier article comme il est, parce qu'il est imprimé, et qu'il ne faut pas se brouiller avec le propriétaire de son journal; mais j'en resterai là, je serai neutre.

DELMAR.

On ne t'en demande pas davantage; et pourvu que tu ne dises rien au beau-père, et que tu le laisses choisir entre vous deux...

RONDON.

Non pas, non pas, j'ai déjà parlé; j'en conviens franchement, parce que je suis bon enfant... j'ai dit du mal, mais de vive voix!

DELMAR.

Il se pourrait! Ah! tant mieux! sa réputation est faite. Il ne lui manquait plus que cela; il ne lui manquait plus que des ennemis, et j'allais lui en chercher; mais te voilà.

RONDON.

Dame! on me trouve toujours dans ces occasions-là; et puis cela te fait plaisir? tu peux être tranquille... mais nous allons voir comment il se tirera des informations que le beau-père a été prendre sur lui.

DELMAR.

Tiens, justement, les voilà de retour.

SCÈNE XVII.

Les mêmes; GERMONT, RÉMY.

GERMONT, tenant Rémy embrassé.

Mon cher Rémy, mon gendre!... je te trouve au moment où tu descendais de ta voiture, et je ne te quitte plus; il faut que je te demande pardon des soupçons que j'ai osé concevoir.

RÉMY.

A moi! des excuses!

GERMONT.

Oui, sans doute, je viens de chez M. Derbois, un conseiller à la cour, rue du Harlay, un de mes vieux amis, qui est toujours malade, et entouré de médecins.

RÉMY.

Je ne le connais pas.

GERMONT.

Oui, mais lui te connaît. Depuis ce matin il n'entend parler que de toi dans son quartier; on est même venu chez lui trois ou quatre fois, et, comme il est mécontent de son docteur, il le quitte, et c'est toi qu'il choisit; il te supplie, dès demain, de vouloir bien lui donner tes soins, si tes occupations te le permettent.

RÉMY.

Comment donc! et avec plaisir.

GERMONT.

Encore un client!

DELMAR, à part.

Encore un compère ; mais celui-là est de bonne foi, et ce sont les meilleurs.

GERMONT.

De là, je suis passé au Palais-Royal ; j'ai demandé ton *Traité sur le croup*...

RÉMY, à part.

Ah ! mon Dieu !

RONDON, de même.

Je respire.

DELMAR.

Eh bien ! monsieur ?

GERMONT.

Impossible d'en trouver un exemplaire !

RONDON.

Cela n'est pas croyable !

RÉMY.

Vous vous êtes mal adressé.

GERMONT.

Je me suis adressé à tout le monde, et tous les libraires du Palais-Royal m'ont assuré qu'excepté la *Campagne de Russie* de M. de Ségur, et les brochures de M. de Stendhal, il n'y avait pas un exemple d'une vogue pareille ; c'était une rage, une furie ; on s'arrachait les exemplaires ; aujourd'hui surtout, il paraît que ta vente a pris un élan...

DELMAR.

Et vous n'avez pas pu vous procurer...

GERMONT.

Si, vraiment ; un seul, et le voilà ; c'est, je crois, le dernier ; et je l'ai payé quarante francs.

RÉMY.

Au lieu de deux francs !

GERMONT.

Oui, mon ami; et encore le libraire ne voulait pas me le donner. « Mais c'est l'ouvrage de mon gendre, lui ai-je dit ; je veux l'avoir, je l'aurai, dût-il m'en coûter cent écus. — Votre gendre! m'a-t-il répondu en ôtant son chapeau. Vous êtes le beau-père du docteur Rémy? Monsieur, dites-lui de ma part que s'il veut 10,000 francs de la seconde édition, je les ai à son service. »

RÉMY.

Il se pourrait!

DELMAR, à part.

Encore des compères!

RONDON, de même.

C'est ça, voilà comme ils sont à Paris! maintenant qu'il est lancé, je voudrais l'arrêter que je ne le pourrais pas!

SCÈNE XVIII.

LES MÊMES; SOPHIE.

SOPHIE.

Mon père! mon père! voilà des voitures, des gendarmes!

GERMONT.

Des voitures! des gendarmes!

DELMAR.

Oui, ils arrivent pour son *Cours de physiologie*, qu'il termine aujourd'hui!

GERMONT.

Nous y assisterons tous! un cours de physiologie, c'est très-amusant.

SOPHIE.

Et puis, voici les journaux du soir; ils viennent d'arriver; il y a un article superbe sur M. Rémy. Tenez, lisez plutôt. On y dit en toutes lettres qu'il y a une place vacante à l'académie de médecine, et que s'il y avait une justice, c'est lui qui devrait être nommé.

RÉMY.

Vraiment !

GERMONT, qui a regardé le journal.

C'est ma foi vrai, c'est imprimé.

RONDON, à part.

Il ne manquait plus que cela pour leur tourner la tête !

GERMONT.

Ah ! mon Dieu ! ma fille ! mes enfants ! il est question de moi.

DELMAR, prenant le journal.

Ce n'est pas possible !

RONDON, bas.

Si vraiment ! j'avais soigné le beau-père.

DELMAR, lisant le journal en regardant Germont.

« Un peintre célèbre, l'honneur de la province, vient « d'arriver à Paris ; c'est M. Germont, auteur du fameux « tableau du *Massacre des Innocents*. On dit qu'il s'est enfin « déterminé à publier son *Cours d'agriculture*, si impatiem- « ment attendu par les savants. »

GERMONT.

Je commence donc à percer !

DELMAR.

C'est à votre gendre que vous devez cela. Tout ce qui tient à un homme célèbre acquiert de la célébrité.

GERMONT, à Rondon.

Eh bien ! monsieur, vous qui prétendiez que Rémy n'avait ni talent ni réputation, que dites-vous de cet article-là, où on lui donne de si grands éloges ?

RONDON, avec noblesse.

Je dis, monsieur, que l'article est de moi.

GERMONT et RÉMY.

Il se pourrait!

RONDON.

Je suis Rondon, homme de lettres, celui qu'on vous avait proposé pour gendre. Comme rival, je n'étais point obligé de dire du bien de monsieur; mais comme juge, je devais la vérité, et je l'ai dite.

DELMAR, à part.

C'est bien cela! charlatanisme de générosité!

RÉMY, allant à Rondon.

Monsieur, je n'oublierai jamais un trait aussi généreux; vous êtes un homme d'honneur, vous êtes un galant homme.

RONDON.

Monsieur, je suis un bon enfant, et voilà tout.

SCÈNE XIX.

Les mêmes; Mme DE MELCOURT.

Mme DE MELCOURT.

Mes amis, mon cher Rémy, recevez mon compliment, j'étais chez la femme du vice-président à attendre le résultat de l'élection académique : vous êtes nommé.

TOUS.

Il serait vrai!

RÉMY.

Je ne peux pas en revenir; car enfin je ne m'étais pas mis sur les rangs; je n'avais pas même fait de visites. Eh bien! mes amis, que vous disais-je ce matin? Vous voyez bien que, sans intrigues, sans cabales, sans charlatanisme, on finit toujours par arriver.

DELMAR.

Oui, tu as raison. (A part.) Mes chevaux sont en nage. (S'essuyant le front.) Et moi, je n'en puis plus.

SCÈNE XX.

Les mêmes; JOHN, avec un gros ballot sur les épaules.

JOHN.

Monsieur, nous sommes sur les dents; il y a encore deux ballots comme celui-là en bas : c'est toute l'édition.

DELMAR, à voix basse.

Veux-tu bien te taire!

JOHN.

Il n'y manque qu'un seul exemplaire qui a été enlevé.

DELMAR.

C'est bon; porte la première édition dans ma chambre : (A part.) cela servira pour la seconde.

RÉMY.

Que veux-tu dire? et quels sont ces livres?

DELMAR.

Tu le sauras plus tard; jouis de ton triomphe; tu le peux sans rougir, car cette fois du moins la vogue a rencontré le mérite; mais disons, en l'honneur de la morale, que les réputations qui se font en vingt-quatre heures se détruisent de même; et que si le hasard ou l'amitié commencent les renommées, c'est le talent seul qui les soutient et qui les consolide.

VAUDEVILLE.

AIR du vaudeville du *Ménage de garçon.*

GERMONT.

Lorsque l'on vante à tous propos
Les savants et leur modestie,
La conscience des journaux,
Les travaux de l'Académie,
Les nymphes du Panorama,
Les beaux effets du magnétisme,

La clémence du grand pacha,
La morale de l'Opéra,
Encore du *charlatanisme!*

RONDON.

Des noces j'observe parfois
Les brillantes cérémonies;
Et je me dis, lorsque je vois
L'air content des bonnes amies,
Des parents le ton doctoral,
Et du maire le pédantisme,
De l'époux l'air sentimental,
Et... jusqu'au bouquet virginal :
Encore du *charlatanisme!*

RÉMY.

Celui qui fait l'indépendant,
Et qui par d'autres sollicite;
Et celui qui fait l'important,
Pour que l'on croie à son mérite;
Et ces gros banquiers, nos amis,
Qui, grâce à leur patriotisme,
A nos frais se sont enrichis,
En criant : « C'est pour mon pays! »
Encore du *charlatanisme!*

GERMONT.

Pour se déguiser à grands frais,
Comme à Paris chacun travaille!
Ces chapeaux qui cachent les traits,
Ces blouses qui cachent la taille,
Et ces corsets si séduisants,
Qui feraient croire à l'optimisme,
Et ces pantalons complaisants,
Si favorables aux absents...
Encore du *charlatanisme!*

DELMAR.

Traînant les amours sur ses pas,
Riche d'attraits et de jeunesse,
Cette mère tient dans ses bras

Son jeune fils qu'elle caresse ;
Et regardant sur un sofa
Son vieil époux à rhumatisme,
Elle dit : « Vois cet enfant-là ;
« Comme il ressemble à son papa ! »
Encore du *charlatanisme !*

Mme DE MELCOURT, au public.

Quand une pièce va finir,
Les auteurs viennent, d'ordinaire,
Dire : « Daignez nous applaudir. »
Nous, messieurs, c'est tout le contraire ;
Nous venons, mais pour signaler
La pièce à votre rigorisme ;
Nous vous prions même d'aller
Cent fois de suite la siffler...
Est-ce là du *charlatanisme ?*

LES EMPIRIQUES
D'AUTREFOIS

COMÉDIE-VAUDEVILLE EN UN ACTE

EN SOCIÉTÉ AVEC M. ALEXANDRE.

Théatre de S. A. R. Madame. — 11 Juin 1825.

PERSONNAGES.   ACTEURS.

GASPARD, } médecins et astrologues français . . { MM. FERVILLE.
ROBERT,   }   {   NUMA.
TUFFIADOR, alcade du village del Rocco. . . . .   CLOZEL.
GREGORIO, fermier . . . .   KLEIN.
PÉDRILLE, jeune soldat. . . . .   CHARLES.

ESTELLE, prétendue de Gregorio. . . . . Mme DORMEUIL.

LE TAMBOUR DU VILLAGE. — GENS DE LA NOCE. — VILLAGEOIS
          et VILLAGEOISES.

1525. — En Espagne, dans la province de la Manche.

LES EMPIRIQUES
D'AUTREFOIS

Une place de village. — A droite, la maison d'Estelle; à gauche, sur le second plan, un grand arbre et un banc. Du même côté, sur le premier plan, un édifice ruiné, auquel on arrive par quatre ou cinq marches dégradées. Au fond, un riant paysage.

SCÈNE PREMIÈRE.

GASPARD, ensuite ROBERT et PÉDRILLE.

GASPARD, entrant le premier.

Par ici, par ici, vous autres! Voici le commencement d'un village, ou plutôt d'une ville, car j'aperçois une grande rue garnie de belles maisons. (A Robert.) Arrive donc! tu es toujours de l'arrière-garde.

ROBERT, entrant avec Pédrille, à qui il donne le bras.

Est-ce que je peux aller plus vite avec le camarade qui est dans les bagages? (A Pédrille.) Tenez, vous serez mieux sur ce banc, ça vous reposera.

GASPARD, à Pédrille qui s'asseoit.

Savez-vous que c'est bien heureux que nous vous ayons rencontré? car vous étiez là au bord de ce fossé, presque sans connaissance. D'où venez-vous donc ainsi?

PÉDRILLE.

De l'armée. J'étais à la bataille de Pavie, où l'infanterie espagnole s'est bravement montrée, je m'en vante.

AIR : Le luth galant qui chanta les amours.

Je fus blessé; mais, ô destin bien doux!
Du général qui vainquit, grâce à nous,
Le nom vivra toujours au temple de mémoire.
Généraux et soldats, au champ de la victoire,
N'ont pas la même part!... car pour eux est la gloire,
Et les coups sont pour nous.

Tout ce que j'ai obtenu, c'est mon congé ; et je revenais au pays, lorsque la fatigue et le besoin... Mais, grâce à vous, cela va mieux.

ROBERT, à Gaspard.

Je crois bien : nous avons partagé avec lui nos provisions, et pourtant c'étaient les dernières.

GASPARD, de même.

Qu'importe? nous avions fait notre repas ; il fallait bien qu'il en fît autant. Moi, après dîner, je suis toujours charitable. (A Pédrille, qui regarde autour de lui.) Eh bien! notre nouvel ami, comme vous regardez le pays! est-ce que vous le connaissez? est-ce que vous savez où nous sommes?

PÉDRILLE.

Dans un riche village... celui del Rocco, dans la province de la Manche.

GASPARD.

Ah! le village del Rocco près le Toboso... J'ai entendu dire que c'était de toute l'Espagne le pays le plus bête.

PÉDRILLE.

Un instant, seigneur cavalier! comme vous y allez ; moi qui y suis né...

GASPARD.

C'est différent. Pardon, camarade ; je voulais dire que probablement il y avait ici plus d'argent que d'esprit.

PÉDRILLE.

Pour cela vous avez raison; du moins depuis six ans que je l'ai quitté, je ne crois pas qu'il soit changé.

ROBERT.

Vous avez sans doute ici des parents?

PÉDRILLE.

Aucun.

GASPARD.

Des amis?

PÉDRILLE.

Vous êtes les seuls; et pourtant en y entrant, en respirant l'air du pays, j'ai éprouvé un bonheur...

ROBERT.

Eh bien ! par exemple, est-il bon enfant !

GASPARD.

Est-il de son village ! Pour nous, mon garçon, notre pays, c'est où l'on nous reçoit bien; notre patrie, c'est où nous gagnons de l'argent; et dans ce moment nous sommes sans patrie. Il y a quelques jours cependant nous avions une belle voiture, un bon cheval, un habit doré et une trompette.

PÉDRILLE.

J'entends, vous êtes des docteurs empiriques.

GASPARD.

Comme vous dites, courant le monde et les aventures. Nous avons reçu, moi du moins, quelque éducation, (Montrant Robert.) car lui est un ignorant, qui n'est charlatan que par routine; moi, c'est par principes. J'ai étudié en France, dans les universités : écolier, j'en savais plus long que mes maîtres : ils m'ont congédié; médecin, je me mêlai de guérir mes malades; mes confrères m'ont expulsé. Tour à tour colporteur, alchimiste, écrivain, j'ai fait tous les métiers, les exerçant en conscience, avec franchise, et dans l'intérêt du genre humain. Les hommes, me suis-je dit, ne sont pas dignes qu'on leur montre la vérité; ils n'en veulent pas. Pour leur faire du bien, il faut les tromper; mettons-nous charlatan, et je le suis.

AIR du vaudeville de *L'Écu de six francs*.

Cherchant des dupes au passage,
Tous deux nous partîmes gaîment,
N'ayant, pour faire le voyage,
Que de l'espoir et peu d'argent.
Nous commençâmes par la France...

PÉDRILLE.

Bon pays pour les charlatans!

ROBERT.

Non pas vraiment; car, en tout temps,
On y voit trop de concurrence.

Mais en Espagne, c'est différent.

PÉDRILLE.

Vous y avez eu du succès?

GASPARD.

Je le crois bien. Allez dans la Catalogne, dans les Asturies, dans les deux Castilles, tout le monde vous parlera du docteur Gaspard, c'est mon nom. Les poudres, les élixirs, les anneaux constellés... Dieu! quel débit!... Enfin, nous exploitions la crédulité publique, nous vivions aux dépens des sots, et, comme je vous le disais, nous roulions carrosse, lorsque l'autre semaine, par reconnaissance, et pour l'agrément de nos auditeurs, je m'avise de leur faire quelques expériences de physique, attendu qu'on a des connaissances dans cette partie-là; j'écris donc sur la muraille en lettres de feu : HONNEUR AU DOCTEUR GASPARD, avec du phosphore.

PÉDRILLE.

Du phos... fort... Qu'est-ce que c'est que ça, camarade?

GASPARD.

Il ne sait pas ce que c'est! Un soldat qui a couru le monde et qui revient de la bataille de Pavie! Étonnez-vous donc, après cela, que de simples paysans... O siècle ignorant et barbare!... Pour revenir à notre affaire, pendant mon illumination, mon ami Robert, qui a eu l'honneur d'être ventriloque, leur donnait un échantillon de ses talents : sa voix avait l'air de sortir du plafond et de dessous terre, ou du milieu de l'auditoire, qui, au lieu de s'amuser, s'est avisé d'avoir peur. Ils sont tous frappés d'épouvante; et le lendemain, nous étions signalés comme des cabalistes, des illuminés et des sorciers.

PÉDRILLE.

Vous avez pris la fuite?...

ROBERT.

A pied, sur-le-champ, abandonnant notre équipage et toutes nos richesses si légitimement acquises.

GASPARD.

Il le fallait bien... Le bûcher était déjà prêt, et c'étaient ceux mêmes que j'avais guéris de la toux et de la pituite, de la gravelle, du mal de dents, tous nos clients, enfin, qui étaient les premiers à apporter des fagots.

ROBERT.

Aussi, quand nous retournerons dans ce pays, il y fera chaud.

GASPARD.

En attendant, il faut vivre, et recommencer notre fortune. Croyez-vous qu'ici nous réussirons comme docteurs? Y a-t-il des maladies?

PÉDRILLE.

Oui, et de la crédulité encore plus. Comme je vous le disais, la ville est bonne.

GASPARD.

Eh bien! camarade, vous qui connaissez le pays, soyez notre associé, et partagez avec nous les bénéfices.

PÉDRILLE.

Je vous remercie, seigneur Gaspard; je ne puis accepter

vos offres ; je ne suis pas venu ici pour faire fortune, mais pour revoir encore une seule personne que j'y ai laissée, il y a six ans ; et après cela, on dit que le capitaine Fernand Cortez prépare une expédition, je m'embarquerai avec lui, et j'irai me faire tuer dans le Nouveau Monde.

GASPARD, le retenant par le bras.

Un instant! (Lui tâtant le pouls.) Je vous ai dit que j'étais médecin, et que je m'y connaissais... Pulsation fréquente, regard sombre et mélancolique, dérangement dans le cerveau ! Vous êtes amoureux.

PÉDRILLE.

Moi! Qui vous a dit?...

GASPARD.

Je ne me trompe jamais. Voilà donc le mal reconnu ; il faut maintenant trouver un spécifique.

AIR du vaudeville de *La Somnambule*.

Contre l'amour nous avons, camarade,
   Deux remèdes : l'un, c'est l'oubli,
Remède extrême, et qu'hélas ! le malade
   Ne prend jamais que malgré lui ;
L'autre est, je crois, et plus doux et plus sage,
   Avec succès on l'emploie aujourd'hui.

PÉDRILLE.

Quel est-il?

GASPARD.

C'est le mariage.
Trois mois après, on est toujours guéri.

PÉDRILLE.

L'épouser!... Je ne puis, on m'a dit qu'elle était mariée.

GASPARD.

Alors, vous avez raison... il faut partir.

PÉDRILLE.

Mais je veux au moins la revoir encore ; et si j'avais seulement un habit présentable...

GASPARD.

Je vous entends. Tenez, camarade, nous ne sommes pas bien riches, car cette bourse est tout ce que nous avons sauvé du naufrage; mais il ne sera pas dit que des docteurs, des savants en plein air, des philosophes ambulants, auront passé près d'un pauvre diable sans lui tendre la main; partageons.

ROBERT, bas à Gaspard.

Qu'est-ce que tu fais donc?

GASPARD, de même.

Laisse-moi donc tranquille!

PÉDRILLE, refusant.

AIR du vaudeville de *La Robe et les Bottes.*

Non, je ne puis.

GASPARD, le forçant de prendre.

Acceptez, je vous prie.

PÉDRILLE.

Que vous restera-t-il alors?

GASPARD.

Eh! la science, et la philosophie.

ROBERT.

Oh! par ma foi, deux beaux trésors!...

GASPARD.

Oui, deux trésors d'espèce peu commune,
Et que jamais on ne peut dépenser.
Par l'un on sait embellir la fortune...

ROBERT.

Et par l'autre?

GASPARD.

On sait s'en passer.

PÉDRILLE.

Seigneur docteur, quoi qu'il arrive, je vous suis dévoué, je suis à vous; et vous verrez, dans l'occasion, si je sais reconnaître un service. Adieu, je cours profiter de vos bienfaits.

(Il sort.)

SCÈNE II.

GASPARD, ROBERT.

GASPARD, regardant sortir Pédrille.

C'est cela, des bienfaits, de la reconnaissance ! Voilà comme ils sont tous, et dans l'occasion, vous n'en trouvez pas un.

ROBERT.

Alors, pourquoi vas-tu lui donner la moitié de ce que nous possédons ? Je ne te conçois pas, toi qui es misanthrope, et qui dis toujours du mal de tes semblables.

GASPARD.

C'est vrai, je déteste l'espèce humaine en général, mais en particulier, c'est différent, ça me fait plaisir de les obliger.

ROBERT.

Eh bien ! tu as un mauvais caractère; et je serais bien fâché d'être comme toi. Moi, j'aime les hommes, je les estime, j'en dis toujours du bien, mais je ne leur en fais pas; je ne donne rien.

GASPARD.

C'est que tu leur ressembles, et tu as raison. Mais voyons, ne perdons pas de temps, c'est aujourd'hui jour de fête, allons nous établir sur la principale place du village, et faisons notre état, vendons de la santé.

ROBERT.

Et qu'est-ce que nous leur vendrons ? nous n'avons rien; nos fioles, nos poudres, nos élixirs, notre orviétan, tout est resté, ainsi que notre caisse, au pouvoir de l'ennemi.

GASPARD.

C'est, ma foi, vrai; et je n'y pensais plus.

ROBERT.

AIR de *Turenne.*

Nous arrivons tous deux en ce village,
    Sans bruit, sans tambour, sans argent ;
    Comment, dans un tel équipage,
    Soutenir qu'on a du talent ?
Pour étourdir la foule stupéfaite,
Pour faire accroire au vulgaire badaud
Qu'on a pour soi la renommée, il faut
    En avoir au moins la trompette.

GASPARD, rêvant.

Tu as raison, il faudrait, du premier coup, frapper l'attention par quelque chose d'extraordinaire, d'incroyable, quelque chose enfin qu'on n'ait jamais vu ni entendu... Attends donc, j'imagine un moyen, dont aucun docteur, je crois, n'a jamais eu l'idée.

ROBERT.

Ah! mon Dieu! surtout ne va pas faire de physique.

GASPARD.

Oh! non, je ne sortirai pas de la médecine; il nous reste quelque argent, je vais rédiger une pancarte ambitieuse, et faire tambouriner dans toute la ville.

ROBERT.

Dis-moi, au moins, quel est ton projet.

GASPARD.

Tu l'apprendras, comme les autres, par le tambour. Attends-moi ici, et fais toujours quelques observations sur le moral des habitants, ça ne peut pas nuire. Adieu, l'on vient, je me sauve.

(Il sort.)

ROBERT.

N'est-ce pas une noce qui arrive ?

SCÈNE III.

ROBERT, ESTELLE, TUFFIADOR, GREGORIO; Amis, Parents et Gens de la noce.

LE CHŒUR.

AIR de Léocadie.

En attendant, gentille fiancée,
Qu'un doux hymen vous unisse tous deux,
Autour de vous une foule empressée
Vient vous offrir son hommage et ses vœux.

ROBERT, à part.

Je m'étais trompé, ce n'étaient que des fiançailles. Diable ! la mariée est jolie et n'a pas l'air bien gai.

TUFFIADOR, à Gregorio, montrant le papier qu'il tient à la main.

Ce programme n'a pas le sens commun, cela ne peut se passer ainsi. Dès qu'en qualité d'alcade, je vous fais l'honneur d'assister à votre noce, c'est moi qui dois donner la main à la mariée, et être à côté d'elle à table... Ces petites gens-là n'ont pas la moindre idée des convenances !

GREGORIO.

Excusez, seigneur alcade : nous sommes des fermiers qui ne savons pas où il faut se mettre ; mais, comme dit cet autre, si j'avons pas d'éducation, j'avons de l'argent ; ça se place partout.

ROBERT, sur le devant de la scène à droite.

A merveille ! l'un est un fat, et l'autre est un sot. C'est toujours bon à prendre en note ; mais il y a chez eux un mariage, un repas : autant loger là qu'ailleurs. (Il s'approche de Tuffiador et de Gregorio.) Seigneurs cavaliers, j'ai bien l'honneur de vous saluer.

TUFFIADOR.

Quel est cet homme ?

ROBERT.

Un étranger, un Français, qui a couru tous les pays, un savant distingué, connu par ses recherches et ses découvertes en tous genres, et qui, dans ce moment, ne voudrait trouver pour aujourd'hui que la table et le logement.

TUFFIADOR.

Un vagabond ! Nous savons ce que c'est ; passez votre chemin, mon cher.

GREGORIO.

Vous avez raison. S'il fallait nourrir tout ce monde-là ! c'est déjà bien assez d'avoir les gens de la noce et ceux qu'on est obligé d'inviter.

AIR : Vers le temple de l'hymen. (*Amour et mystère.*)

Il faut tous les défrayer ;
C'est là ce que je redoute :
On n' sait pas ce qu'il en coûte
Quand il faut se marier.

ROBERT, s'inclinant.

Trop de bonté, je vous jure !
Mais à voir votre figure,
Votre ton, votre tournure,
(Montrant Estelle.)
Et ces attraits ingénus...
Si ce mariage coûte,
Ce n'est pas à vous, sans doute,
Que ça doit coûter le plus.

GREGORIO.

Qu'est-ce qu'il dit donc ?

ESTELLE.

Il a raison. Apprenez, monsieur, que, quand on est riche comme vous l'êtes, il faut partager avec ceux qui n'ont rien.

GREGORIO.

Un bon moyen pour devenir comme eux ! Ne semble-t-il pas, parce que j'ai fait une belle succession...

ESTELLE.

Oui, monsieur.

GREGORIO.

Alors, ce n'est pas la peine que mon oncle soit mort ; s'il faut que tout le monde vive à ses dépens, autant qu'il vive lui-même.

TUFFIADOR.

Allons, finissons ; ne voyez-vous pas que j'attends ?

GREGORIO.

C'est juste, voilà monsieur qui, en sa qualité d'alcade, est là à attendre. (A tous les gens de la noce.) Eh bien ! à tantôt, nous vous attendrons.

LE CHŒUR.

Même air.

En attendant, gentille fiancée, etc.

(Pendant ce chœur, Gregorio et Estelle passent devant les personnes de la noce, à qui ils font leurs salutations ; après le chœur, tous les conviés défilent devant Tuffiador, Gregorio et Estelle, qu'ils saluent en s'en allant par le fond à droite ; Tuffiador et Gregorio entrent dans la maison à droite. Estelle reste en scène avec Robert.)

SCÈNE IV.

ROBERT, ESTELLE.

ESTELLE.

Fi ! le vilain avare ! Je suis fâchée, seigneur étranger, de la manière dont on vient de vous recevoir ; mais je suis aussi la maîtresse : ne partez pas, restez ici, et j'aurai soin qu'on vous donne un bon lit et un bon souper.

ROBERT.

Vous êtes charmante ; mais c'est que j'ai avec moi un camarade. Oreste sans Pylade aime autant ne pas vivre, ce qui veut dire qu'il faudrait à souper pour deux.

ESTELLE.

A la bonne heure, vous l'aurez.

ROBERT.

Voilà de la générosité, de la bienfaisance, et je suis curieux de voir ce que dira Gaspard ; car cette fois, j'espère, c'est sans intérêt... (Voyant Estelle qui voudrait et qui n'ose lui parler.) Eh! mon Dieu! auriez-vous encore quelque chose à me dire ?

ESTELLE.

Oui, sans doute ; mais c'est que je n'ose pas. Puisque vous avez parcouru la France, l'Espagne, et tant d'autres pays dont on n'a jamais entendu parler, dites-moi, monsieur, vous n'auriez pas rencontré, dans le cours de vos voyages, un jeune bachelier nommé Pédrille, qui est sorti du pays pour aller chercher fortune ?

ROBERT.

Pédrille ! non vraiment ; et j'en suis désolé, car je comprends... c'était un amoureux.

ESTELLE.

AIR de Coraly. (AMÉDÉE DE BEAUPLAN.)

C'était l'ami de mon enfance,
Je l'aimais comme mon cousin ;
Il partit, et par son absence
Il nous causa bien du chagrin.
Loin de nous et dans la détresse
On dit qu'il a fini ses jours.
Depuis six ans, je veux sans cesse
L'oublier, (*Bis.*) et j'y pense toujours.

Mon cœur plus docile et plus sage
Pourtant y serait parvenu ;
Mais d'puis qu'il s'agit d'mariage,
Je crois que ça m'est revenu.
Plus mon futur me parle de sa flamme,
Plus j' pense à mes premiers amours.
Et lorsqu' hélas ! je s'rai sa femme,
Je le vois, (*Bis.*) j'y penserai toujours.

ROBERT.

Je m'en étais douté. Pourquoi alors épouser ce seigneur Gregorio ?

ESTELLE.

Parce que mes parents sont tous à me répéter que je ne peux pas rester fille ; et alors autant épouser Gregorio qu'un autre. (On entend le tambour.) Ah! mon Dieu! c'est ma proclamation de mariage! et moi qui m'amuse ici! Au revoir, monsieur.

(Elle rentre dans la maison.)

SCÈNE V.

ROBERT, GASPARD, entouré par **LES VILLAGEOIS et LES VILLAGEOISES, LE TAMBOUR.**

LE CHŒUR.

AIR : J'aime le bruit du canon

Quel est cet événement?
Quelle fête nous invite ?
J'accours toujours au plus vite,
Quand j'entends le tambour battant,
Quand j'entends, plan, plan,
Le tambour, plan, plan,
Quand j'entends le tambour battant.

LE TAMBOUR.

Or, ouvrez tous vos oreilles,
Petits et grands, écoutez bien;
C'est la merveille des merveilles,
Et ça ne vous coûtera rien.

LE CHŒUR.

Quel est cet événement ? etc.

LE TAMBOUR, après un roulement, lisant à haute voix.

« Il est fait à savoir que deux médecins et savants astro-
« logues français, ayant le don de faire revenir les morts

« défunts depuis cinq ans, donneront aujourd'hui, avec la
« permission des autorités locales, une représentation de
« leur savoir-faire ; et afin que tout le monde puisse en juger,
« les grands et les petits, aujourd'hui même à midi, sur la
« place publique, ils rendront à la vie et à une parfaite santé
« le dernier alcade, le senor Gonzalès, mort il y a six ans,
« et que toute la ville connaissait. Pour copie conforme :
« *Signé* : Gaspard et Robert, *docteurs alchimistes.* »

(Roulement de tambour.)

LE CHOEUR.

Même air.

Dieu ! quel docteur étonnant !
Non, je n'y puis rien comprendre ;
Ici j'aurai soin de me rendre
A l'appel du tambour battant.

(Ils sortent tous.)

SCÈNE VI.

GASPARD, ROBERT.

GASPARD, se frottant les mains.

A merveille... ils viendront tous ; et nous aurons, j'espère, une brillante assemblée.

ROBERT.

Ah çà ! dis-moi, as-tu perdu la tête ? et quelle est cette nouvelle extravagance ? veux-tu nous faire lapider ?

GASPARD.

Nullement. Je t'avais promis de rester dans mes attributions, de ne pas sortir de la médecine...

ROBERT.

Ah ! tu appelles cela de la médecine, ressusciter les morts !

GASPARD.

C'est de la médecine perfectionnée; c'est un pas que je lui ai fait faire.

ROBERT.

Cesse de plaisanter. Tu as sans doute quelque secret, quelque moyen?

GASPARD.

Aucun.

ROBERT.

Aucun! et tu viens leur promettre effrontément... Comment viendras-tu à bout?...

GASPARD.

Je n'y songe seulement pas; je n'ai qu'une idée, c'est de remplir notre bourse, et j'ai assez mauvaise opinion de l'espèce humaine pour regarder le succès comme certain. (Apercevant Tuffiador qui sort de la maison, et qui le salue de loin et avec respect.) Tiens, tiens, vois-tu déjà ce cavalier qui nous salue?

ROBERT.

C'est une de mes nouvelles connaissances; c'est un monsieur qui tout à l'heure m'a fermé sa porte. Si tu en obtiens quelque chose...

SCÈNE VII.

LES MÊMES; TUFFIADOR.

TUFFIADOR.

N'ai-je pas l'honneur de parler à ce fameux médecin français, le célèbre docteur Gaspard?

GASPARD.

Oui, seigneur cavalier, et voici mon collègue.

TUFFIADOR.

Je viens de lire votre petit programme. C'est toujours pour midi ?

GASPARD.

Midi... midi un quart... pour que tout le monde soit bien placé.

TUFFIADOR.

Une belle découverte que vous avez faite là, messieurs!

GASPARD.

C'est-à-dire, au premier coup d'œil ça a quelque chose d'étonnant pour le vulgaire ; mais pour les gens instruits...

TUFFIADOR.

Sans doute, pour nous autres... Mais si ça vous était égal, je vous prierais d'en ressusciter un autre que l'alcade Gonzalès.

GASPARD.

Impossible. C'était un homme en place, le premier du village, c'est plus marquant, ça fixera l'attention.

TUFFIADOR.

Du tout, c'était un personnage inconnu, ignoré ; et puis, je vous le demande, à quoi bon ressusciter un alcade? il n'en manquera jamais.

GASPARD.

A la bonne heure! mais c'est affiché, et l'on ne peut pas changer ainsi le spectacle.

TUFFIADOR.

Eh bien! messieurs, puisqu'il faut vous parler à cœur ouvert, vous voyez en moi Jean-Inigo Tuffiador, l'alcade actuel.

GASPARD, ôtant son chapeau.

Quoi! vraiment! il se pourrait!

TUFFIADOR.

Oui, messieurs, je suis ce malheureux alcade, le successeur de Gonzalès, que du reste je n'ai jamais connu; mais chacun dit que c'était un intrigant, un ambitieux, qui cherchait à supplanter tout le monde.

AIR de *Préville et Taconnet.*

S'il revenait, vous concevez sans peine
    Qu'il voudrait ravoir son emploi;
De là le bruit, la cabale, la haine;
Cela devient un abus, selon moi.

GASPARD.

Vous le croyez?

TUFFIADOR.

    Vraiment oui, je le croi.
Que devenir, que voulez-vous qu'on fasse,
Quand tous les rangs, tous les emplois connus
Sont occupés, ou bien sont obtenus...
S'il faut, hélas! outre les gens en place,
    Placer tous ceux qui n'y sont plus?

Et puis enfin il y a une justice... Mon prédécesseur était un gaillard qui a fait son temps, qui a joui de la vie... Chacun à son tour!

GASPARD.

C'est fort raisonnable; mais la difficulté est d'arranger tout cela.

TUFFIADOR.

Rien de plus simple : vous retournez en France; la route est longue; on n'a jamais trop d'argent en voyage; et si une vingtaine de ducats pouvaient vous être agréables...

(Il tire de sa poche une bourse.)

ROBERT, prenant la bourse.

Accepté! Voilà ce qui s'appelle être rond en affaires. Nous ne penserons plus à votre prédécesseur.

TUFFIADOR.

C'est cela. Qu'on le laisse tranquille, ce cher homme; c'est tout ce que je demande.

GASPARD.

Oui, mais maintenant il nous en faut un autre.

ROBERT.

C'est juste ; (Pesant la bourse.) ça ne suffit pas.

GASPARD.

Vous ne pourriez pas nous indiquer dans le village quelqu'un de connu et d'opulent?

TUFFIADOR.

J'entends, quelqu'un qui en valût la peine... Attendez ; nous avons le seigneur Jeronimo, le plus riche laboureur de l'endroit, qui est mort, il y a cinq ou six ans, et à qui j'ai prêté sur parole une centaine de ducats, qu'il a oublié de me payer. Voilà l'homme qu'il vous faut, ça vous fera autant de profit et d'agrément.

GASPARD.

A merveille. Ayez soin seulement de le publier par la ville, afin qu'on soit prévenu du changement.

TUFFIADOR.

Soyez tranquille, je vais le dire à tous ceux que je rencontrerai, et vous me verrez tantôt aux premières places, applaudir et crier *bravo!* Et puis, dites donc, messieurs, une idée qui me vient...

AIR d'*Une Nuit au château.*

Pour prolonger l'existence,
Dans ce moment, je conçois
Certain projet d'assurance
Qui vous sourira, je crois.

Voyez quelle économie !
Comme monsieur tel ou tel,
Sans rien faire dans sa vie,
On est sûr d'être immortel.

Ensemble.

GASPARD et ROBERT.

Votre projet d'assurance

Nous sourira, je le crois ;
A notre reconnaissance
Vous aurez toujours des droits.

TUFFIADOR.

Pour prolonger l'existence, etc.

(Tuffiador rentre dans la maison.)

SCÈNE VIII.

GASPARD, ROBERT.

GASPARD.

Eh bien ! qu'en dis-tu ?

ROBERT, ôtant son chapeau.

Je te salue comme maître, et je te comprends maintenant.

GASPARD.

J'étais bien sûr qu'en spéculant sur l'ambition ou sur l'avarice...

ROBERT.

C'est une mine d'or.

GASPARD, tristement.

A la bonne heure. Mais n'est-il pas indigne que les hommes soient ainsi ?

ROBERT.

Est-il étonnant ! est-ce que tu n'en profites pas ?

GASPARD.

Oui, sans doute. Il est juste qu'il soit puni de sa cupidité.

ROBERT.

Eh bien ! alors, poursuivons, ne fût-ce que pour faire un cours de morale... Je connais maintenant ton système, je suis ton élève, je veux faire une tournée dans le village, j'entre dans chaque maison, je les menace tous du retour d'un parent ou d'un ami. Et, pour prélever un impôt sur leur sensibilité, j'effraye les neveux, les cousins, les collatéraux, enfin, tous les parents au degré successible... J'entends du bruit, je te laisse; chacun de notre côté. Quand on est sur a route de la fortune, il ne faut pas s'arrêter en chemin.

(Il sort en courant du côté du village.)

SCÈNE IX.

GASPARD, GREGORIO, ESTELLE.

GREGORIO, dans la coulisse.

Eh bien! par exemple, seigneur alcade, qu'est-ce que vous dites donc là? Ça ne se passera pas ainsi, ou nous allons voir!

GASPARD.

C'est le nouveau marié!... A qui en a-t-il donc?

GREGORIO.

Pardon, excuse, monsieur... C'est-y vous qui êtes le médecin des morts?

GASPARD.

A peu près; de quoi s'agit-il?

GREGORIO.

Dites-moi si c'est vrai qu'on ne ressuscitera pas l'ancien alcade?

GASPARD.

Non, mon garçon. Mais, en revanche, nous allons faire revenir à sa place un honnête laboureur du pays, le seigneur Jeronimo.

GREGORIO.

Eh bien! voilà une belle idée que vous avez! Qu'est-ce que cela signifie donc, de changer comme ça, puisque l'autre est annoncé, et qu'on y compte?

AIR de *Oui et Non*.

Moi, j' n'aime pas les charlatans.

ESTELLE.

Eh! quoi! pouvant rendre à la ronde
La lumière à tous vos parents...

GASPARD.

Vous les laissez en l'autre monde?

GREGORIO.

Mais ce séjour, je le soutien,
Pour les morts n'est pas si funeste;
Il faut mêm' qu'on s'y trouve bien,
Et la preuve, c'est qu'on y reste.

GASPARD.

Mais, après tout, qu'est-ce que cela vous fait, que nous choisissions le seigneur Jeronimo?

GREGORIO.

Comment! qu'est-ce que cela me fait? C'est que... c'est mon grand-oncle; je ne l'ai jamais vu, il est vrai; mais pas de bêtises!

ESTELLE.

Fi! monsieur, vous seriez mauvais cœur à ce point-là!

GREGORIO.

Mais du tout, c'est au contraire par amitié et par intérêt pour lui. Vrai, ce n'est pas un service à lui rendre. D'abord, on dit qu'il était asthmatique; et des rhumatismes, en avait-il! Enfin, quand sa dernière toux l'a emporté, chacun a dit dans le village que c'était bien heureux pour lui, et que c'était ce qui pouvait lui arriver de mieux. Vous voyez donc bien qu'il y aurait à vous de l'inhumanité...

GASPARD.

Si ce n'est que cela!

GREGORIO.

C'est bien assez. Et puis, il avait encore...

GASPARD.

Encore quelque chose?

GREGORIO, à voix basse.

Oui. Trois fermes dont j'ai hérité.

AIR : Un homme pour faire un tableau. (Les Hasards de la guerre.

Ainsi n' faites pas revenir
Mon grand-oncle, je vous en prie ;
Songez que je vais m'établir ;
J'épouse une femme jolie,
Il peut m'arriver quelque enfant,
Un garçon, ou bien une fille ;
C' que j' vous demande, c'est vraiment
Dans l'intérêt de ma famille.

GASPARD.

Je sens bien que voilà des raisons ; mais cependant, il me faut quelqu'un.

ESTELLE, passant à la droite de Gaspard, lui dit tout bas.

Si ce n'est que cela, monsieur, je vous l'indiquerai, je vous le promets.

GASPARD, la regardant avec étonnement.

Vraiment !

GREGORIO.

Et si, en attendant, il ne fallait qu'une vingtaine de ducats pour vous engager à laisser le monde comme il est...

GASPARD.

Vingt ducats, un grand-oncle ? vous n'y pensez pas !

ESTELLE.

Sans doute, vous n'estimez pas assez vos parents.

GASPARD.

Je serais plus généreux : cent ducats sur-le-champ, ou je vais les lui demander à lui-même.

GREGORIO.

Eh ! non, vraiment, je les ai à peu près là, dans une bourse que voici. (Bas à Gaspard.) Mais vous me promettez de vous adresser à un autre ?

GASPARD.

C'est convenu.

GREGORIO, à part.

C'est égal, je me méfie de ces gens-là.

AIR de la valse des Comédiens.

Tant qu'ils seront dans notre voisinage,
J' craindrai toujours qu'ils n' me rançonn'nt encor;
Et je m'en vais jusqu'au prochain village
Les signaler à not' corrégidor.

Vu leur talent, leur science profonde,
Il peut sans crainte, et dans un tour de main,
Les envoyer gaîment en l'autre monde :
Pour revenir ils connaiss'nt le chemin.

Ensemble.

ESTELLE.

Fasse le ciel qu'il reste en ce village!
Car je voudrais l'interroger encor;
Et ce secret dont il peut faire usage
Vaut à mes yeux le plus riche trésor.

GASPARD.

Oui, nous allons rester en ce village,
Car nous pourrons le rançonner encor;
Et le secret, dont j'ai su faire usage,
Va dans mes mains devenir un trésor.

GREGORIO.

Tant qu'ils seront dans notre voisinage, etc.

(Gregorio rentre dans la maison.)

SCÈNE X.

GASPARD, ESTELLE.

ESTELLE.

Enfin, le voilà parti. Ah! monsieur le docteur, que vous avez bien fait de ne pas ressusciter son grand-oncle!

GASPARD.

Et pour quelle raison?

ESTELLE.

Parce que je vous prierai, si ça ne fait rien, de donner cette place-là à un autre.

GASPARD.

Volontiers : c'est notre état.

ESTELLE.

Il serait vrai!... ah! monsieur le docteur, que de bonté, de générosité! Eh bien! je vous en supplie, daignez rendre la vie à mon cousin Pédrille.

GASPARD.

Le cousin Pédrille... à la bonne heure!... autant lui qu'un autre; mais il me faut d'abord quelques renseignements sur son compte.

ESTELLE.

Il y a bien longtemps, nous nous étions promis de nous aimer toujours... mais il s'est brouillé avec sa famille, avec son oncle; il a quitté ce village, et nous avons reçu la nouvelle qu'il avait été tué.

GASPARD.

C'est bien, c'est bien! ce n'est pas là ce qui m'embarrasse; mais est-ce qu'il n'a pas laissé quelque fortune?

ESTELLE.

Non, monsieur.

GASPARD.

Il n'a pas quelque héritier direct ou indirect?

ESTELLE.

Aucun, puisqu'il n'avait rien.

GASPARD.

Mais, avant de partir, il occupait quelque place, quelque emploi?

ESTELLE.

En aucune manière, puisqu'il s'est fait soldat.

GASPARD, à part.

Ah! diable! j'ai eu tort de m'avancer, car en voilà un sur lequel il n'y a pas de prise.

ESTELLE.

Il avait bien son oncle dont nous parlions tout à l'heure, le seigneur Henriquès, un riche marchand, qui l'a déshérité.

GASPARD, vivement.

Vraiment? à la bonne heure! Eh! mais voilà ce que je vous demande. Et qui est-ce qui en a profité? à qui sa part est-elle revenue?

ESTELLE.

A moi, monsieur, à moi, qui suis prête à tout lui rendre. J'y renonce, pourvu que je le revoie encore une seule fois. Oui, monsieur le docteur, la moitié de ce que je possède est à mon cousin, mais l'autre moitié...

GASPARD.

Eh bien?

ESTELLE.

L'autre moitié est à vous si vous le rendez à la vie.

GASPARD.

Que dites-vous?... Moi, je pourrais accepter... Non, mon enfant... vous, au moins, vous êtes noble et généreuse; vous avez un bon cœur. (A part.) Voilà la première, et cela fait plaisir. (Se reprenant.) Mais ça me met dans un fameux embarras.

ESTELLE.

AIR : Depuis longtemps j'aimais Adèle.

Comment jamais peindr' ma reconnaissance?

GASPARD.

Daignez m'écouter, mon enfant.

ESTELLE, à part.

Ah! mon Dieu! je crois qu'il balance...
(A Gaspard.)
Vous me l'aviez promis pourtant.
A votre cœur si je n' peux m' faire entendre,
Si ce n'est pas assez de tous mes biens,
Pour ajouter aux jours qu'on va lui rendre,
S'il le faut, prenez encor des miens.

GASPARD, essuyant une larme.

Ah! c'en est trop!...

ESTELLE, vivement.

Vous êtes attendri, vous cédez... Je vais prévenir ma famille, nos parents, nos amis; car vous sentez que je ne peux plus épouser Gregorio, que tout est rompu... Ah bien, oui! qu'est-ce que dirait mon cousin? Adieu, monsieur le docteur... Çà! ne tardez pas, n'est-il pas vrai?... Tâchez qu'on ne fasse pas attendre, et que ça commence tout de suite.

(Elle rentre dans la maison.)

SCÈNE XI.

GASPARD, seul.

Pauvre enfant! elle me fait mal; et je ne me sentais pas le courage de la détromper, car elle se voit déjà réunie à celui qu'elle aime.

AIR de *Lantara*.

Ah! que n'ai-je cette puissance!
Les cœurs égoïstes et froids,
Les méchants, l'oisive opulence,
Ne vivraient, morbleu! qu'une fois!
C'est bien assez; c'est souvent trop, je crois.
Mais l'écrivain qu'illustra son génie,
Mais la beauté que pleurent les amours,
Mais les guerriers, honneur de la patrie,
Ne mourraient pas, ou renaîtraient toujours!

SCÈNE XII.

GASPARD, ROBERT, un sac d'argent sous le bras.

ROBERT.
Réjouis-toi, mon ami, les galions sont arrivés.

GASPARD.
Qu'y a-t-il donc?

ROBERT.
Recette complète, près de quinze cents ducats. Cela t'étonne?

GASPARD.
Du tout... (Douloureusement.) Qu'est-ce que je disais?

ROBERT.
Il paraît, dans ce pays, qu'ils n'aiment pas les anciens, ou qu'ils craignent les revenants. J'ai d'abord eu le bonheur de tomber sur un riche marchand qui depuis cinq ans avait perdu sa femme, et qui vivait dans un repos et une tranquillité inconnus jusqu'alors. Au nom seul de la défunte, il a couru à son secrétaire, et m'a donné deux cents ducats par amour pour la paix. Plus loin j'ai rencontré une veuve... une brave femme, qui m'a dit : « Monsieur, je n'ai que cent « ducats de rente, en voici la moitié ; je vous l'offre de « grand cœur. »

GASPARD.
Tu l'as acceptée?

ROBERT.
Que veux-tu?... le denier de la veuve... Plus loin j'en ai rencontré deux autres qui s'étaient déjà remariées... tu juges de leur effroi! Ici, c'est un procureur que je menace de rendre à la vie, et tous les clients viennent m'ouvrir leur bourse. Là, c'est un vieux médecin dont j'annonce le retour, et tout le quartier en masse se soulève et fait une collecte.

AIR : Quel art plus noble et plus sublime.

Par cette méthode nouvelle,
A s'enrichir on n'est pas long :
Et ta découverte vaut celle
Qu'a faite Christophe Colomb.
Le vent en poupe nous seconde,
Et tous les deux, ainsi que lui,
Nous allons, grâce à l'autre monde,
Faire fortune en celui-ci.

GASPARD.

Oui, mais dans ce moment cela va mal pour nous. Je me suis engagé à ressusciter un nommé Pédrille, un pauvre diable qui ne tient à rien, et contre lequel il n'y a pas la moindre objection.

ROBERT.

Aussi, pourquoi vas-tu t'adresser à quelqu'un de ce genre-là ? Les médecins en vogue ne traitent jamais que les gens riches.

GASPARD.

Est-ce que je le connaissais ? En attendant, on y compte, tout est préparé, et nous avons tout au plus une demi-heure.

ROBERT.

Ah ! mon Dieu ! c'est fait de nous. Après les contributions que j'ai prélevées sur eux, ils ne voudront jamais entendre raison ; et si nous ne faisons pas revenir M. Pédrille, ils sont capables de nous envoyer le retrouver. Dis-moi un peu, qu'est-ce que tu comptes faire ?

GASPARD.

C'est ce qui t'embarrasse ?... Parbleu ! je vais me sauver, et dans une demi-heure je serai loin d'ici.

ROBERT.

Alors j'en fais autant ; et quoique je porte la caisse, ça ne m'empêchera pas de courir : tu vas voir plutôt.

GASPARD.

Allons, partons.

SCÈNE XIII.

Les mêmes ; PÉDRILLE, mieux habillé qu'à la première scène, costume de bachelier ; le chapeau rond à plumet, et un manteau noir plié sur le bras.

PÉDRILLE, les arrêtant.

Où allez-vous ?

GASPARD, à voix basse.

N'en dites rien, mon camarade, nous nous sauvons.

PÉDRILLE.

Gardez-vous-en bien, ou vous êtes perdus. Tout le village est en rumeur ; le bruit se répand déjà que vous êtes des charlatans, des imposteurs, qui avez voulu exploiter la crédulité publique.

ROBERT.

Voyez-vous la calomnie !... et qui est-ce qui ose nous accuser ?

PÉDRILLE.

Personne encore, car ceux qui ont été vos dupes n'ont garde de s'en vanter ; mais ce sont les plus acharnés, notre alcade surtout, qui a l'air tout étonné qu'on ait osé se jouer à un homme tel que lui ; il a ameuté la multitude, et ils veulent absolument être témoins de l'expérience que vous leur avez promise ; car j'ai lu votre pancarte, et si, comme je m'en doute bien, vous ne pouvez tenir votre parole, je crains que ce ne soit fait de vous.

ROBERT.

Ah ! mon Dieu ! encore un endroit où il fait trop chaud pour nous.

PÉDRILLE.

En attendant, et sans que vous vous en doutiez, vous êtes entourés et gardés à vue, et la moindre tentative d'évasion serait le signal de votre perte.

ROBERT.

Eh bien! alors, quel parti prendre?

PÉDRILLE.

J'ai pensé que je pouvais vous servir, et je suis accouru; jusqu'ici j'étais renfermé chez un ancien camarade à moi, que j'ai rencontré par hasard; c'est lui qui m'a fourni ces nouveaux habits, et qui m'a transmis tous ces détails. Je viens donc, mes amis, ou vous sauver ou partager votre sort; car je n'ai point oublié ce que vous avez fait pour moi.

GASPARD.

Il serait vrai! quoi! vous avez de la reconnaissance? vous n'oubliez pas vos amis? Et de deux!... la journée est bonne, il y a longtemps que je n'en avais trouvé autant. Eh bien! voyons, mon garçon, quel est votre projet?

PÉDRILLE.

Il y a, ici près, un ancien aqueduc, dont ces ruines font partie; vous allez, l'un après l'autre, et en ayant l'air de vous promener...

ROBERT.

Oui, en amateurs, en artistes qui examinent ces ruines...

PÉDRILLE.

Vous allez m'attendre sous ce portique, que vous apercevez d'ici; surtout, n'ayez pas l'air d'éviter ceux qui vous rencontreront.

GASPARD.

C'est convenu.

PÉDRILLE.

Dans un instant, je vous y rejoins par un autre sentier, et une fois sous ces voûtes, il est un chemin obscur que je connais, et qui nous mènera bien loin dans la campagne.

ROBERT.

Ah! vous êtes notre sauveur.

PÉDRILLE, bas à Robert.

Partez vite, il n'y a pas de temps à perdre.

(Robert sort par la gauche.)

SCÈNE XIV.

GASPARD, PÉDRILLE.

PÉDRILLE.

Nous allons le suivre dans l'instant, car je pars avec vous.

GASPARD.

Il se pourrait ! Vous avez donc revu celle que vous aimiez ?

PÉDRILLE.

Non, mais n'en parlons plus. Vous aviez raison ; il vaut mieux l'oublier.

GASPARD.

Elle est donc mariée ?

PÉDRILLE.

Pas encore, mais c'est aujourd'hui, à ce que m'a raconté Alonzo, cet ami chez lequel j'étais logé, et ce qui m'a le plus indigné, c'est que, malgré les serments qu'elle m'avait faits, elle en aime un autre.

GASPARD.

Vous en êtes bien sûr ?

PÉDRILLE.

Oui, sans doute, puisque d'elle-même, et sans y être forcée, elle a consenti à épouser un fermier du pays, un nommé Gregorio.

GASPARD.

Que dites-vous ! celle que vous aimez ne se nomme-t-elle pas Estelle ?

PÉDRILLE.

Oui, vraiment.

GASPARD.

N'est-elle pas votre cousine ?

PÉDRILLE.

Oui, sans doute.

GASPARD.

Voilà six ans que vous aviez quitté le pays ?

PÉDRILLE.

Oui, monsieur.

GASPARD.

Vous êtes donc Pédrille ?

PÉDRILLE.

C'est moi-même.

GASPARD, lui sautant au cou.

Ah! mon ami! mon cher, que je vous embrasse! vous êtes sauvé, et nous aussi.

PÉDRILLE.

Qu'y a-t-il donc ?

GASPARD.

Elle vous aime, elle vous adore, et donnerait sa fortune pour vous rappeler à la vie; car elle vous croit mort, tout le monde le croit. Ces chers enfants! combien je suis content! quel bonheur pour eux, et surtout pour moi !

PÉDRILLE.

Mais expliquez-vous mieux, qu'au moins je puisse comprendre.

GASPARD.

Ça n'est pas nécessaire, je vous promets que vous l'épouserez; cachez-vous là, dans ces ruines, taisez-vous; écoutez, et paraissez quand il faudra.

(Pédrille sort par la gauche.)

SCÈNE XV.

GASPARD, ROBERT.

ROBERT, à la cantonade.

Qu'est-ce que ça signifie? quelle est cette conduite-là? où sont les procédés et les égards dus à un docteur?

GASPARD.

Eh! mais, qu'y a-t-il donc?

ROBERT.

Ce sont des gardes forestiers, qui veulent m'empêcher de prendre l'air. (A la cantonade.) Si je veux me promener là-bas, pour mon agrément, et pour ma santé, c'est une ordonnance que je me suis faite : « Où allez-vous? on ne passe pas. » Et ils sont toujours à vous présenter la pointe de leur hallebarde. (A voix basse.) Enfin, il paraît que c'est un parti pris, aucun moyen de salut! car il y a ordre exprès de ne pas nous laisser sortir du village. (En tremblant.) Qu'est-ce que tu dis de cela?

GASPARD, froidement.

Eh bien! mon ami, nous y resterons.

ROBERT.

Oui, y rester pour être pendu!

GASPARD.

Qu'est-ce que cela te fait? je te ressusciterai.

ROBERT.

Il s'agit bien de plaisanter!... Ah! mon Dieu! je les entends... voilà tout le village... c'est notre dernier jour.

SCÈNE XVI.

Les mêmes; TUFFIADOR, GREGORIO, ESTELLE, et tout le Village.

AIR de La Gazza Ladra, arrangé par M. Heudier

LE CHŒUR.

Voici donc l'instant du miracle,
Cela doit être curieux.
Pour jouir de ce beau spectacle,
Nous accourons les premiers en ces lieux.

TUFFIADOR.

Messieurs, plus d'excuse frivole,
Il faut tenir votre parole.

GASPARD.

Messieurs, daignez tous vous placer,
Dans l'instant on va commencer.

ESTELLE.

N'oubliez pas que vous m'avez promis
D' rendre la vie à mon cousin Pédrille.

GASPARD.

Ne craignez rien, vos vœux seront remplis.

ROBERT, bas à Gaspard.

Y penses-tu ?

GASPARD, de même.

Vois comme elle est gentille !
Puis-je la refuser, dis-moi ?

ROBERT, à part.

Son aplomb me glace d'effroi...
Et quand ils connaîtront la ruse...

GASPARD, bas à Robert.

Silence ! et regarde-moi.
(Haut, à tous ceux qui l'entourent.)
Qu'on allume un réchaud, et, si je vous abuse,

Qu'il devienne un bûcher où mon collègue et moi
Consentons à monter.

ROBERT, bas.

O ciel ! parle pour toi.

GASPARD.

Silence !
Je commence.

(Tirant de sa poche une fiole, et jetant sur le réchaud quelques parties de ce qu'elle contient.)

Toi, dont je suis l'élève, et qu'en ces lieux j'atteste,
O divin Prométhée ! ô savant sans pareil !
Qui dérobas jadis les rayons du soleil,
Porte cette flamme céleste
A Pédrille le bachelier,
Qui, le mois dernier,
D'un coup de feu perdit la vie
A la bataille de Pavie.

TOUS.

O ciel ! il a perdu la vie
A la bataille de Pavie !

GASPARD, jetant à chaque fois une partie de ce qui est contenu dans sa fiole.

Pédrille, reviens à la vie !

LE CHOEUR.

Pédrille, reviens à la vie !

GASPARD.

Pédrille, obéis à mes lois !

LE CHOEUR.

Pédrille, obéis à ses lois !

GASPARD.

Pédrille, parais à ma voix !

LE CHOEUR.

Pédrille, parais à sa voix !

GASPARD.

Pédrille, Pédrille !

TOUS.

Pédrille, Pédrille !

PÉDRILLE, enveloppé dans son manteau, et sortant des ruines.
Me voici.

TOUS.

Dieux ! qu'est-ce que j' vois ?

ROBERT, stupéfait, à part.
C'est notre jeune ami. Maintenant je conçois.

TOUS, entourant Robert et Gaspard.
Pour moi quelle surprise extrême !
De Pédrille il est le sauveur.
Oui, c'est Pédrille, c'est lui-même ;
Honneur, honneur
A ce savant docteur !

(Pendant cette dernière partie du chœur, tous les villageois agitent leurs chapeaux en l'air, en signe d'admiration pour le docteur.)

TUFFIADOR.

Je n'en reviens pas encore ; et si je ne l'avais pas vu de mes propres yeux...

GREGORIO.

Dieu ! ai-je bien fait de payer pour mon oncle ! car sans cela, ç'aurait été tout de même.

ESTELLE, à Gregorio.

Fi ! monsieur ; je connais votre conduite, et c'est pour cela que je romps avec vous et que j'épouse mon cousin.

GREGORIO.

C'est ça ! il faut que cet autre revienne de l'autre monde exprès pour me souffler ma maîtresse. Avec ces inventions-là, on ne sait plus sur quoi compter.

ROBERT, à Gregorio.

J'espère que nous avons tenu notre promesse.

GREGORIO, bas à Tuffiador.

Oui ; mais c'est égal, voilà deux hommes très-dangereux,

et j'ai bien fait de les signaler au corrégidor, qui viendra demain les arrêter.

(Pédrille, qui a écouté attentivement Grogorio, passe de l'autre côté, près de Gaspard.)

TUFFIADOR.

Vous avez raison ; c'est plus prudent.

ESTELLE, à Gaspard.

Ah ! monsieur, comment vous remercier ? J'espère que vous resterez longtemps avec nous.

GASPARD.

Oui, certainement ; oui, ma belle enfant.

PÉDRILLE, près de lui, à voix basse.

Non pas. Nous nous reverrons, mais autre part ; car demain on doit venir vous arrêter.

GASPARD, bas à Pédrille.

Merci. (Haut, à tout le monde qui l'entoure.) Oui, mes amis, mes bons amis ; (A part.) ce que c'est que de faire des découvertes, ce que c'est que de rendre service à l'humanité ! (Bas à Pédrille.) Nous partirons ce soir.

AIR du boléro du Mulet er

LE CHŒUR.

Que cette union chérie
Comble à jamais tous leurs vœux
Puisqu'il revient à la vie,
Que ce soit pour être heureux !

ESTELLE, au public.

Pour nos docteurs ambulants,
Messieurs, soyez indulgents ;
A l'espoir mon cœur se livre ;
Car il vous est, j' n'en puis douter,

Bien plus aisé d' les laisser vivre
Qu'à nous de les ressusciter.

LE CHOEUR.

Que cette union chérie, etc.

LES
PREMIÈRES AMOURS
ou
LES SOUVENIRS D'ENFANCE

COMÉDIE - VAUDEVILLE EN UN ACTE.

THÉATRE DE S. A. R. MADAME. — 12 Novembre 1825.

PERSONNAGES.	ACTEURS.

M. DERVIÈRE. . . . . MM. DORMEUIL.
CHARLES, cousin d'Emmeline. . . . .   LEGRAND.
DE RINVILLE. . . . .   GONTIER.
LAPIERRE, domestique de M. Dervière . . . .   BORDIER.

EMMELINE, fille de M. Dervière . . . . Mlle JENNY-VERTPRÉ.

En Franche-Comté, dans la maison de M. Dervière.

LES PREMIÈRES AMOURS
OU
LES SOUVENIRS D'ENFANCE

Un salon. — Une porte au fond et deux portes latérales.

SCÈNE PREMIÈRE.

EMMELINE, DERVIÈRE.

DERVIÈRE.

Mais enfin, réponds-moi : qu'est-ce que tu as? qu'est-ce qui te fâche? pourquoi depuis hier es-tu de mauvaise humeur?

EMMELINE.

Je n'en sais rien, mon papa; tout me déplaît, tout me contrarie.

DERVIÈRE.

C'est donc pour la première fois de ta vie; car tout le monde ici fait tes volontés, à commencer par moi.

EMMELINE.

Combien vous êtes bon! combien vous m'aimez!

DERVIÈRE.

Que trop ! Mais quand on est veuf, qu'on est, comme moi, un des premiers maîtres de forges de la Franche-Comté, avec cinquante mille livres de rente, et une fille unique, qu'est-ce que tu veux qu'on fasse de sa fortune ? Songe donc que, dans le monde, je n'ai que toi à aimer.

Air de Lantara.

Mon seul vœu, ma plus chère envie
Est de pouvoir t'établir près de moi.
Cet or, fruit de mon industrie,
C'est pour mon gendre, ou plutôt c'est pour toi.
Je veux, auprès d'un époux qui t'adore,
Doubler mes biens en vous les prodiguant :
Un père s'enrichit encore
De ce qu'il donne à son enfant.

Et voilà plus de vingt partis que je te propose ; mais aujourd'hui, par exemple, je n'entends pas raillerie, et tu auras la bonté de bien recevoir celui que nous attendons.

EMMELINE.

Quoi ! ce M. de Rinville, dont vous me parliez hier ? Eh bien ! mon papa, si vous voulez que je vous dise la vérité, c'est là l'unique cause de mon chagrin et de ma mauvaise humeur ; et je ne vois pas pourquoi vous me proposez celui-là plutôt qu'un autre.

DERVIÈRE.

Puisque tu n'en veux pas, d'autre !

EMMELINE.

Ce n'est pas une raison.

DERVIÈRE.

Si, mademoiselle, c'en est une ; et si vous en voulez de meilleures, en voici : Il y a trente ans que je vins dans ce pays ; je n'avais rien ; j'étais sans amis, sans ressources ; M. de Rinville le père m'accueillit, me protégea, m'avança des capitaux, et fut ainsi la première cause de ma fortune.

AIR d'*Aristippe.*

Envers son fils mon cœur souhaite
Acquitter ce que je lui doi;
Et pour mieux lui payer ma dette,
Mon enfant, je comptais sur toi :
Oui, me disais-je, autrefois ma famille
A ses trésors dut un sort fortuné;
Mais aujourd'hui je lui donne ma fille;
Il me devra plus qu'il ne m'a donné.

Du reste, ce fils que je te destine est, dit-on, un charmant jeune homme, un sage, un philosophe qui a voyagé pour s'instruire, et qui revient en France pour se marier. Voilà, mademoiselle, les raisons qui m'ont fait accueillir la demande de ce jeune homme. Maintenant qu'avez-vous à répondre?

EMMELINE.

Rien. D'après ce que je viens d'apprendre, je l'épouserais avec grand plaisir, si cela se pouvait; mais je me dois à moi-même de le refuser.

DERVIÈRE.

Tu te dois à toi-même... Et qu'est-ce qui t'y oblige?

EMMELINE.

Des promesses sacrées, et des serments antérieurs.

DERVIÈRE.

Qu'est-ce que j'apprends là? Comment! mademoiselle, sans ma permission!

EMMELINE.

Non, mon papa! jamais sans votre permission; et si vous voulez me promettre de ne pas me gronder et de ne plus contraindre mon inclination, je m'en vais tout vous raconter.

DERVIÈRE.

Je vous demande, qui s'en serait douté? Une petite fille de seize ans, qui ne m'a jamais quitté, qui ne voit personne! Allons, mademoiselle, parlez vite.

EMMELINE.

Vous savez bien que j'ai été élevée ici, auprès de vous, par ma vieille tante Judith.

DERVIERE.

Ma défunte belle-sœur, une vertueuse, une excellente fille, qui n'avait qu'un seul défaut : c'était de consommer un roman par jour; les quatre volumes y passaient.

EMMELINE.

C'est là-dedans qu'elle m'a appris à lire ; et j'avais alors pour fidèle société mon cousin Charles, qui était orphelin, sans fortune, et que vous aviez recueilli chez vous.

DERVIÈRE.

Eh bien! après ?

EMMELINE.

Eh bien ! quoiqu'il fût plus âgé que moi, nous passions nos jours ensemble, nous nous voyions à chaque instant ; nos études, nos plaisirs, étaient les mêmes; je l'appelais mon frère, il m'appelait sa petite sœur, parce que ma tante Judith nous avait lu *Paul et Virginie* ; c'était moi qui étais Virginie, et c'était lui qui était Paul; et la fin de tout cela, c'est que nous nous sommes aimés éperdument, et que nous nous sommes juré une constance éternelle.

DERVIÈRE, à part.

Laissez donc ensemble des cousins et des cousines; mo qui y allais de confiance!... (Haut.) Eh bien! mademoiselle?

EMMELINE.

Eh bien! un jour il nous a quittés, il est parti comme commis voyageur en pays étranger ; mais avant son départ il m'a dit : « Tu es riche et je n'ai rien; on te fera proba-« blement épouser quelqu'un, parce que les pères, en gé-« néral, sont injustes et tyranniques, du moins tous ceux « que nous avons lus. » Et alors, pour le rassurer, je lui ai promis que je ne me marierais pas avant son retour ; il m'a donné un anneau que voici, je lui en ai donné un autre ;

depuis, j'ai toujours pensé à lui, mais je ne l'ai plus revu.

DERVIÈRE.

Tu ne l'as plus revu ?

EMMELINE.

Vous le savez bien, puisqu'il n'est jamais venu ici.

DERVIÈRE.

Et vous n'aviez jamais ensemble aucune correspondance ?

EMMELINE.

Aucune, excepté les jours de lune; tous les soirs, à la même heure, j'allais la regarder, et lui aussi : c'était convenu entre nous.

DERVIÈRE, à part.

Voilà certainement une correspondance bien innocente.

EMMELINE.

AIR : Le choix que fait tout le village. (Les Deux Edmond.

Lorsque brillait, sur la céleste voûte,
L'astre des nuits, l'astre du sentiment,
Le regardant, je me disais : Sans doute
De son côté Charles en fait autant.

DERVIÈRE.

Et quoi ! c'est là le seul nœud qui vous lie ?

EMMELINE.

Est-il des nœuds plus forts et plus puissants ?
Ne doit-on pas s'aimer toute la vie,
Lorsque le ciel a reçu nos serments ?

DERVIÈRE.

Malgré cela, le mal n'est pas si grand que je croyais, car enfin ton cousin est parti depuis longtemps, et tu me permettras de te dire qu'un pareil amour est un enfantillage.

EMMELINE.

C'est ce qui vous trompe. Vous ne savez pas, mon papa, que les premières impressions ne s'oublient jamais; car on n'aime bien que la première fois; du moins ma tante Judith me l'a souvent répété, et je l'éprouve. Depuis le départ de

Charles, je ne pense qu'à lui, je n'aime que lui; et ce qui me fait refuser tous les partis que vous me proposez, c'est d'abord la promesse que je lui ai faite; et puis, dès qu'un jeune homme veut me faire la cour, je me dis : Quelle différence ! ce n'est pas Charles, ce n'est pas lui !

DERVIÈRE.

Voyez-vous ce que c'est qu'une jeune tête ! voilà maintenant son imagination qui a fait de M. Charles un héros de roman.

EMMELINE.

Je ne le reverrai jamais sans votre aveu, sans votre consentement; mais jusque-là du moins ne me forcez pas à en épouser un autre. Renvoyez ce M. de Rinville.

DERVIÈRE.

Y penses-tu ? le fils d'un ancien ami !... Non, mademoiselle, vous avez beau dire et beau faire; aujourd'hui, je vous le répète, je montrerai du caractère, et je ne céderai pas.

EMMELINE.

Et tout à l'heure pourtant vous disiez que vous ne vouliez que mon bonheur.

AIR : Ce que j'éprouve en vous voyant. (ROMAGNESI.)

Je suis si bien auprès de vous,
J'y vois tant de soins de me plaire,
Que le souvenir de mon père
Ferait du tort à mon époux !

DERVIÈRE.

Il est, dit-on, aimable et tendre,
Pour son bon cœur il est cité.

EMMELINE.

Fût-il un ange de bonté,
Il ne pourrait jamais me rendre
Ce que pour lui j'aurais quitté.

DERVIÈRE.

Oui, oui, tu veux me gagner.

EMMELINE.

Oh! mon Dieu! non, mais je sens bien que cela influe sur ma santé.

DERVIÈRE.

Qu'est-ce que tu me dis là?

EMMELINE.

Depuis hier, j'ai la migraine ou la fièvre, je ne sais laquelle; mais ça me fait bien mal.

DERVIÈRE.

La fièvre! il se pourrait! et c'est moi qui en serais cause!

EMMELINE.

Oui, sans doute; je suis déjà changée, je l'ai bien vu, cela va augmenter de jour en jour; et puis quand vous m'aurez perdue, vous direz : « Ma pauvre fille! ma pauvre Emmeline, qui était si gentille! » mais il ne sera plus temps.

DERVIÈRE, à part.

Dieu! est-on malheureux d'avoir une fille unique! impossible de montrer du caractère. (Haut.) Emmeline, je t'en supplie, ne va pas t'aviser d'être malade; j'écrirai à ce jeune homme, je vais lui écrire.

EMMELINE.

Ah! que vous êtes aimable! tenez, mon papa, là, tout de suite.

DERVIÈRE, se mettant à table.

J'en conviens, morbleu! c'est bien malgré moi... allons, j'écrirai; mais c'est d'une impolitesse!

EMMELINE.

Mais au contraire, c'est par honnêteté; si je le refusais après l'avoir vu, ce serait blesser son amour-propre, et il aurait droit de se plaindre de nous; mais le renvoyer avant qu'il vienne, c'est plus honnête, et je suis sûre qu'il sera parfaitement content.

DERVIÈRE, à part.

Quel diable de raisonnement me fait-elle là? (Haut.) Apprenez, mademoiselle, qu'il n'y a qu'un moyen : c'est d'en agir franchement avec lui. Je lui écrirai donc toute la vérité; mais ne croyez pas pour cela que je consente à votre mariage avec Charles.

EMMELINE.

Aussi, mon papa, je ne vous en parle pas, je ne vous en dis rien; mais de son côté, j'en suis sûre, Charles m'est resté fidèle, il ne peut tarder à revenir de ses voyages, et alors nous verrons.

DERVIÈRE.

Qu'est-ce que nous verrons?

EMMELINE.

Je veux dire que vous verrez s'il vous convient pour gendre. Mais voici votre lettre qui est finie. (Prenant la sonnette.) Il faudrait l'envoyer tout de suite, tout de suite. Dieu! que c'est bien écrit!

(Emmeline sonne.)

DERVIÈRE.

Tiens, es-tu satisfaite?

SCÈNE II.

Les mêmes; LAPIERRE.

EMMELINE.

Je sens déjà que cela va mieux. (A Lapierre qui vient d'entrer.) Lapierre, vite à cheval; porte cette lettre à quatre lieues d'ici, au château de Rinville, au grand galop, et reviens de même, car j'ai encore autre chose à te commander, et puis, dis en bas que nous n'y sommes pour personne.

LAPIERRE.

Je vais mettre mes bottes.

EMMELINE.

Allons, va et dépêche-toi.

(Lapierre sort par la porte à droite.)

DERVIÈRE.

Moi, je rentre dans mon appartement.

EMMELINE.

J'y vais avec vous, donnez-moi le bras; je vous ferai la lecture ou votre partie de piquet, ou, si vous l'aimez mieux, je vous jouerai sur ma harpe cette romance que vous aimez tant.

DERVIÈRE.

Comme tu es bonne et aimable!

EMMELINE.

Dame! quand je suis contente de vous.

AIR de la valse des *Comédiens*.

Quel sort heureux l'avenir nous destine!
Nul plus que vous jamais ne fut chéri.

DERVIÈRE.

Combien je t'aime! et pourtant j'imagine
Que j'ai grand tort de te gâter ainsi.

EMMELINE.

Vous faites bien! c'est un parti fort sage,
Les bons parents en tout temps le suivront.
Ainsi que vous j'en prétends faire usage,
Et mes enfants un jour vous vengeront.

DERVIÈRE et EMMELINE.

Quel sort heureux l'avenir nous destine, etc.

(Ils sortent par le fond.)

SCÈNE III.

LAPIERRE, sortant tout botté du cabinet à droite, et tenant la lettre.

Quatre lieues au grand galop! comme c'est amusant! et revenir de même, pour qu'on me donne encore de nouvelles commissions : joli moyen de me refaire !... Mais notre jeune maîtresse ne doute de rien, dès qu'elle a un caprice, crac, à cheval. Je sais bien qu'avec elle on a de l'agrément, et qu'on est récompensé généreusement; mais s'il y avait moyen d'avoir les récompenses sans avoir la peine, cela vaudrait encore mieux... Qui nous arrive là? un beau jeune homme que je n'ai jamais vu.

SCÈNE IV.

LAPIERRE, RINVILLE.

RINVILLE, à la cantonade.

Oui, vous pouvez le mettre à l'écurie, car je reste ici. (A Lapierre.) M. Dervière, votre maître?

LAPIERRE.

Est-ce qu'on ne vous a pas dit en bas?...

RINVILLE.

On m'a dit qu'il y était.

LAPIERRE.

Ah! mon Dieu! je vous demande bien pardon de ce qu'ils ne vous ont pas renvoyé; c'est ma faute, je ne les avais pas encore prévenus. C'est que, voyez-vous, monsieur, je vais vous expliquer : notre maître y est bien, mais mademoiselle a dit de dire qu'il n'y était pas; et ici on obéit de préférence à mademoiselle.

RINVILLE.

C'est juste, c'est dans l'ordre. L'on m'a déjà parlé de la faiblesse de ce bon M. Dervière pour son unique enfant.

AIR : Le luth galant qui chanta les amours.

Loin de blâmer une aussi douce erreur,
Elle me plaît et sourit à mon cœur.
Admirant le premier les héros qu'il fait naître,
L'artiste aime le marbre auquel il donna l'être;

Le père aime l'enfant qu'il a créé... peut-être!
Amour-propre d'auteur!

(Il donne de l'argent à Lapierre.)

Vois cependant s'il n'y aurait pas moyen d'obtenir de ton maître un moment d'entretien; quand je devrais l'attendre ici seul, cela m'est égal.

LAPIERRE, tenant l'argent.

Il est de fait que monsieur y va franchement. Je vais dire à un de mes camarades; car moi, voyez-vous, je suis pressé; il faut que je monte à cheval à l'instant même, pour porter cette lettre au château de Rinville.

RINVILLE.

A Rinville? j'y retourne aujourd'hui; et si cette lettre est pour le maître du château?...

LAPIERRE.

Précisément.

RINVILLE.

Je me charge de la lui remettre.

LAPIERRE.

Pardi, monsieur, c'est bien honnête à vous. Vous m'épargnez là une course qui ne me plait guère. En revanche, je vais tâcher de faire votre commission, et d'envoyer ici M. Dervière, sans que mademoiselle me voie.

(Il sort.)

SCÈNE V.

RINVILLE seul, lisant.

« A monsieur de Rinville. » C'est bien pour moi, et de la main du beau-père; car si je ne le connais pas, je connais son écriture. (Décachetant la lettre.) Je vois qu'on ne m'attendait que dans quelques heures; mais l'impatience de voir ma jolie future... et puis, avant de lui être présenté, je voulais m'entendre avec le père sur les moyens de plaire à sa fille : est-ce qu'il répondrait d'avance à ce que je venais lui demander? (Lisant à voix basse.) Ah! mon Dieu! en voilà plus que je n'en voulais savoir; elle en aime un autre... c'est agréable pour un prétendu! Et mon père qui m'écrivait en Allemagne de revenir et vite et vite, car c'était là la femme qu'il me fallait. La sagesse, l'innocence même! Il avait raison, il fallait se presser; n'y pensons plus! c'est une affaire finie; et après tout, cela doit m'être égal. Eh bien! non, morbleu! cela ne m'est pas égal! La fortune, la famille, le voisinage, tout rendait cette alliance si convenable! On prétend d'ailleurs que la jeune personne est charmante, qu'elle a déjà refusé vingt partis. Et je me disais au fond du cœur : « C'est moi qui suis destiné à triompher de cette indifférence. » Je crois même, tant j'étais sûr de mon fait, que je m'en suis vanté d'avance auprès de quelques amis qui vont rire à mes dépens; et je partirais sans la voir, sans la disputer à mon rival!... (Lisant la lettre.) « *Monsieur Charles, un cousin qu'elle aimait dès son enfance...* » Dès son enfance! c'est bien! cela prouve du moins que ma femme est susceptible de fidélité. Il ne s'agit que de donner une autre direction à un sentiment aussi louable que rare. (Lisant.) « *Qu'elle aimait dès son enfance, et qu'elle n'a pas vu depuis sept à huit ans.* » Cela n'est pas possible; et je n'y croirais pas, si je ne savais ce que c'est que la constance du premier âge... Eh! mais, morbleu! quelle idée! en sept à huit ans, il peut arriver tant de changements, même à une figure de cousin, que je pourrais bien, sans être reconnu... Ma foi, qu'est-ce que je risque? d'être congédié. Je le suis déjà. Ne fût-ce que pour la voir, et pour me venger, je tenterai l'aventure. On vient; c'est sans doute le beau-père; je vais toujours commencer par lui.

SCÈNE VI.

RINVILLE, DERVIÈRE.

DERVIÈRE, à part, en entrant.

Ce Lapierre est venu me dire mystérieusement qu'un étranger désirait me parler en secret, et... (A Rinville.) Est-ce vous, monsieur, qui m'avez fait demander?

RINVILLE.

Oui, monsieur.

DERVIÈRE.

Qu'y a-t-il pour votre service?

RINVILLE, à part.

Allons, de l'entrainement et du pathétique. (Haut.) Vous ne remettez pas mes traits?... Il se pourrait que huit ans d'absence et d'éloignement m'eussent rendu tellement méconnaissable aux yeux même de ma famille...

DERVIÈRE.

Que dites-vous?

RINVILLE.

Quoi! la voix du sang n'est-elle qu'une chimère? ne parle-t-elle pas à votre cœur? et ne vous dit-elle pas, mon cher oncle?...

DERVIÈRE.

O ciel! tu serais?...

RINVILLE, se précipitant dans ses bras.

Charles, votre neveu.

DERVIÈRE, se détournant.

Que le diable t'emporte!

RINVILLE.

Eh bien! qu'avez-vous donc?

17.

DERVIÈRE.

Rien. L'étonnement, la surprise... J'avoue que je ne t'aurais jamais reconnu; car, soit dit entre nous, tu n'annonçais pas, il y a huit ans, devoir être un bel homme; au contraire.

RINVILLE.

Tant mieux, cela doit vous faire plaisir de me voir changé à mon avantage.

DERVIÈRE.

Non; j'aurais mieux aimé te voir continuer dans l'autre sens.

RINVILLE.

Et pourquoi ?

DERVIÈRE.

Tiens, mon garçon, entre parents, on aurait tort de se gêner, et je vais te parler franchement. Je t'ai recueilli, je t'ai élevé, j'ai pris soin de toi, je te faisais une pension de mille écus...

RINVILLE.

Oui, mon oncle.

DERVIÈRE.

Eh bien! je la porte à six mille francs, à une condition, c'est que tu partiras aujourd'hui même; et que d'ici à quelques années, nous nous priverons mutuellement du plaisir de nous voir.

RINVILLE.

Comment! vous me renvoyez? vous mettez la nature à la porte?

DERVIÈRE.

Oui, mon garçon.

RINVILLE.

AIR : De sommeiller encor, ma chère. *(Fanchon la vielleuse.)*

Un parent!

DERVIÈRE.
C'est pour cela même.
RINVILLE.
Un neveu !
DERVIÈRE.
Cela m'est égal.
RINVILLE.
Je suis touché... d'une façon extrême,
D'un accueil si patriarcal.
(A part.)
Comme prétendu l'on m'exile,
Comme parent l'on me chasse déjà.
Il est vraiment fort difficile
D'entrer dans cette maison-là.

Et puis-je savoir du moins ?...
DERVIÈRE.
Je te crois homme d'honneur, et je veux bien t'achever ma confidence. Tu as été élevé avec ma fille, et elle a conservé de toi un souvenir qui nuit à mes projets et renverse mes plus chères espérances; car je voulais l'unir au fils d'un ancien ami, à M. de Rinville, un brave et excellent jeune homme que je porte dans mon cœur; tu ne dois pas m'en vouloir.

RINVILLE.
Non, monsieur, non, il s'en faut. (A part.) C'est un excellent père que mon oncle.

DERVIÈRE.
Je voudrais imaginer quelque prétexte, quelque ruse, pour lui présenter ce jeune homme sans qu'elle s'en doutât.

RINVILLE, souriant.
Voyez-vous !... Eh bien ?

DERVIÈRE.
Mais j'ai besoin d'y penser à loisir, parce que je ne suis pas fort, je n'ai pas l'habitude de dissimuler avec ma fille;

si j'étais de quelque complot elle le devinerait sur-le-champ.

RINVILLE, à part.

C'est bon à savoir.

DERVIÈRE.

Maintenant, tu connais ma position et la tienne; pour que je lui présente ce jeune homme, pour qu'elle le voie, il faut d'abord que tu t'en ailles.

RINVILLE.

Cela me paraît difficile.

DERVIÈRE.

En aucune façon; elle ne sait pas que tu es ici, elle ne se doute pas de ton arrivée, et en partant sur-le-champ...

EMMELINE, en dehors.

Mon papa! mon papa!

DERVIÈRE.

Ah! mon Dieu! la voici, tais-toi, je suis sûr qu'elle fera comme moi, qu'elle ne te reconnaîtra pas.

SCÈNE VII.

Les mêmes; EMMELINE.

EMMELINE, sans voir d'abord Rinville.

Mon papa! mon papa! qu'est-ce que cela veut dire? je suis tout émue, toute tremblante; il y a en bas un homme qui demande à vous parler.

DERVIÈRE.

Et qui donc encore?

EMMELINE.

Un étranger, un Allemand, M. Zacharie; il m'a annoncé que mon cousin allait peut-être arriver.

RINVILLE, à part.

Me voilà bien.

EMMELINE.

Et c'est pour cela qu'auparavant il veut, dit-il, vous parler, à vous, pour une affaire qui concerne votre neveu, M. Charles.

DERVIÈRE, se retournant vivement, à Rinville.

Pour toi? (Se reprenant.) Dieu! qu'ai-je fait!

EMMELINE.

Ah! mon Dieu! qu'avez-vous dit?

DERVIÈRE, cherchant à se mettre devant Rinville.

Rien, mon enfant, rien, je te prie... Je parlais à monsieur, qui est un étranger, et qui se trouvait là par hasard.

EMMELINE.

Non, non vraiment, vous me trompez ; ce que vous lui disiez tout à l'heure, votre trouble, votre embarras, ses yeux fixés sur les miens ; c'est ainsi qu'il me regardait. (Courant à lui.) Charles, c'est toi!

DERVIÈRE.

La! elle l'a reconnu.

EMMELINE et RINVILLE.

AIR de Jeannot et Colin.

Beaux jours de notre enfance,
Vous voilà revenus.

EMMELINE.

C'est lui! de sa présence
Tous mes sens sont émus.

RINVILLE.

De sa douce présence
Que mes sens sont émus!

EMMELINE et RINVILLE.

Beaux jours de notre enfance,
Vous voilà revenus.

EMMELINE.

Comment! c'est toi? que je te regarde encore! c'est que vraiment il est bien changé, n'est-ce pas, mon papa? Mais c'est égal, c'est toujours la même physionomie, et surtout les mêmes yeux, ces choses-là restent toujours; et vous, monsieur, comment me trouvez-vous?

RINVILLE.

Plus jolie encore que je ne croyais! au point qu'il me semble vous voir aujourd'hui pour la première fois.

EMMELINE.

Vraiment! ah! dame, je ne suis pas changée comme vous.

RINVILLE.

Et vous m'avez reconnu?

EMMELINE.

Sur-le-champ; d'abord rien qu'en entrant et sans savoir pourquoi, j'étais un peu agitée, c'était un pressentiment qui me disait : Il est là.

DERVIÈRE.

Pour moi, je n'ai eu aucun pressentiment; et s'il ne m'avait pas dit son nom en toutes lettres...

EMMELINE.

Vous! mais moi, c'est bien différent; il est des sympathies qui ne trompent jamais; et si ma pauvre tante Judith était là, elle vous expliquerait... Mais j'oublie ce monsieur qui est en bas, et qui avait l'air si impatient.

DERVIÈRE.

Je vais le conduire dans mon cabinet. (A Rinville.) et, puisque tu ne connais point ce M. Zacharie, voir quelles sont ces affaires qui peuvent te concerner. (Le conduisant à gauche du théâtre.) Je te laisse avec ma fille, avec ta cousine, sur la foi des traités; et j'espère bien que tu ne lui parleras pas d'amour, tu m'en donnes ta parole?

RINVILLE.

Je vous jure que Charles ne lui en dira pas un mot.

DERVIÈRE.

C'est bien ! je suis tranquille, et même si tu trouvais moyen de lui déplaire et de l'éloigner de toi, cela ne serait pas mal, cela irait à notre but.

RINVILLE.

Fiez-vous à moi, j'arrangerai cela pour le mieux.

(Dervière sort.)

SCÈNE VIII.

RINVILLE, EMMELINE.

RINVILLE, à part.

J'avoue que pour une première entrevue la situation est originale.

EMMELINE.

Eh bien ! Charles, te voilà donc de retour ?

RINVILLE.

Oui, mademoiselle.

EMMELINE.

Mademoiselle ! ne suis-je pas ta cousine ?

RINVILLE.

Si, ma jolie cousine, me voilà auprès de vous, c'est tout ce que je désirais.

EMMELINE.

Auprès de vous ! comment ! Charles, tu ne me tutoies plus ?

RINVILLE.

Je n'osais pas, mais si tu le veux ?...

EMMELINE.

Sans doute, entre cousins, où est le mal ? n'était-ce pas ainsi avant ton départ ?

RINVILLE.

Oui, certainement.

EMMELINE.

Que de fois je me suis rappelé ce temps-là ! les souvenirs d'enfance ont quelque chose de si vrai et de si touchant ! Te souviens-tu comme nous étions gais, comme nous étions heureux ! et ma pauvre tante Judith, comme nous la faisions enrager ! A propos de cela, monsieur, vous ne m'en avez pas encore parlé.

RINVILLE.

C'est vrai, cette pauvre femme ; elle doit être bien vieille ?

EMMELINE.

Comment ! bien vieille ! mais elle est morte depuis trois ans.

RINVILLE, à part.

Ah ! mon Dieu !

EMMELINE.

Est-ce que vous ne le saviez pas ?

RINVILLE.

Si vraiment, mais je voulais dire que maintenant elle serait bien vieille.

EMMELINE.

Pas tant ; mais te souviens-tu quand, sans lui en demander la permission, nous allions à la ferme chercher de la crème ? c'était toi qui en mangeais le plus.

RINVILLE.

C'était toi.

EMMELINE.

Non, monsieur ; et ce jour où nous avons été surpris par l'orage ?

RINVILLE.

Dieu ! avons-nous été mouillés !

EMMELINE.

A l'abri de ton carrik, que tu avais étendu sur moi... car tu étais Paul.

RINVILLE.

Et toi Virginie.

EMMELINE.

C'est charmant ; il n'a rien oublié !... Et le soir, te souviens-tu quand nous jouions aux jeux innocents ? mais dans ce temps-là déjà vous étiez bien hardi.

RINVILLE.

Vraiment !

EMMELINE.

Oui, oui, je me rappelle ce baiser que vous m'avez donné ; mais ne parlons plus de cela.

RINVILLE.

Au contraire, parlons-en ; comment ! un baiser !

EMMELINE.

Oui, là, sur ma joue ; tu ne te rappelles pas que je me suis fâchée, et que je t'ai dit : « Charles, finissez, je le dirai « à ma tante. » Mais je ne lui ai jamais rien dit.

RINVILLE.

Oui, oui, je me rappelle maintenant... je crois même que le lendemain j'ai recommencé.

EMMELINE.

Non, monsieur, du tout ; puisque c'était la veille de votre départ.

RINVILLE, à part.

Je respire, car j'avais peur d'avoir été trop hardi.

EMMELINE.

C'est le lendemain de ce jour-là que tu es parti. Et tu te rappelles bien ce que nous nous sommes promis en nous quittant ?

RINVILLE.

Oui, sans doute.

EMMELINE, regardant en l'air.

Vous savez bien, là-haut ?

RINVILLE, inquiet, et regardant comme elle.

Oui, là-haut, je me rappelle.

EMMELINE.

Eh bien ! monsieur, je n'y ai pas manqué une seule fois ; et vous ?

RINVILLE.

Ni moi non plus. (A part.) Que diable cela peut-il être ?

EMMELINE.

Et toutes vos autres promesses, les avez-vous tenues de même ?

RINVILLE.

De même, je vous le jure.

DUO.

AIR de *Jeannot et Colin*.

EMMELINE.

Ainsi que moi tu te souviens
De nos jeux, de nos entretiens ?

RINVILLE.

Je m'en souviens.

EMMELINE.

Et de ces romans pleins de charmes
Qui nous faisaient verser des larmes ?

RINVILLE.

Je m'en souviens.

EMMELINE et RINVILLE.

Ah ! quel doux moment nous rassemble,
Que ce souvenir est touchant !

EMMELINE.

Mais redis-moi cet air charmant
Qu'autrefois nous chantions ensemble.

RINVILLE, embarrassé.

Cet air charmant...

EMMELINE.

Tu le sais bien...

RINVILLE.

Eh ! oui, vraiment.

EMMELINE, cherchant l'air.

« J'entends la musette
« Et ses sons joyeux,
« Viens-t'en sur l'herbette
« Danser tous les deux ? »

RINVILLE.

Oui, cet air si tendre
Était gravé là !
(A part.)
Car j'ai cru l'entendre
Dans quelque opéra.
(Haut et reprenant le motif de l'air.)
J'aime la musette
Et ses sons joyeux.

EMMELINE, figurant quelques pas.

Ainsi sur l'herbette
Nous dansions tous deux.

RINVILLE.

Quelle aimable danse !

EMMELINE.

Puis Charle en cadence
M'embrassait, je crois.

RINVILLE, l'embrassant.

C'est comme autrefois.

SCÈNE IX.

Les mêmes; DERVIÈRE.

DERVIÈRE.

Qu'est-ce que je vois là ? Charles ! mon neveu ! sont-ce là les promesses que vous m'aviez faites !

RINVILLE, à part.

C'est vrai, j'avais oublié mon rôle de cousin.

EMMELINE.

Ne vous fâchez pas, mon papa; ce n'était que de souvenir.

DERVIÈRE.

Oui, des souvenirs d'enfance. En voilà assez comme cela; et vous, monsieur, après la parole d'honneur que vous m'avez donnée, je n'ai plus de confiance en vous, et vous aurez la bonté de partir ce soir.

EMMELINE.

Comment! mon papa, au moment où il arrive, vous le renvoyez?

DERVIÈRE.

Oui, mademoiselle, pour votre intérêt, et peut-être pour le sien; car savez-vous quel était ce M. Zacharie, que monsieur mon neveu disait ne pas connaître?

RINVILLE.

Je vous jure que j'ignore...

DERVIÈRE.

Ah! vous ignorez! je vous apprendrai donc que c'était un usurier, porteur d'une lettre de change. Cette lettre de change, acceptée par vous, je l'ai payée, et la voilà.

RINVILLE.

Il se pourrait!

DERVIÈRE.

Oui, monsieur, nierez-vous votre signature?

RINVILLE.

Non, sans doute; mais je ne serais pas fâché de la voir, (A part.) ne fût-ce que pour la connaître. (Lisant.) Charles Desroches. (A part.) Ah! l'on m'appelle Desroches; c'est bon.

DERVIÈRE.

Eh bien! qu'avez-vous à dire?

RINVILLE.

Je dis, monsieur, que c'est une lettre de change. Tout le monde peut faire des lettres de change.

DERVIÈRE.

S'il n'y en avait qu'une encore, passe ; mais M. Zacharie m'a prévenu que demain on devait en présenter cinq ou six, que je ne paierai pas.

EMMELINE.

Qu'est-ce que j'apprends là ? Comment ! Charles ! vous êtes donc mauvais sujet ?

RINVILLE, allant à Emmeline.

Cela en a l'air au premier coup d'œil ; mais je vous réponds...

DERVIÈRE.

Bah ! ce n'est rien encore. M. Zacharie m'a parlé d'une affaire pire que tout cela.

RINVILLE.

Une affaire ! Qu'est-ce que cela signifie ?

DERVIÈRE.

Oui, monsieur ; qu'est-ce que cela signifie ? c'est moi qui vous le demanderai, car M. Zacharie n'a pas voulu s'expliquer. « La faute est grave, a-t-il dit, très-grave ; et c'est pour cela « que je laisse à votre neveu le soin de se justifier. » Et malgré mes efforts, il est parti sans vouloir ajouter un mot de plus.

EMMELINE.

Une faute ! et une faute très-grave ! Charles, qu'est-ce que c'est ?

RINVILLE.

Oh ! des choses que je ne peux pas vous dire.

DERVIÈRE.

Vous devez sentir cependant que l'aveu de vos torts peut seul vous les faire pardonner.

EMMELINE.

Oui, monsieur, avouez-les, je vous en supplie.

RINVILLE.

Franchement, je le voudrais que cela me serait impossible.

EMMELINE.

N'importe, monsieur, avouez toujours. Vous hésitez! ah! mon Dieu! c'est donc bien terrible!... Qu'est-ce que c'est, monsieur? qu'est-ce que c'est? répondez, et tout de suite. Autrefois vous me disiez tout, j'avais votre confiance; mais je vois que vous êtes changé, que vous n'êtes plus le même. Ce n'est pas là ce que vous m'aviez promis le jour de votre départ, et au moment où vous m'avez donné cet anneau que j'ai toujours gardé. (Regardant la main de Rinville.) Eh bien! eh bien! monsieur, où est donc le vôtre?

RINVILLE.

Le mien? (A part.) Peste soit des emblèmes et des sentiments!

EMMELINE.

Je ne le vois pas à votre doigt, et vous ne deviez jamais le quitter!

RINVILLE, embarrassé.

Je vous avoue que, dans ce moment, je ne l'ai pas sur moi.

DERVIÈRE, à part, se frottant les mains.

A merveille! cela va nous amener une brouille.

EMMELINE.

Voilà ce que vous n'osiez pas dire; mais je le devine maintenant, vous l'avez donné à une autre.

DERVIÈRE, vivement.

C'est probable.

RINVILLE.

Vous pourriez supposer...

EMMELINE.

Oui, monsieur, oui ; c'est indigne ! j'aurais tout pardonné, vos dettes, vos créanciers, tout ce que vous auriez pu faire ; mais ne pas avoir mon anneau ! c'est fini, tout est rompu ; je ne vous aime plus.

DERVIÈRE.

Bravo !

AIR du Charmelle.

Ensemble.

EMMELINE.

Lui que je croyais sincère,
Il a trompé mon espoir ;
Rien n'égale ma colère,
Je ne veux plus le revoir.

RINVILLE.

Que devenir, et que faire ?
Quand tout comblait mon espoir,
Je me vois, dans cette affaire,
Coupable sans le savoir.

DERVIÈRE.

Bravo ! bravo ! sa colère
Comble ici tout mon espoir.
(A Emmeline.)
Je suis comme toi, ma chère :
Je ne veux plus le revoir.

RINVILLE, à Dervière.

Vous êtes inexorable...
(A Emmeline.)
D'ici vous me bannissez,
Et pour un motif semblable !

DERVIÈRE.

Quoi ! cela n'est pas assez ?

EMMELINE.

Quand on trahit ses promesses,
Quand on change tout à coup,

Quand on a plusieurs maîtresses...
DERVIÈRE.
On est capable de tout.

Ensemble.
EMMELINE.
Lui que je croyais sincère, etc.
RINVILLE.
Que devenir, et que faire? etc.
DERVIÈRE.
Bravo! bravo! sa colère, etc.

SCÈNE X.

Les mêmes; LAPIERRE.

LAPIERRE.
Monsieur, c'est un étranger, un jeune homme qui arrive; et comme il n'y a personne pour le recevoir...
EMMELINE.
Il s'agit bien de cela; je suis bien en train de faire les honneurs...
DERVIÈRE.
Quel est ce jeune homme? que nous veut-il? nous n'attendions personne à cette heure que M. de Rinville.
EMMELINE, à Lapierre.
Et tu lui as porté ce matin la lettre que je t'ai donnée?
LAPIERRE.
C'est-à-dire, mademoiselle, c'était bien mon intention; mais j'ai rencontré ici (Montrant Rinville.) monsieur qui a bien voulu se charger de la porter lui-même en s'en allant.
EMMELINE, à Rinville.
O ciel! et vous l'avez encore?

RINVILLE.

Oui, mademoiselle.

DERVIÈRE, à Lapierre.

C'est lui, c'est mon gendre, et je n'étais pas prévenu! Je cours m'habiller. (A Rinville.) Vous, monsieur, je ne vous retiens plus; toi, ma fille, vite à ta toilette; songe donc! une première entrevue!

EMMELINE.

Est-ce ennuyeux! faire une toilette pour ce vilain jeune homme que je déteste, que je ne voulais pas voir; (A Rinville.) et c'est vous, monsieur, qui l'avez amené, qui êtes cause de tout : eh bien! tant mieux! cela se trouve à merveille; je vais maintenant m'efforcer de le trouver aimable; de l'aimer pour me venger et pour obéir à mon père.

DERVIÈRE.

C'est cela, l'obéissance filiale. Viens, ma fille; toi, Lapierre, fais entrer ce jeune homme et prie-le d'attendre.

(Il sort avec Emmeline par la porte à gauche, et Lapierre par le fond.)

SCÈNE XI.

RINVILLE, seul.

Bravo! cela va bien! brouillé avec le père, brouillé avec la fille; voilà une ruse qui m'a joliment réussi! J'en suis d'autant plus désolé, que maintenant ce n'est plus pour plaisanter. Emmeline est charmante, et je ne renoncerais pas à sa main. Je sais bien que d'un mot je puis me justifier; mais pour dire ce mot, il faudrait être sûr que c'est moi que l'on aime, et non le souvenir de M. Charles.

AIR de La Sentinelle.

L'hymen, dit-on, craint les petits cousins,
Moi je frémis sitôt que l'on en parle,

Et je voudrais, pour fixer mes destins,
Faire oublier tout à fait monsieur Charle.
Sans cela, j'en conviens ici,
Pour moi la chance est au moins incertaine;
Si je prends sa place aujourd'hui,
Plus tard, quand je serai mari,
Il pourrait bien prendre la mienne.

SCÈNE XII.

RINVILLE, CHARLES.

CHARLES, à la cantonade.

Je vous remercie, monsieur, vous êtes bien honnête, je ne suis pas fâché de me reposer, parce qu'il n'y a rien de fatigant comme les pataches, surtout quand on les prend à jeun.

RINVILLE.

Voilà un jeune cadet qui a une tournure assez originale.

CHARLES.

Il paraît que M. Dervière n'y est pas?

RINVILLE.

Non, monsieur.

CHARLES.

Ni sa fille non plus?

RINVILLE.

Non, monsieur.

CHARLES.

Tant mieux.

RINVILLE.

Et pourquoi?

CHARLES.

Je dis tant mieux, parce que j'ai à leur parler, et qu'alors cela me donnera le temps de chercher ce que je veux leur dire. Monsieur est de la maison?

RINVILLE.

A peu près.

CHARLES.

Vous pourriez alors me rendre un service ; c'est peut-être indiscret, mais entre jeunes gens...

RINVILLE.

Parlez, monsieur.

CHARLES.

N'est-il pas venu ici un nommé Zacharie, un capitaliste allemand?

RINVILLE.

Un usurier! il sort d'ici.

CHARLES.

Voilà ce que je craignais; je ne sais pas comment il aura su l'adresse de mon oncle.

RINVILLE.

O ciel! est-ce que vous seriez M. Charles? Charles Desroches?

CHARLES.

Lui-même, qui, après huit ans de courses et d'erreurs, revient incognito, comme l'enfant prodigue, dans la maison paternelle de son oncle. J'espérais arriver ici avant qu'on se doutât de rien ; c'est pourquoi j'ai pris la patache, la poste de la petite propriété ; je ne me suis pas même arrêté pour déjeuner en route, et cependant ce maudit Zacharie m'a encore devancé, et je suis sûr qu'il a prévenu contre moi l'esprit de toute ma famille.

RINVILLE.

Nullement, il a seulement présenté une lettre de change, que votre oncle a acquittée, et que voici.

(Il lui donne la lettre de change.)

CHARLES.

Il se pourrait! le bon oncle! oh! oui! liens sacrés de la nature et du sang! voilà justement ce que je me disais en route : on a des parents ou on n'en a pas; (Montrant la lettre de change.) c'est bien une lettre de change; mais les autres, ses sœurs, car la famille est nombreuse...

RINVILLE.

M. Dervière ne veut pas les payer; il en a assez comme cela.

CHARLES.

Déjà! Et qu'est-ce que mon oncle a dit de l'autre affaire, de la grande? Il a dû être furieux?

RINVILLE.

Quoi donc?

CHARLES.

Ce que j'ai fait à Besançon l'autre mois. Est-ce que vous ne savez pas?

RINVILLE.

Non, sans doute, ni votre oncle non plus.

CHARLES.

Vraiment! Alors n'en dites rien; nous pouvons nous en tirer, parce que pour l'adresse et la persuasion, je suis là : j'ai de l'esprit naturel et de la lecture; j'ai été élevé par ma vieille tante Judith, qui m'a appris la littérature dans les romans et dans les comédies. Il y a cinq ou six manières d'attendrir les oncles et de les forcer à pardonner, pourvu qu'ils ne vous connaissent pas; par exemple, il ne faut pas être connu; c'est de rigueur; et je ne sais comment me déguiser aux yeux de mon oncle.

RINVILLE.

Voulez-vous un moyen?

CHARLES.

Je ne demande pas mieux.

RINVILLE.

On attend aujourd'hui un prétendu, M. de Rinville, propriétaire des environs. Je sais, de bonne part, qu'il ne viendra pas et qu'il n'est pas connu de votre famille.

CHARLES.

Attendez! une idée! je vais passer pour lui.

RINVILLE.

C'est ce que j'allais vous dire.

CHARLES.

Par exemple, la farce sera bonne, ça en fera une de plus; mais j'en ai déjà tant fait! sans compter celles qu'on m'a fait faire. Mais oserai-je vous demander, monsieur, à qui je suis redevable?...

RINVILLE.

Je suis neveu de votre oncle.

CHARLES.

Vous êtes mon cousin?... Ah! c'est du côté de mon oncle Laverdure?

RINVILLE.

Précisément! mais service pour service. Quand vous allez être M. de Rinville, je vous prie de ne pas parler de moi à mon oncle; car nous sommes brouillés, et il vient de me renvoyer de chez lui.

CHARLES.

Vraiment! Vous avez donc fait aussi des farces?

RINVILLE.

Les mêmes que vous.

CHARLES.

Oh! diable! Alors c'est fameux! Il paraît que c'est dans le sang. Touchez là, cousin, et promettons-nous alliance mutuelle.

RINVILLE, lui prenant la main.

Qu'est-ce que vous avez donc là? et quelle est cette bague?

18.

CHARLES.

C'est d'autrefois, dans le temps où j'étais simple et innocent; c'est un cadeau de ma cousine, un souvenir d'enfance; et je suis sûr qu'elle a conservé le pareil.

RINVILLE, le retirant de son doigt.

Gardez-vous alors de le porter si vous ne voulez pas qu'elle vous reconnaisse.

CHARLES.

C'est ma foi vrai, je n'y pensais pas.

RINVILLE.

Pour plus de sûreté, je le garde aujourd'hui.

CHARLES.

Tant que vous voudrez, mon cousin.

RINVILLE.

Silence! c'est notre famille, et je ne veux pas qu'on me voie. N'oubliez pas qu'on attendait M. de Rinville, le prétendu; ainsi laissez-les faire, et ne dites rien.

CHARLES.

A la bonne heure; c'est plus commode pour les frais d'imagination.

(Rinville sort par la porte à droite.)

SCÈNE XIII.

CHARLES; M. DERVIÈRE et EMMELINE, entrant par le fond.

DERVIÈRE.

Où est-il? où est-il? que je l'embrasse!... Mille pardons, mon cher Rinville, de l'avoir fait attendre... le temps seulement de prendre un costume plus convenable.

CHARLES.

Certainement, mon cher monsieur... (A part.) Dieu! qu'il st changé, mon bon oncle! je ne l'aurais pas reconnu.

DERVIÈRE.

Voici ma fille, mon Emmeline, que j'ai l'honneur de te présenter.

EMMELINE, s'avançant et faisant la révérence.

Monsieur... (Bas à son père.) Ah! mon Dieu! qu'il est laid! et quelle tournure!

DERVIÈRE, de même.

Du tout, je ne trouve pas cela, ce jeune homme est bien, il a l'air plus jeune et plus élancé que ton cousin.

EMMELINE, à part.

Il a beau dire; quelle différence avec Charles!

DERVIÈRE, à Charles.

Il y a bien longtemps, mon cher Rinville, que tu n'es venu dans notre pays?

CHARLES.

Aussi, vous ne croiriez pas qu'en arrivant ici, j'avais un peu peur de vous.

DERVIÈRE.

Il se pourrait!

CHARLES.

Eh! mon Dieu, oui; timide comme un commençant.

DERVIÈRE.

Tu l'entends, ma fille, la crainte de ne pas nous plaire. (A Charles.) Mais maintenant, j'espère que tu agiras sans cérémonie, et tout ce qui pourra te faire plaisir...

CHARLES.

Dieu! si j'osais...

DERVIÈRE.

Est-ce que tu aurais quelque chose à me demander?

CHARLES.

Non certainement... je vous prie seulement de ne pas oublier cette phrase, vous avez dit : *Tout ce qui pourrait te faire plaisir, tout ce qui pourrait...* parce que plus tard peut-être... mais dans ce moment, le plus pressé serait de me refaire un peu ; car depuis ce matin, je suis à jeun.

DERVIÈRE.

Je vais avant le dîner te conduire à la salle à manger. (Bas à Emmeline.) Tu le vois, c'est la franchise même.

EMMELINE, de même.

Il ne m'a pas dit un seul mot galant, et à peine arrivé, il va se mettre à table.

DERVIÈRE, de même.

Encore tes idées romanesques ! tu ne veux pas que l'on mange !

CHARLES, à part.

A merveille ! cela commence bien. En continuant l'incognito, mon oncle est séduit, entraîné ; au moment où il tombe dans mes bras, je tombe à ses pieds, et je risque l'aveu de mes fredaines.

DERVIÈRE.

Allons donc, venez-vous, mon gendre ?

CHARLES.

Voilà ! je vous suis. (A Emmeline.) Mademoiselle, j'ai bien l'honneur...

(Il sort avec Dervière.)

SCÈNE XIV.

EMMELINE, seule.

Il va manger, il va se mettre à table ! et voilà le mari qu'on me destine ! je ne pourrai jamais m'y habituer. Rien qu'en le voyant, son aspect m'a causé une répugnance que sa conversation et ses manières n'ont fait qu'augmenter. J'ai cependant promis de l'épouser, d'oublier Charles, de ne plus le revoir. Ne plus le revoir ! sans doute, je suis trop fière pour lui montrer le chagrin que j'éprouve ; mais l'oublier ! jamais. Ma pauvre tante avait bien raison : on revient toujours à ses premières amours.

SCÈNE XV.

EMMELINE, RINVILLE.

EMMELINE.

Comment ! monsieur, vous êtes encore ici !

RINVILLE.

Je partais, mademoiselle, je venais prendre congé de vous.

EMMELINE.

Vous avez bien fait ; car, dès que mon père le veut, vous devez lui obéir sans murmurer, (Soupirant.) et moi aussi.

RINVILLE.

Son ordre était inutile ; il eût suffi pour m'éloigner de la présence de M. de Rinville, de ce nouveau prétendu, que sans doute vous avez trouvé charmant, adorable.

EMMELINE.

Là-dessus, monsieur, je n'ai pas de comptes à vous rendre. Comme c'est moi qui l'épouse, je suis la maîtresse de le trouver comme je veux.

RINVILLE.

Vous l'épousez sans l'aimer ?

EMMELINE.

Qui vous dit que je ne l'aime pas ? et quand ce serait ? Eh bien ! tant mieux ; j'aurai plus de mérite.

RINVILLE.

Ainsi donc vous m'oubliez !

EMMELINE.

C'est vous qui avez commencé.

RINVILLE.
Dites plutôt que vous ne m'avez jamais aimé.

EMMELINE.
Si, autrefois, un peu ; maintenant pas du tout.

RINVILLE.
C'est clair, et comme je vois que tout est fini entre nous, que nous sommes brouillés à jamais, je vous rends cet anneau que jadis j'ai reçu de vous.

EMMELINE.
O ciel ! quoi ! monsieur, vous ne l'aviez pas donné à une autre ? Oui, c'est bien lui ; il l'avait conservé. Ah ! que c'est mal à vous de m'avoir causé tant de chagrin !

RINVILLE.
Je suis bien coupable, sans doute.

EMMELINE.
Non, non, vous ne l'êtes plus, quoi que vous ayez fait, je ne vous en veux plus, je vous pardonne. Vous avez gardé mon anneau, tout le reste n'est rien. Si tu savais, Charles, combien j'étais malheureuse ! j'éprouvais là un serrement de cœur, un malaise dont je ne puis me rendre compte ; et maintenant encore...

DUO.
AIR : Redites-moi, je vous en prie. (Une Heure de mariage.)

RINVILLE.
Qu'ai-je entendu ! surprise extrême !
Mais dois-je croire à mon bonheur ?
M'aimes-tu bien comme je t'aime ?

EMMELINE.
Je n'ose lire dans mon cœur.

RINVILLE.
Ce mot charmant, redis-le-moi.

EMMELINE.
On vient de ce côté, je croi.
Charles, de grâce, éloigne-toi.

RINVILLE.

Oui, je m'éloigne à l'instant même ;
Mais un seul mot...

EMMELINE.

Non, il le faut :
Partez, ou bien
Je ne dis rien.

Ensemble.

RINVILLE.

Je t'obéis à l'instant même,
Mais l'espoir rentre dans mon cœur.

EMMELINE.

Non, je ne puis dire moi-même
Ce qui se passe dans mon cœur.

(Rinville sort par la porte à gauche.)

SCÈNE XVI.

EMMELINE, puis CHARLES.

EMMELINE.

Ah ! mon Dieu ! voici ce M. de Rinville ; je vais tout lui avouer.

CHARLES, entrant par le fond, à la cantonade.

Comme vous dites, sans façons ; allez à vos affaires ; (A part.) je puis maintenant attendre le dîner ; car j'ai bu et mangé, toujours incognito ; le cher oncle est entraîné, je le tiens ; et si je puis détacher de moi ma petite cousine, et la faire renoncer à nos anciens serments, mon pardon est assuré.

EMMELINE, timidement.

Monsieur...

CHARLES, l'apercevant.

Mille excuses, mademoiselle, auriez-vous à me parler ?

EMMELINE.

Oui, monsieur, mais je n'ose pas.

CHARLES, à part.

Ah! mon Dieu! est-ce que, malgré moi, l'effet seul de l'extérieur?... (Haut.) C'est probablement au sujet de ce mariage...

EMMELINE.

Qui me rendrait bien malheureuse, car j'en aime un autre.

CHARLES, à part.

Dieu! comme ça se rencontre! (Haut.) Achevez, mademoiselle, ne craignez rien, cet autre que vous aimez...

EMMELINE.

Est un ami d'enfance; c'est mon cousin Charles.

CHARLES, à part.

Ah! diable, voilà qui va mal! (Haut.) Votre cousin Charles, celui avec qui vous avez été élevée?

EMMELINE.

Oui, monsieur.

CHARLES.

Celui qui est parti depuis huit ans? un joli garçon?

EMMELINE.

Oui, monsieur.

CHARLES, à part.

C'est bien moi, il y a identité; je ne sais plus comment je vais sortir de là. (Haut.) Quoi! mademoiselle, vous y tenez encore? Vous l'aimez toujours?

EMMELINE.

Puisque je le lui avais promis.

CHARLES.

Certainement, pour quelques personnes, c'est une raison; mais c'est que Charles, de son côté, n'y a peut-être pas mis une constance aussi obstinée; d'abord, j'ai appris de bonne part qu'il a fait ce que nous appelons des folies.

EMMELINE.

Je le sais.

CHARLES.

Il a fait des dettes.

EMMELINE.

Peu m'importe !

CHARLES.

Il est devenu mauvais sujet.

EMMELINE.

Ça m'est égal.

CHARLES, à part.

Alors, il n'y a pas moyen de la détacher, à moins de risquer le dernier aveu. (A Emmeline.) Voyez-vous, mademoiselle, moi, j'ai beaucoup connu votre cousin Charles ; je l'ai vu dans mes voyages ; un aimable cavalier, de la grâce, de la sensibilité, peut-être trop, parce que son imagination, exaltée par une éducation romanesque, l'a entraîné, comme je vous le disais, dans des fredaines, toujours aimables, mais quelquefois trop fortes, et la dernière entre autres, dont j'ai été témoin...

EMMELINE.

Que dites-vous? serait-ce cette aventure dont ce matin on nous faisait un mystère?

CHARLES.

Précisément; il n'a pas encore osé en parler à son oncle, ni à personne de la famille ; et il ne sait même comment l'avouer ; mais si vous daignez l'aider, et vous joindre à lui, pour obtenir sa grâce...

EMMELINE.

Parlez ; que faut-il faire? Je veux tout savoir.

CHARLES, à part.

Dieu! l'excellente cousine! (Haut.) Vous saurez donc que Charles a connu à Besançon une jeune et jolie personne, nommée Paméla, qui, de son état, était couturière.

EMMELINE.

Comment! monsieur?

CHARLES.

Elle exerçait la couture; mais elle n'y était pas née; elle était d'une excellente famille, une famille anglaise, que l'on ne connaît pas, et qui avait eu des malheurs.

EMMELINE.

Dieu! qu'est-ce que j'apprends là?

CHARLES.

Voir Charles et l'aimer fut pour elle l'effet d'un instant. Charles était vertueux, mais il était sensible, et Paméla, dans son désespoir, voulait mettre fin à son existence. Déjà l'arme fatale était levée sur son sein; c'était une paire de ciseaux que je crois voir encore, grands dieux!... Il fallait qu'elle fût unie à Charles, ou qu'elle cessât d'exister.

EMMELINE.

Eh bien?

CHARLES.

Eh bien! elle existe encore.

EMMELINE.

O ciel! achevez. Charles l'aurait épousée!

CHARLES.

Pour lui sauver la vie, seulement.

EMMELINE.

Grands dieux! il se pourrait! le monstre, le perfide!... (Appelant.) Mon père, mon père, où êtes-vous?

CHARLES.

Prenez garde, des ménagements; il faudrait quelque moyen adroit pour lui dire...

EMMELINE.

Ne craignez rien. Mon père! ah! vous voilà.

SCÈNE XVII.

Les mêmes; DERVIÈRE.

DERVIÈRE.

Eh! mais qu'as-tu donc?

EMMELINE.

O mon papa! quelle horreur! quelle indignité! à qui se fier désormais? Apprenez que mon cousin Charles...

DERVIÈRE.

Eh bien?

EMMELINE.

Il est marié.

DERVIÈRE.

Marié!

CHARLES, à part.

La! elle va lui dire tout net... moi qui lui avais recommandé des précautions.

DERVIÈRE.

Sans ma permission, sans m'en prévenir! jamais je ne lui pardonnerai; et pour ses dettes, qu'il fasse comme il l'entendra, je n'en paye pas un sou.

CHARLES, à part.

C'est ça! le voilà plus en colère que jamais. Dieu! que ces petites filles sont niaises! celle-là surtout. Quelle différence avec ma femme! elle aurait soutenu la scène, et filé la reconnaissance.

DERVIÈRE, montrant Charles.

Voilà celui qui te convient, voilà mon gendre, et dès demain nous faisons la noce; n'est-il pas vrai?

CHARLES, à part.

Dès demain; ô Paméla! que devenir?

DERVIÈRE.

Quant à ton cousin Charles, à mon scélérat de neveu, s'il ose se présenter ici, je le fais sauter par la fenêtre. (A Charles, qui fait un geste d'effroi, et qui veut sortir.) Qu'avez-vous donc, mon gendre? ne craignez rien.

EMMELINE.

Taisez-vous, le voici.

CHARLES, regardant autour de lui.

Comment! le voici?

EMMELINE, à Dervière.

Mais, de grâce, modérez-vous; c'est à moi de le confondre, et après, ne craignez rien, je vous obéirai.

DERVIÈRE, à part.

A la bonne heure! (Haut, à Rinville qui est dans le fond du théâtre.) Approchez, monsieur, approchez.

SCÈNE XVIII.

Les mêmes; RINVILLE.

CHARLES.

Quoi! c'est là votre neveu Charles, ce mauvais sujet?

DERVIÈRE.

Oui, monsieur.

CHARLES, à part.

Ah çà! est-ce qu'il y en aurait un autre que moi qui aurait épousé Paméla?

RINVILLE, les regardant tous.

Eh! mon Dieu! d'où vient cet accueil solennel?

EMMELINE.

Vous allez le savoir. Je dois à mon père et à vous, (Montrant Charles.) et surtout à monsieur, de m'expliquer ici sans détour. Je vous aimais, monsieur, du moins je le croyais, car j'ignorais mes propres sentiments, et surtout je ne vous connaissais pas; mais maintenant je sais qui vous êtes: après votre lâche conduite et la feinte à laquelle vous n'avez pas craint d'avoir recours...

RINVILLE.

Quoi! vous savez enfin la vérité?

EMMELINE.

Oui, monsieur, nous savons tout : voilà pourquoi je ne vous aime plus; je ne vous aimerai jamais.

RINVILLE.

O ciel!

EMMELINE.

Et afin que vous soyez bien sûr de mon indifférence... si j'élève ici la voix, ce n'est pas pour vous accuser, mais pour demander votre grâce. (A Dervière.) Oui, mon père; désormais soumise à vos volontés, je suivrai vos conseils, je vous obéirai en tout; mais, pour prix de mon obéissance, daignez pardonner à mon cousin; qu'il soit heureux avec celle qu'il a choisie.

CHARLES, qui s'est attendri, et qui tire son mouchoir.

O ma bonne cousine!

RINVILLE.

Voilà que nous n'y sommes plus.

EMMELINE.

Qu'il parte, qu'il ne nous voie plus; mais qu'il emporte avec lui, et votre pardon, et votre consentement à son mariage.

RINVILLE.

Mon mariage! qui a pu vous dire?...

EMMELINE, pleurant.

Monsieur, qui y était.

CHARLES, pleurant.

Oui, monsieur, j'ai tout dit; j'ai dit que Charles était marié.

RINVILLE, avec joie.

Charles marié! il se pourrait! (Se jetant aux pieds d'Emmeline.) Mon cher beau-père, ma chère Emmeline, que je suis heureux! Non, non, ne me regardez pas ainsi, n'ayez pas peur; j'ai toute ma raison : car celui que vous voyez à vos pieds a le bonheur de ne pas être votre cousin; c'est votre amant, c'est votre époux, celui qui vous était destiné.

DERVIÈRE.

M. de Rinville ?

RINVILLE.

Lui-même.

DERVIÈRE.

Et mon fripon de neveu ?

CHARLES, à genoux, à la gauche de M. Dervière.

Par ici.

DERVIÈRE.

Eh quoi! mauvais sujet ?

RINVILLE.

Comme j'avais pris son nom, je lui ai donné le mien en dédommagement.

CHARLES.

Je vous dois du retour, car vous n'avez pas gagné au change.

EMMELINE.

Je ne reviens pas encore de ma surprise. (A Charles.) Comment! mon pauvre Charles, c'était toi que je détestais ainsi? Et vous, monsieur, que je n'avais jamais vu...

RINVILLE.

Vous croyiez m'avoir aimé autrefois.

EMMELINE.

Je me suis trompée ; j'ai pris le passé pour l'avenir.

VAUDEVILLE.

AIR du vaudeville de *La Somnambule.*

DERVIÈRE.

D'une passion chimérique
Tu reconnais enfin l'erreur ;
L'amour constant et platonique
N'existe pas, et par bonheur.
Pour nous rappeler notre aurore,
Pour embellir nos derniers jours,
Le ciel permet qu'on aime encore,
Même après ses premiers amours.

RINVILLE.

Du système de l'inconstance
Je m'applaudis en un seul point.
Jadis aussi j'aimai, je pense ;
Mais je ne vous connaissais point.
Et vous devinerez peut-être
Ce que je perdais pour toujours,
Si j'avais eu le malheur d'être
Fidèle à mes premiers amours.

CHARLES.

Ma femme, quoique l'honneur même,
Eut à Londres deux passions ;
Je ne suis venu qu'en troisième,
Tant mieux... c'est aux derniers les bons.
Car les Anglaises, je l'atteste,
Innocentes et sans détours,
Ont tant de candeur qu'il en reste
Même après les premiers amours.

EMMELINE, au public.

En vain leur froide expérience
Veut m'ôter mon illusion,
Malgré leur système, je pense
Que la chanson a quelquefois raison !

Pour le prouver, messieurs, je vous implore :
Revenez nous voir tous les jours,
Afin qu'ici nous puissions dire encore :
On revient aux premiers amours.

LE
MÉDECIN DE DAMES

COMÉDIE-VAUDEVILLE EN UN ACTE

EN SOCIÉTÉ AVEC M. MÉLESVILLE.

THÉATRE DE S. A. R. MADAME. — 17 Décembre 1825.

PERSONNAGES.	ACTEURS.
M. DE RAMSAY, colonel	MM. PERRIN.
M. VERMONT, banquier	DORMEUIL.
ROSELYN, médecin à la mode	GONTIER.
UN DOMESTIQUE	BORDIER.
Mme VERMONT	Mmes JULIENNE.
Mme DE LIMEUIL, jeune veuve, nièce de M. et Mme Vermont	THÉODORE.
LOLOTTE, cousine de Mme de Limeuil	JENNY-VERTPRÉ.
Mme DE CERNAY, } jeunes dames, amies	IRMA.
Mme RAYMOND, } de Mme Vermont.	ADELINE.

Dans un château, à six lieues de Paris.

LE
MÉDECIN DE DAMES

Un salon élégamment meublé. — Porte au fond; deux portes latérales sur le devant du théâtre. A droite et à gauche, deux guéridons où se trouvent différents ouvrages de dames, tels que dentelles, broderies, canevas, etc.

SCÈNE PREMIÈRE.

M. DE RAMSAY, LOLOTTE.

LOLOTTE.

Comment! colonel, on se croit seule à se promener dans le parc, et l'on vous rencontre ainsi?

RAMSAY.

Comme propriétaire des environs, je venais faire à M. Vermont, votre oncle, une visite de voisinage.

LOLOTTE.

Je vais l'avertir; car mon oncle et ces dames sont à déjeuner.

RAMSAY.

Non, ne vous donnez pas cette peine. De toutes ces dames, mademoiselle Lolotte, il n'y en a pas une dont la société me paraisse plus agréable que la vôtre.

LOLOTTE.

Vraiment! (A part.) Je devine; il a quelque chose à me demander.

RAMSAY.

Est-il vrai, comme on me l'a assuré, que madame de Limeuil, votre cousine, soit venue aussi passer quelques jours dans ce château?

LOLOTTE.

Oui, monsieur.

RAMSAY.

On dit qu'elle est souffrante?

LOLOTTE.

Oui, monsieur, des nerfs, de la poitrine, du moins à ce que dit M. le docteur.

RAMSAY.

O ciel! et elle ne reçoit pas?

LOLOTTE.

Non, monsieur.

RAMSAY.

J'en suis désolé pour elle et pour moi; car je donne ce soir un bal où je comptais inviter ces dames. C'est pour cela que je venais.

LOLOTTE, le regardant malignement.

Non, colonel, ce n'est pas pour cela.

RAMSAY.

Que voulez-vous dire? Achevez, je vous prie.

LOLOTTE.

Monsieur le colonel, êtes-vous content de Léon, mon cousin, qui est dans votre régiment?

RAMSAY.

Le petit Léon de Verneuil?

LOLOTTE.

Oui, monsieur... sous-lieutenant de carabiniers, premier

escadron, deuxième compagnie ; un joli garçon, n'est-il pas vrai ?

RAMSAY.

Un enfant, un étourdi, mais excellent officier.

LOLOTTE.

AIR : Ah ! si madame me voyait. (ROMAGNÉSI.

En êtes-vous bien satisfait ?
Ah ! dites-moi tout sans mystère.

RAMSAY.

Oui, c'est un brave militaire :
Le dernier rapport le disait. (*Bis.*)

LOLOTTE.

A-t-il toujours le même zèle ?

RAMSAY.

Oui... le rapport le disait bien.

LOLOTTE.

Est-il toujours tendre et fidèle ?

RAMSAY.

Ah ! le rapport n'en disait rien.

LOLOTTE.

Qui est-ce qui les fait donc, les rapports ?

RAMSAY.

N'importe. Mais Léon aura de l'avancement à la première promotion.

LOLOTTE.

Il serait possible ! Voilà tout ce que je voulais savoir ; et maintenant, colonel, comme je n'ai que ma parole, je vous dirai un grand secret que moi seule ai découvert.

RAMSAY.

Parlez vite.

LOLOTTE.

C'est qu'il y a quelqu'un ici qui adore en secret madame de Limeuil, ma cousine.

RAMSAY.

Ce serait vrai ! et qui donc ?

LOLOTTE.

Un jeune et beau militaire, le colonel de mon cousin Léon.

RAMSAY.

O ciel !

LOLOTTE.

Oui, monsieur, vous-même ! personne ne s'en doutait, excepté moi, parce que, dans la société, on se méfie des pères ou des maris, jamais des petites filles ; et ce sont elles qui savent tout ; aussi ai-je vu tout de suite que vous aimiez ma cousine.

RAMSAY.

Silence !... Eh bien ! oui, je donnerais pour elle ma vie et ma fortune. Ce procès que j'avais contre elle, je l'ai perdu exprès pour l'enrichir ; il est vrai que j'ai été bien secondé par mon avocat, qui m'a servi sans le savoir. Enfin, je fais tout au monde pour plaire à madame de Limeuil, et parfois j'ai cru avoir réussi ; mais depuis quelques jours elle est triste, rêveuse, mélancolique ; et tout en m'accueillant mieux que jamais, elle me prie de ne plus la voir ; qu'est-ce que cela signifie ?

LOLOTTE.

Je crois m'en douter : il y a contre vous dans la maison quelqu'un qui a un grand crédit, un M. Roselyn, jeune docteur, plein de grâce et d'élégance, qui a de belles dents, le ton patelin, le sourire romantique, en un mot, le Dorat de la Faculté ; car il a toujours dans sa poche le *Journal des Modes*, et fait ses ordonnances en madrigaux.

AIR : Vos maris en Palestine. (*Le Comte Ory.*)

Sur papier rose ou de Chine,
Il met ses ordres du jour,
Et parle de médecine
Comme l'on parle d'amour. (*Bis.*)

Plus fin que ses camarades,
Jamais il ne risque rien ; (*Bis.*)
Car il ne prend de malades
Qu'autant qu'ils se portent bien.

RAMSAY.

Vous voulez plaisanter.

LOLOTTE.

Eh! mon Dieu, non. Excepté ma pauvre cousine de Limeuil qui y va de franc jeu, en conscience, toutes les dames que je vois ici ne sont malades que pour leur plaisir. Nous avons madame Raymond, la femme d'un receveur, qui a voulu nourrir pour faire ses volontés, parce qu'on ne contrarie jamais une femme qui nourrit ; nous avons madame de Cernay, la femme d'un négociant, qui prétend ne pouvoir marcher, pour que son mari lui donne une voiture ; l'une consulte le docteur sur M. Oscar, son petit garçon ; l'autre sur les moyens de bonifier son teint ; et ma tante Vermont, la maîtresse de la maison, sur les moyens de maigrir. Vous jugez alors quel ascendant il a pris sur toutes ces dames.

RAMSAY.

Et qui vous a fait croire qu'il me nuise auprès de madame de Limeuil?

LOLOTTE.

Je ne sais ; peut-être vos intérêts gênent-ils les siens ; car il se mêle de tout, des querelles, des raccommodements, de la vaccine, des baptêmes et des mariages : c'est lui qui s'oppose au mien.

RAMSAY.

Vraiment !

LOLOTTE.

C'est une indignité ! il dit que je ne suis pas en âge de me marier ; Léon dit que si, et je croirais plutôt Léon. Enfin, monsieur, c'est le docteur qui est l'ennemi commun ; il faut donc ou le mettre de notre parti, ou le perdre.

RAMSAY.

A merveille !

LOLOTTE.

Le moment est favorable ; car ces dames sont pour quelques jours dans ce château à six lieues de Paris, chez mon oncle Vermont, le banquier, qui ne pense qu'aux effets publics, et qui n'est jamais malade, lui, tant que le tiers consolidé se porte bien. Le docteur ne peut quitter sa clientèle ; et pendant son absence, en nous entendant tous les deux, nous pourrions peut-être... Mais silence ! je crois qu'on sort de table.

RAMSAY.

Dieu ! que de monde ! je m'en vais : je ne veux pas que cela me compte pour une visite ; je vous prie seulement de vouloir bien remettre à madame de Limeuil cet album qu'elle m'avait prêté pour y tracer quelques dessins.

LOLOTTE.

Un album !

RAMSAY.

Je viendrai tantôt savoir ce qu'elle en pense. Adieu, mademoiselle ; adieu, mon aimable alliée. Je vous confie mes intérêts ; et moi, de mon côté, je penserai à Léon, je vous le promets.

(Il sort.)

SCÈNE II.

LOLOTTE, M. VERMONT, Mme VERMONT, Mme DE LI-
MEUIL, Mme DE CERNAY, Mme RAYMOND, sortant de l'appartement à droite.

TOUTES LES DAMES.

AIR : *Dieu tout-puissant par qui le comestible.*

Ah ! quel bonheur l'aspect de la nature
Fait éprouver aux cœurs parisiens !

Les champs, les bois, les prés et la verdure
Sont les plus doux et les premiers des biens.

M. VERMONT, un cure-dent à la bouche.

Quel déjeuner! et madère et champagne!
Pâtés truffés et faisans et perdrix !
Quels bons repas on fait à la campagne !...

LOLOTTE.

Lorsque l'on fait tout venir de Paris !

Ensemble.

TOUTES LES DAMES.

Ah ! quel bonheur l'aspect de la nature, etc.

M. VERMONT.

Pour l'appétit, l'aspect de la nature
Est enchanteur, car il double le mien ;
J'estime peu les prés et la verdure :
Pour moi la table est le souverain bien.

LOLOTTE, à Mme de Limeuil.

Eh bien ! cousine, comment vas-tu ?

Mme DE LIMEUIL.

Merci, cela va mieux. On est si bien dans cette terre ! En vérité, mon oncle, vous avez fait là une acquisition superbe.

M. VERMONT.

Oui, c'est pas mal, c'est campagne ; des arbres, des feuilles; mais j'en ai là pour cinq cent mille francs, et avec cinq cent mille francs je pourrais acheter du trois ou du cinq, des actions de la banque ou de la caisse hypothécaire.

Mme VERMONT.

Et le bonheur d'être propriétaire?

M. VERMONT.

La belle avance ! pour devenir un contribuable, pour payer des impôts!... c'est bon pour des bourgeois, pour de petites gens, qui ne peuvent pas prêter à l'Etat, alors c'est juste qu'ils lui donnent; mais pour un capitaliste, c'est humiliant.

Mme VERMONT.

Laissez-moi donc tranquille !

M. VERMONT.

Oui, madame, c'est humiliant ; et puis ça fait du tort, ça retire des fonds de la circulation, on a l'air de réaliser et de faire charlemagne ; mais vous, cela vous est égal ; vous n'avez vu là-dedans que le bonheur d'être *dame châtelaine*, et de pouvoir dire : « *ma propriété !* » Et en effet, c'est bien la vôtre ; pour ce que j'y viendrai... le samedi après la Bourse, et repartir le lundi matin...

Mme VERMONT.

C'est ce qui en fait le charme. Le mari est à ses affaires et la femme à ses occupations champêtres et particulières ; c'est pour cela que toutes les femmes d'agents de change ont des maisons de campagne. Mais moi, vous le savez bien, c'est un autre motif, c'est le soin de ma santé. Le docteur m'avait ordonné l'air de la campagne.

M. VERMONT.

Oui, une ordonnance qui me coûte cinq cent mille francs. Tenez, ne me parlez pas de votre docteur : vous êtes à Paris une vingtaine de femmes qui faites sa réputation et sa fortune. Un petit docteur à l'eau de rose !

Mme DE LIMEUIL.

Si l'on peut dire cela de M. Roselyn !

Mme VERMONT.

Un médecin à la mode, à qui rien n'est impossible ; il m'a guérie de mes migraines.

Mme DE CERNAY.

Moi, de mes vapeurs.

Mme RAYMOND.

Et Oscar, de la coqueluche.

M. VERMONT.

C'est singulier, il n'a dans sa clientèle que de jeunes

dames, de jeunes mères ; pour les maris, les frères et les oncles, il paraît qu'on ne sait pas les guérir.

LOLOTTE.

Sans doute, ce n'est pas son état, puisque c'est un médecin de dames.

M. VERMONT.

AIR : Tenez, moi je suis un bon homme. (*Ida*.)

On dit, voyez la calomnie,
Pour que ses soins soient assidus,
Qu'il faut être fraîche et jolie
Et n'avoir que vingt ans au plus.

Mme VERMONT.

Une pareille impertinence
Vient des médisants et des sots.

LOLOTTE, à part, montrant Mme Vermont.

Et puis ma tante est là, je pense,
Pour faire tomber les propos.

M. VERMONT.

Ah çà ! madame, vous n'avez pas oublié que nous dînons tous aujourd'hui chez le sous-préfet ?

Mme VERMONT.

Ah ! mon Dieu, non, nous ne sortirons pas ; le docteur l'a bien défendu.

TOUTES LES DAMES.

Oh ! oui, le docteur l'a défendu.

M. VERMONT.

C'est ça, venir à la campagne pour ne pas sortir du salon ! Alors, ma chère nièce, vous allez avoir la bonté d'écrire à notre amphitryon une lettre d'excuses.

Mme DE LIMEUIL.

Ah ! mon Dieu, mon oncle, je ne demanderais pas mieux ; mais voici l'heure de mon bain, et le docteur l'a ordonné.

M. VERMONT.

Au diable le docteur et ses ordonnances ! il faudra que ce soit moi qui réponde.

Mme VERMONT.

Où est le mal ?

M. VERMONT.

Le mal est que je n'aime pas à écrire, parce que les lettres, ce n'est pas mon genre ; dès que je sors des chiffres, je ne m'y retrouve plus.

Mme VERMONT.

Écrivez-la en chiffres.

M. VERMONT, entrant dans le cabinet à droite.

C'est cela ; comme une note diplomatique.

Mme DE LIMEUIL.

Adieu, mesdames.

Mme VERMONT.

Adieu, ma toute belle : est-ce que tu souffres ?

Mme DE LIMEUIL.

Oui, j'attends ma migraine.

TOUTES LES DAMES, la reconduisant.

Pauvre femme !

(Au moment où madame de Limeuil va sortir, on entend le bruit d'une voiture.)

Mme DE CERNAY, s'approchant de la fenêtre.

Mesdames, mesdames, écoutez donc ! le bruit d'une voiture.

Mme VERMONT, à voix basse.

C'est lui, je le parie ; il m'avait bien promis que s'il pouvait s'échapper...

TOUTES LES DAMES.

Qui donc ?

Mme VERMONT.

Le docteur.

AIR du vaudeville de L'Écu de six francs.

Ensemble.

TOUTES LES DAMES.

Le docteur ! ô destin prospère !

LOLOTTE.

Le docteur ! ô destin contraire !
Pour notre projet c'est fini.

Mme DE CERNAY, à madame Vermont.

Ce n'est pas possible, ma chère,
Paris ne peut vivre sans lui.

Mme VERMONT.

Si vraiment... du moins aujourd'hui :
En été sa journée est franche ;
Car la campagne a tant d'attraits,
Que les gens comme il faut jamais
Ne sont malades le dimanche.

Mme VERMONT, Mme DE CERNAY et Mme RAYMOND.

Courons vite à sa rencontre.

(Elles sortent.)

SCÈNE III.

LOLOTTE, Mme DE LIMEUIL.

LOLOTTE, à madame de Limeuil, qui va sortir.

Ma cousine, vous ne lisez pas dans votre bain ?

Mme DE LIMEUIL.

Et pourquoi ?

LOLOTTE.

C'est que j'ai là un album qui pourrait vous distraire.

Mme DE LIMEUIL.

Un album !

LOLOTTE.

Que m'a donné pour vous le colonel.

Mme DE LIMEUIL.

Ah! oui, des esquisses, des dessins. Et pourquoi ne me l'avoir pas remis sur-le-champ?

LOLOTTE.

J'attendais que l'on fût parti : il y a des choses que l'on voit mieux quand on est seule.

(Madame de Limeuil a ouvert l'album, et a pris une lettre qu'elle décachette.)

LOLOTTE, à part.

Je l'aurais parié. (Haut, à madame de Limeuil.) Il paraît, ma cousine, que dans cet album il y a de l'écriture.

Mme DE LIMEUIL.

Oui. (A part.) Une lettre de son oncle; on veut le forcer à se marier. Ah! voilà ce que je craignais. On demande sa réponse sur-le-champ, et il attend la mienne! Ah! je suis bien malheureuse!

LOLOTTE.

Ma cousine, le colonel a dit que tantôt il viendrait savoir ce que vous pensez de son album.

Mme DE LIMEUIL.

C'est bien, c'est bien; je lui dirai, je répondrai... On vient. Ah! j'ai besoin d'être seule.

(Elle entre dans l'appartement à gauche.)

SCÈNE IV.

LOLOTTE; ROSELYN, entrant par le fond, entouré de TOUTES LES DAMES; puis M. VERMONT.

TOUTES LES DAMES.

AIR de la valse de Robin des Bois.

Qu'il est aimable!

C'est adorable...
Un trait semblable
Sera cité;
Et sa présence
Nous rend d'avance
Et l'espérance
Et la santé.

ROSELYN, à madame de Cernay.

Combien j'admire
Ce doux sourire!

(A madame Vermont.)

Que votre empire
A de douceur!

(A madame Raymond.)

Vermeille rose,
A peine éclose,
A, je suppose,
Moins de fraîcheur.

TOUTES LES DAMES.

Qu'il est aimable! etc.

ROSELYN.

Bonjour, bonjour!... j'ai cru que je n'arriverais jamais, je ne peux pas suffire, et pour échapper à deux ou trois belles clientes, j'ai été obligé de partir incognito; ainsi ne me trahissez pas.

Mme RAYMOND.

Incognito, un médecin incognito; c'est délicieux!

ROSELYN.

Oui, ça a quelque chose de mystérieux, on se croirait en bonne fortune, si on n'y était pas toujours, mesdames, quand on vient pour vous voir. (A madame Vermont.) Mais je vous fais compliment, vous avez ici une situation charmante; d'abord c'est très-sain, c'est beaucoup... quelle différence avec votre hôtel de la rue de Provence, où l'air est chargé d'azote!

Mme DE CERNAY.

Qu'il est savant!

ROSELYN.

Moi! du tout, au contraire.

<small>AIR de *La Sentinelle*.</small>

Il le fallait jadis, mais maintenant
Nous avons fait bien des métamorphoses...
Il faut, sous peine ici d'être pédant,
Cacher toujours le savoir sous les roses.
 Sur les livres pourquoi pâlir ?
Le seul instinct et me guide et m'éclaire,
  Et sans chercher à l'acquérir,
  Moi j'ai trouvé l'art de guérir,
 Comme vous trouvez l'art de plaire.

M. VERMONT, sortant du cabinet, une lettre à la main.

Ce qui me rassure du moins, c'est qu'ici à la campagne, nous serons à l'abri du docteur.

ROSELYN.

Pardon, je n'avais pas vu le maître de la maison, cet excellent M. Vermont.

M. VERMONT, étonné.

Parbleu ! celui-là est trop fort ! pas de congé, même le dimanche ! (Il s'assied auprès de la table.) Votre serviteur, monsieur.

ROSELYN.

Votre irritation d'estomac n'a pas eu de suites ?

M. VERMONT.

Non, monsieur.

ROSELYN.

Ces banquiers sont intraitables.

M. VERMONT.

Qu'est-ce que c'est, monsieur ?

ROSELYN.

Je dis qu'on ne peut pas vous traiter, que vous avez une santé de fer.

(Il tourne le dos à M. Vermont, et va causer bas avec madame Raymond.)

Mme VERMONT, allant à son mari.

Faites-lui donc politesse.

M. VERMONT.

Apprenez que je ne flatte personne, je suis indépendant, je suis chez moi, (Il se lève.) et vous allez voir...

ROSELYN, à madame Raymond.

Je vous remercie, elle va beaucoup mieux.

Mme DE CERNAY.

Qui donc?

ROSELYN.

Une de mes clientes, la femme du grand banquier, celui qui est chargé de l'emprunt.

M. VERMONT, vivement.

De l'emprunt! il y en aura donc un?... Pourrait-on y entrer? à quelle époque? à quelles conditions? savez-vous tout cela?

ROSELYN.

Certainement : est-ce qu'on a rien de caché pour son médecin?

M. VERMONT.

Comme ça se rencontre! moi qui voulais en prendre... Docteur, une partie de billard?

ROSELYN.

Je vous remercie; après déjeuner.

Mme VERMONT.

Comment! est-ce que vous n'avez pas déjeuné?

ROSELYN.

Non, vraiment: est-ce que j'ai le temps?

Mme DE CERNAY.

Il serait possible! mais voilà qui est affreux!

Mme RAYMOND.

C'est horrible à imaginer.

Mme VERMONT.

Ce pauvre docteur!

LOLOTTE.

Il n'a pas déjeuné!

Mme VERMONT.

Amanda! Dubois! Lafleur! (A M. Vermont.) Mais voyez donc, monsieur, appelez vos gens.

M. VERMONT.

Eh! parbleu! j'y vais moi-même; nous avons là cette hure de sanglier...

ROSELYN.

Y pensez-vous? il y aurait de quoi me donner une gastrite, je sucerai une aile de poulet, une cuisse de faisan, ce qu'il y aura; mais ici dans le salon, pour ne pas quitter ces dames.

M. VERMONT.

Je vais vous envoyer ce qu'il faut, et puis je vous attendrai au billard.

(Il sort par le fond.)

SCÈNE V.

Les mêmes, excepté M. Vermont.

ROSELYN.

Mais, dites-moi, je ne vois pas votre charmante nièce, madame de Limeuil.

LOLOTTE, à part.

J'étais bien étonnée qu'il n'en eût pas encore parlé. (Haut.) Monsieur, selon l'ordonnance, elle est malade dans son appartement.

ROSELYN.

Une poitrine si délicate, qui exige tant de ménagements! (A madame de Cernay.) Et vous, belle dame, vos vapeurs?

Mme DE CERNAY.

Je les ai toujours : mon mari ne veut pas me donner de voiture.

ROSELYN.

C'est affreux ! car enfin, la santé avant tout ; j'en parlerai, et dès demain vous aurez une bonne berline.

Mme DE CERNAY.

J'aimerais mieux un landau.

ROSELYN.

A la bonne heure ! je dirai un landau.

(Pendant ce temps, un domestique en livrée a placé sur un guéridon plusieurs plats et un couvert.)

Mme VERMONT.

Allons, venez déjeuner.

(Les dames entourent le docteur et le conduisent à la table. Il s'assied au milieu d'elles. Lolotte est seule sur le devant de la scène.)

AIR : C'est moi, c'est moi, etc. (*Léocadie.*)

Ensemble.

TOUTES LES DAMES.

C'est moi qui veux le servir ;
Pour nous quel bonheur ! quel plaisir !
Oui, c'est moi, cher docteur, qui dois, en vérité,
Servir la Faculté.

LOLOTTE.

Comment ! il se fait servir !
L'état de docteur est un vrai plaisir ;
C'est charmant, en vérité,
D'être de la Faculté !

ROSELYN.

C'est moi qui dois vous servir ;
D'honneur, tant de soins me feront rougir !
Quel bonheur ! je dois, en vérité,
Tomber aux pieds de la beauté.

LOLOTTE, à part pendant que l'on sert Roselyn.
Que de frais! que de prévenance!
Jamais on n'eut tant de bonté...
Oui, renonçant à la fierté,
Pour lui seul, hélas! on dépense
Soins et douceur et complaisance;
Puis, quand vient le mari,
Ces dames n'ont plus rien pour lui.

Ensemble.

TOUTES LES DAMES.
C'est moi, qui veux le servir, etc.

ROSELYN.
C'est moi qui dois vous servir, etc.

LOLOTTE.
Vraiment il se fait servir, etc.

ROSELYN.
Un vin excellent, car il est très-léger; je vous en demanderai encore un peu.

Mme RAYMOND, lui versant.
Docteur, je suis inquiète sur Oscar, mon fils.

ROSELYN.
Si vous allez vous tourmenter, c'est très-mauvais pour une nourrice; il faut vous distraire, vous amuser; du reste, pour le petit bonhomme, de l'eau de gomme, de la diète, beaucoup de diète... je vous demanderai encore une aile. (A madame Vermont.) Vous, belle dame, toujours le même régime, et quant à cette jeune et jolie...

(Montrant Lolotte.)

LOLOTTE.
Moi, monsieur, je ne suis pas malade.

ROSELYN.
C'est pour cela.

AIR : J'en guette un petit de mon âge. (*Les Scythes et les Amazones.*)

Pour conserver cette jeunesse,

Cette fraîcheur, ces traits charmants,
(A Mme Vermont.)
Point d'hymen! que rien ne nous presse,
Du moins, encor deux ou trois ans...

LOLOTTE, à part.

Il faut, même sans qu'on y pense,
Subir sa consultation,
Et voilà ce pauvre Léon
Compris aussi dans l'ordonnance!

SCÈNE VI.

Les mêmes; UN DOMESTIQUE.

LE DOMESTIQUE.

M. le colonel de Ramsay demande à présenter ses hommages à ces dames.

Mme VERMONT.

Ce jeune militaire qui est notre voisin de campagne?

Mme RAYMOND.

Qui a une si belle fortune?

LOLOTTE.

Mieux que cela, qui est le colonel de Léon.

Mme VERMONT.

Lolotte, je vous ai priée de ne plus parler de Léon, un petit fat, un étourdi qui me fait sans cesse des compliments sur ma santé, et me répète toujours que j'engraisse.

LOLOTTE.

Dame! c'est facile à voir.

Mme VERMONT.

Alors, c'est inutile à dire. Quant au colonel, nous allons le recevoir au salon; venez, mesdames.

(Elles sortent.)

ROSELYN.

Attendez donc que je vous donne la main.

LE DOMESTIQUE, l'arrêtant.

Monsieur, madame de Limeuil vient de sortir du bain, et comme elle a appris l'arrivée de M. le docteur, elle va descendre.

ROSELYN.

C'est différent, je ne souffrirai pas... je vais au-devant d'elle lui offrir mon bras. (A Lolotte.) Adieu, adieu, petite.

(Il entre dans l'appartement à gauche.)

SCÈNE VII.

LOLOTTE, seule.

Il faut avouer que la Faculté a bien des priviléges; se présenter ainsi le matin, dans la chambre de ma cousine, le colonel n'oserait pas, mais lui...

AIR : Comme il m'aimait. (*M. Sans-Gêne.*)

Premier couplet.

C'est le docteur; (*Bis.*)
Son pouvoir tient de la magie;
C'est le docteur. (*Bis.*)
Il peut, grâce à ce nom flatteur,
Sans façon, sans cérémonie,
Être admis chez femme jolie :
C'est le docteur. (*Bis.*)

Deuxième couplet.

C'est le docteur; (*Bis.*)
Chacun et l'accueille et l'admire ;
L'époux même le plus grondeur,
Et de la plus jalouse humeur,
Sans crainte, sans bruit se retire ;
Car sa femme vient de lui dire :
C'est le docteur. (*Bis.*)

(Regardant à gauche.)

Je le vois venir de ce côté, donnant le bras à sa jolie malade qui se penche négligemment sur lui, et ils causent à demi-voix... qu'est-ce qu'ils peuvent se dire? je vous le demande? Ah! mon Dieu! les voilà.

SCÈNE VIII.

ROSELYN, Mme DE LIMEUIL, LOLOTTE.

ROSELYN.

Je vous assure qu'un tour de jardin vous fera du bien.

Mme DE LIMEUIL.

Cela se peut; mais je n'en aurais pas la force, car pour être venue de mon appartement jusqu'ici, je me sens d'une faiblesse...

ROSELYN.

Asseyez-vous, et reposons-nous un instant.

(Il fait asseoir madame de Limeuil, et s'assied à côté d'elle.)

Mme DE LIMEUIL.

Lolotte, laissez-nous.

LOLOTTE, à part.

C'est ennuyeux, on me renvoie toujours quand il arrive; les laisser en tête à tête! passe encore si c'était le colonel!

(Elle sort par le fond.)

ROSELYN.

Cette faiblesse est l'effet du bain. Voyons s'il y a de la fièvre. (Lui prenant la main.) On voit le sang circuler à travers cette peau si blanche et si fine.

Mme DE LIMEUIL.

Mon Dieu! docteur, comme votre main tremble!...

ROSELYN.

Je craignais qu'il n'y eût de l'agitation; elle est calmée.

Mme DE LIMEUIL.

Eh! mais, comme vous me serrez la main! prenez garde, vous me faites mal.

ROSELYN.

Pardon, je voulais voir... Oui, la peau est excellente, et les yeux ?

AIR de Céline.

Un seul instant, je vous en prie,
Tournez vers moi ces yeux charmants;
Quoique pleins de mélancolie,
Comme ils sont doux et séduisants !

Mme DE LIMEUIL.

Sont-ils mieux ? Pour moi je l'ignore.

ROSELYN.

Oui, madame, j'ai quelque espoir;
Mais je n'y trouve pas encore
Tout ce que je voudrais y voir.

Et les palpitations dont vous vous plaigniez l'autre jour?

Mme DE LIMEUIL.

Je souffre moins.

ROSELYN.

Sont-elles aussi fréquentes qu'hier?

Mme DE LIMEUIL.

Cela va mieux, je vous remercie; parlons plutôt d'autre chose, car je ne puis m'empêcher de penser à ce que vous disiez il y a quelque temps. Quoi ! docteur, vous croyez que réellement...

ROSELYN.

Oui, madame, c'est mon opinion ; après cela, je peux me tromper ; et si vous voulez que nous ayons une consultation...

Mme DE LIMEUIL.

Y pensez-vous? m'en préserve le ciel! et cependant savez-vous que c'est bien terrible de ne pouvoir se remarier sans mourir !

ROSELYN.

Du moins d'ici à quelque temps, et après tout, un veuvage

de deux ou trois années est-il donc une chose si terrible, surtout lorsque l'on est comme vous, jeune, aimable et riche, entourée d'adorateurs ? Il est beaucoup de dames qui feraient par coquetterie ce que je vous conseille par raison.

Mme DE LIMEUIL.

Je le sais bien : aussi ce n'est pas pour moi ; mais que répondre aux instances de ma famille, de mes amis ? (A part.) Ce pauvre colonel !

ROSELYN.

Je n'ignore point que de tous côtés de nombreux partis se présentent ; mais vous êtes maîtresse de votre choix, et rien ne vous oblige à vous prononcer. (Avec hésitation.) Si vous aimiez quelqu'un, je comprends ce qu'une pareille situation aurait de cruel ; mais votre cœur est tout à fait libre, du moins vous me l'avez assuré.

Mme DE LIMEUIL.

Oui, monsieur ; (A part.) par exemple, je ne suis pas obligée de dire cela à mon médecin ! (Haut.) Il n'en est pas moins vrai que, d'après votre ordonnance, me voilà condamnée au célibat, et n'eût-on aucune idée de mariage, cela seul est capable d'en donner. Cependant je ne me soucie point de mourir à vingt ans ; mais d'un autre côté, d'ici à trois ans, sait-on ce qui peut arriver ? Je n'ai qu'à ne plus être jolie, on n'a qu'à ne plus m'aimer...

ROSELYN.

Est-ce possible ?

Mme DE LIMEUIL.

Eh ! oui, monsieur, si l'on s'impatiente, si on fait un autre choix ?... Vous autres docteurs, vous ne comprenez pas tout cela, vous ne pensez qu'à vos livres et à la science.

ROSELYN.

Nous, madame ! quelle est votre erreur ! qui peut vous faire croire que nous soyons insensibles ? nous, dont le cœur s'ouvre à chaque instant aux émotions les plus douces et les plus cruelles !... et comment, en effet, ne pas céder à l'intérêt le plus tendre, quand on voit la beauté souffrante réclamer nos soins ? Et lorsque, grâce à nous, ces yeux languissants ont retrouvé leur éclat, quand ces traits charmants ont repris leur fraîcheur et leur coloris, on se dit : C'est par moi qu'elle respire ; c'est à moi qu'elle doit tant de grâces et tant d'attraits ; et, nouveau Pygmalion, on adore son ouvrage.

Mme DE LIMEUIL, souriant.

Eh quoi ! vraiment, docteur !

RAMSAY, en dehors.

Il faut absolument que je lui parle.

Mme DE LIMEUIL, se levant.

Le colonel !

ROSELYN, de même.

Un colonel !

SCÈNE IX.

Les mêmes; RAMSAY.

RAMSAY, à part, en entrant.

C'est lui, c'est notre docteur. (Haut, à madame de Limeuil.) Je viens, madame, d'inviter votre tante et ces dames à vouloir bien passer la soirée chez moi ; puis-je espérer que vous voudrez bien les accompagner ?

ROSELYN.

Pardon, monsieur, est-ce un bal, une soirée agitée ?

RAMSAY.

Que vous importe ?

ROSELYN.

Il m'importe que madame ne peut pas accepter. Je ne peux pas me permettre...

RAMSAY.

Comment ! monsieur ?

ROSELYN.

Ah ! j'en suis désolé, mais je suis inflexible. Je ne suis pas de ces docteurs complaisants qui transigent avec leur devoir ; (A madame de Limeuil.) je déclare qu'une seule contredanse vous ferait un mal affreux, mais je dis affreux.

Mme DE LIMEUIL.

Eh bien ! docteur, rassurez-vous. (A M. de Ramsay.) J'irai, (A Roselyn.) mais je ne danserai pas.

ROSELYN.

C'est égal, voilà une imprudence.

RAMSAY.

Dont je suis responsable ; et c'est moi seul que l'on accusera. (A madame de Limeuil.) J'aurais voulu aussi vous parler sur un sujet important, un sujet qui vous concerne. (Regardant Roselyn.) Allons, il ne s'en ira pas.

(Il va pour parler à madame de Limeuil.)

ROSELYN, prenant la parole et l'interrompant.

Si c'est quelque chose de sérieux, je vous engage à remettre à un autre moment ; car nous avons la tête bien faible.

RAMSAY.

Il suffit, monsieur, je sais ce que j'ai à faire.

ROSELYN.

Ah ! si la santé de madame vous est indifférente, je n'ai plus rien à dire.

RAMSAY, avec impatience.

Eh ! monsieur...

Mme DE LIMEUIL.

Colonel...

RAMSAY.

Madame sait bien que je ne viens lui demander qu'un mot, qu'un seul mot.

ROSELYN.

Et moi, je défends à madame de parler davantage.

RAMSAY.

Parbleu ! celui-là est trop fort.

ROSELYN.

Oui, monsieur, c'est comme cela, voilà comme on se fatigue la poitrine. (Il tire de sa poche une boîte de gomme qu'il offre à madame de Limeuil.) J'ordonne le silence le plus absolu.

RAMSAY, à voix basse, à Roselyn.

Eh bien! monsieur, si je ne puis m'adresser à madame, c'est à vous que je parlerai.

ROSELYN, d'un air gracieux.

A moi! vous auriez quelque chose à me communiquer?

RAMSAY, bas.

J'ai à vous dire, monsieur, que nous nous expliquerons ailleurs qu'ici.

ROSELYN, en plaisantant, et élevant la voix.

Qu'est-ce que c'est, monsieur? est-ce un défi? Est-ce que vous avez envie de me tuer? tuer un médecin! mais ce serait le monde renversé.

Mme DE LIMEUIL.

Quoi! colonel!...

SCÈNE X.

LES MÊMES; LOLOTTE, qui a entendu les derniers mots, accourant.

LOLOTTE.

Monsieur le docteur! monsieur le docteur!

ROSELYN.

Eh bien! qu'y a-t-il?

LOLOTTE, hésitant.

Il y a, il y a que madame de Cernay a une attaque de nerfs, et qu'on vous appelle de tous côtés.

ROSELYN.

Une attaque de nerfs ! et pourquoi donc ?

LOLOTTE.

Pourquoi ? est-ce qu'on le sait jamais ? Peut-être parce que vous êtes ici, et qu'elle aura voulu profiter de l'occasion.

ROSELYN.

J'y vais, j'y vais; (A madame de Limeuil.) et je reviens à l'instant.

LOLOTTE.

Mais allez donc, docteur, allez donc, ou elle sera obligée de revenir toute seule; et alors ce n'était pas la peine de se trouver mal. (Bas à M. de Ramsay.) J'ai éloigné le docteur, profitez du moment.

(Roselyn sort par le fond, et Lolotte entre dans l'appartement à droite.)

SCÈNE XI.

RAMSAY, Mme DE LIMEUIL.

RAMSAY, regardant sortir Roselyn.

C'est bien heureux !... j'ai cru qu'il n'y aurait pas moyen de vous parler un instant.

Mme DE LIMEUIL.

Je vous ferai observer, colonel, que votre conduite et votre vivacité sont bien étranges.

RAMSAY.

Moi, madame, je les trouve fort naturelles, quand de cet entretien dépend le bonheur de ma vie. Un oncle à qui je dois ma fortune et mon avancement, et qui depuis longtemps me pressait de me marier, m'offre aujourd'hui sa fille unique, une jeune personne charmante. Que lui répondre ?

Mme DE LIMEUIL, émue.

Vous hésitez !

RAMSAY.

Je refuserais à l'instant même, et sans regrets, si j'étais sûr d'être aimé de vous.

Mme DE LIMEUIL, tendrement.

Ai-je besoin de vous le dire ?

RAMSAY.

Ah ! je n'hésite plus.

AIR : Elle fut heureuse au village.

D'un oncle bravant le courroux,
Je vais lui dire sans mystère
Que vous m'acceptez pour époux.

Mme DE LIMEUIL.

O ciel ! monsieur, qu'allez-vous faire ?

RAMSAY.

Oh ! sa fureur d'abord éclatera,
En voyant que je le refuse ;
Mais je suis sûr qu'il me pardonnera
(La montrant.)
Sitôt qu'il verra mon excuse.

Mme DE LIMEUIL.

Il ne la verra pas, car je ne puis être à vous.

RAMSAY.

Que me dites-vous ? et quel est le motif d'un pareil procédé ?

Mme DE LIMEUIL.

Je ne peux m'expliquer ; mais sachez seulement que je vous aime, que je n'aime que vous, et que si vous en épousez une autre, rien ne pourra me consoler de votre perte.

RAMSAY.

Est-ce un jeu que vous vous faites de ma douleur ? eh bien ! madame, vous serez satisfaite : caprice ou fantaisie, je m'y soumettrai ; et si c'est là le seul moyen de vous prouver mon amour, je me brouille avec mon oncle, avec toute ma famille, demain je pars pour mon régiment, et si je me fais tuer, rappelez-vous, madame, que c'est pour vous seule que j'aurai perdu la vie.

(Il s'éloigne.)

Mme DE LIMEUIL, le retenant.

Que dit-il? perdre la vie! s'il en est ainsi, il vaut mieux que ce soit moi.

RAMSAY.

Que voulez-vous dire?

Mme DE LIMEUIL.

Que c'est là mon sort; vous auriez dû peut-être avoir pitié de ma faiblesse, et respecter mon secret; mais vous douteriez de mon amour, voici ma main, je suis prête à vous épouser.

RAMSAY.

Et je pourrais consentir!... Je ne pars plus! je ne me marierai jamais, je resterai auprès de vous, j'y resterai toujours; mais je suis le plus malheureux des hommes.

Mme DE LIMEUIL.

Le plus malheureux! et cependant je vous aime, et je vous le dis.

RAMSAY.

Oui, vous avez raison.

Mme DE LIMEUIL, lui tendant la main.

A ce soir.

RAMSAY.

Vous viendrez?

Mme DE LIMEUIL.

Oui, mon ami, oui, je serai heureuse de me trouver chez vous à ce bal.

RAMSAY.

Et vous ne danserez pas?

Mme DE LIMEUIL.

Non, mais tant mieux! je me persuaderai que je suis la maîtresse de la maison, et que j'en fais les honneurs.

RAMSAY.

Mais du moins...

AIR : Ses yeux disaient tout le contraire.

> Jurez-moi qu'un autre jamais
> N'aura cette main qui m'est chère.

Mme DE LIMEUIL.

> Ah! d'avance je le promets,
> Et par mon amitié, j'espère
> Adoucir au moins ce refus;
> Oui, s'il le faut, en récompense,
> Je veux vous aimer deux fois plus
> Pour que vous preniez patience.

(Elle entre dans l'appartement à gauche, Ramsay la conduit jusqu'à la porte, et madame de Limeuil lui dit en le quittant.)

A ce soir!

SCÈNE XII.

RAMSAY, puis LOLOTTE.

LOLOTTE, sortant de l'appartement à droite.

Eh bien! elle s'éloigne.

RAMSAY.

Je suis le plus heureux et le plus misérable des hommes; elle m'aime, elle me l'avoue, et elle ne peut être à moi.

LOLOTTE.

Je le sais, j'écoutais. Eh bien! vous ne devinez pas? cela vient du docteur, qui, je le parierais maintenant, est amoureux de ma cousine.

RAMSAY.

Lui! je m'en doutais... c'est un moyen d'éloigner ses rivaux; mais nous nous verrons, et je vais sur-le-champ...

LOLOTTE.

Vous allez tout gâter, la violence ne peut rien ici, et vous appelleriez en duel toute la Faculté, que vous n'ôteriez pas de l'esprit de ma cousine cette idée, cette conviction intime qui est l'ouvrage du docteur, et que lui seul peut détruire.

RAMSAY.

Comment faire?

LOLOTTE.

Je ne sais, notre adversaire est malin; il se doute déjà que vous êtes son rival; et l'essentiel est d'abord de le convaincre du contraire.

RAMSAY.

Oui, mais comment?

LOLOTTE, frappée d'une idée.

Un mot seulement. Léon aura-t-il une lieutenance?

RAMSAY.

Je vous le jure.

LOLOTTE.

Bientôt?

RAMSAY.

Avant un mois.

LOLOTTE.

Eh bien! ce soir vous serez marié... J'entends le docteur.

AIR du vaudeville de *Voltaire chez Ninon*.

Allons, monsieur, vite, à genoux,
Et pour mieux seconder mon zèle,
L'air bien épris...

RAMSAY.

Que dites-vous?
Quoi! vous voulez, mademoiselle...

LOLOTTE.

Craignez d'exciter mon courroux,
Je veux surtout qu'on soit docile...

Allons, monsieur, vite, à genoux ;
Mais est-ce donc si difficile ?

RAMSAY, à genoux.

Non, sans doute, et m'y voilà de confiance.

SCÈNE XIII.

RAMSAY, aux genoux de Lolotte; ROSELYN, arrivant par le fond.

ROSELYN, du fond du théâtre.

Qu'est-ce que je vois là ?

LOLOTTE, qui a donné un coup d'œil de son côté, prenant sur-le-champ un air troublé.

Mais, colonel, que me demandez-vous ? et comment puis-je vous répondre ?

RAMSAY, à part.

Qu'est-ce qu'elle a donc ?

LOLOTTE, de même.

Ce n'est pas bien à vous d'insister ainsi, (Bas.) mais allez donc, (Haut.) car vous savez bien que je dépends de toute ma famille, (Avec intention.) de madame Vermont, ma tante, de madame de Limeuil, ma cousine.

RAMSAY.

N'importe ; et quoi qu'il arrive, je vous jure, je vous atteste...

(Lui baisant la main.)

LOLOTTE, à part, pendant qu'il lui baise la main.

Par exemple, je n'avais pas dit de me baiser la main. (Se retournant, apercevant le docteur et poussant un grand cri.) Ah ! qu'ai-je vu ! (Au colonel.) Monsieur, au nom du ciel ! mais levez-vous donc, on ne compromet pas ainsi quelqu'un !

ROSELYN.

Pardon, pardon de mon indiscrétion. Ah ! mademoiselle Lolotte !

RAMSAY, fièrement.

Oui, monsieur, vous savez tout; le hasard vous a appris plus que je ne voulais vous en dire; mais si vous profitez de cet avantage pour divulguer mon secret, (Pendant ce temps, Lolotte l'encourage par ses gestes.) ou pour me nuire auprès des parents de mademoiselle...

ROSELYN.

Moi, colonel! vous pouvez penser!... vous ne me connaissez pas; si vous lisiez au fond de mon cœur, vous verriez que je suis enchanté, ravi de cette circonstance, et que je serai trop heureux de vous servir.

LOLOTTE, bas au colonel.

C'est bien, partez maintenant et laissez-moi faire.

RAMSAY.

Il suffit, docteur, tenez vos promesses; (Prenant la main de Lolotte et la baisant encore.) Adieu, Lolotte, adieu; je compte sur vous.

SCÈNE XIV.

LOLOTTE, ROSELYN.

LOLOTTE, regardant sa main.

En voilà encore un qui n'était pas nécessaire!

ROSELYN.

Comment! mademoiselle Lolotte, vous aviez des secrets pour moi?

LOLOTTE.

Il le fallait bien : n'étiez-vous pas mon ennemi?

ROSELYN.

C'est-à-dire, c'est vous qui étiez toujours avec moi en état d'hostilité; et tout à l'heure encore, cette attaque de nerfs de madame de Cernay...

LOLOTTE, d'un air ingénu.

Est-ce qu'elle n'en avait pas?

ROSELYN.

Non, sans doute.

LOLOTTE.

C'est jouer de malheur, car elle en a toujours.

ROSELYN.

C'est vous seule qui l'aviez rendue malade.

LOLOTTE, finement.

Et vous m'en voulez d'avoir été sur vos brisées.

ROSELYN.

Il ne s'agit pas de cela; mais vous me direz au moins pour quelle raison vous êtes venue ainsi me chercher.

LOLOTTE, baissant les yeux.

Il y avait assez longtemps que vous causiez avec le colonel.

ROSELYN, malignement.

J'y suis; c'est moi qui à mon tour allais sur vos brisées.

LOLOTTE.

Comme vous comprenez, monsieur le docteur!

ROSELYN.

C'est pour cela, Lolotte, qu'il vaut mieux m'avoir pour allié que pour ennemi; et puisque maintenant nous convenons de tout avec franchise, n'est-ce pas vous qui aviez ainsi prévenu le colonel contre moi?

LOLOTTE.

C'est vrai, je lui avais dit de vous un mal affreux.

ROSELYN.

Et pourquoi?

LOLOTTE.

Parce que vous seul vous opposiez à mon mariage; ne disiez-vous pas sans cesse à ma tante et à ma cousine que j'étais trop jeune?

ROSELYN.

C'est vrai, parce que je croyais que vous vouliez épouser Léon, un petit fat qui ne perdait pas une occasion de s'égayer à mes dépens. Mais si vous m'aviez dit que c'était le colonel!... pourquoi ne m'en parliez-vous pas?

LOLOTTE.

D'abord, parce qu'il ne s'est déclaré que tout à l'heure et puis, je me disais : Si à quinze ans je suis trop jeune pour épouser un sous-lieutenant,

AIR du vaudeville de La Robe et les Bottes.

Notre docteur, qui raisonne à merveille,
Trouvera-t-il, ça n'est pas naturel,
   Que de cinq ans je sois plus vieille
   En épousant un colonel?
Oui, si le grade augmente ainsi mon âge,
Je puis demain, voyez quel sort fatal!
Avoir trente ans... si, grâce à son courage,
Le colonel se trouve général.

ROSELYN, souriant.

Vous plaisantez toujours; mais vous avez trop d'esprit, Lolotte, pour ne pas comprendre que, quand on le veut, les principes peuvent se plier aux circonstances. Dans celle-ci, à qui la faute? que ne parliez-vous plus tôt? il m'eût été facile de diriger les idées de votre tante vers un but plus conforme à vos désirs ; mais à présent il y a bien plus d'obstacles ; car j'avais une opinion que, pour vous plaire, je ne vais plus avoir. N'importe, je tenterai ; trop heureux, si j'acquiers des droits à votre reconnaissance, et si, une fois mariée, vous daignez vous rappeler qu'un médecin dévoué qui possède notre confiance est encore l'ami le plus discret et le plus sûr qu'une jeune femme puisse choisir.

LOLOTTE.

Ah! docteur! j'en suis bien persuadée, j'en parlerai à mon mari, qui, j'en suis certaine, pensera comme moi. Mais avant tout, vous me promettez de convaincre madame Vermont, ma tante?

ROSELYN.

Je l'espère du moins.

LOLOTTE.

Il y a aussi madame de Limeuil, ma cousine.

ROSELYN.

Celle-là a de l'esprit, et ce sera peut-être plus difficile.

LOLOTTE, le regardant.

Pour tout autre, oui; mais pour vous, qui n'avez qu'un mot à dire...

ROSELYN.

Et qui vous fait présumer que ce soit ainsi?

LOLOTTE.

Ce que j'ai vu, ce que je sais, et ce que vous-même, docteur, vous savez bien.

ROSELYN.

Moi! je vous jure que j'ignore...

LOLOTTE.

Ce n'est pas bien, maintenant que nous sommes alliés. Nous avons promis de tout nous dire, et je vous ai donné l'exemple; ainsi, docteur, convenez-en et ne soyez pas plus discret que ma cousine qui me l'a presque avoué.

ROSELYN, inquiet.

Avoué, quoi?

LOLOTTE, vivement.

Qu'elle vous aime, comme j'aime le colonel.

ROSELYN.

Il se pourrait!

LOLOTTE.

Faites donc l'étonné! c'est si difficile à voir; elle ne peut vivre sans vous, ne peut se passer de vous; on ne peut devant elle prononcer votre nom sans la faire rougir ; au point qu'hier je lui ai dit...

ROSELYN.

Vous lui avez dit ?...

LOLOTTE.

Eh ! mon Dieu oui, car cela me désole de la voir ainsi triste et mélancolique. « Cousine, lui ai-je dit, puisque tu aimes le docteur, épouse-le, et que cela finisse. Tu as une belle fortune, mais il a un état dans le monde ; et après tout tu ne dépends de personne. »

ROSELYN.

Vraiment, vous lui avez parlé ainsi? et qu'a-t-elle répondu ?

LOLOTTE.

Par exemple, voilà ce que je n'ai pu comprendre ; et je ne sais pas si vous serez plus savant que moi. Elle a soupiré, mais pas de ces soupirs de satisfaction, ah ! ah ! non ; c'était un soupir de regret, ah ! ah ! comme qui dirai : ah ! si cela se pouvait.

ROSELYN.

Grands dieux ! que viens-je d'entendre !

LOLOTTE.

Et elle a ajouté : « Ne m'en parle jamais, ni à moi, ni au docteur ; car il sait bien lui-même que cela n'est pas possible. »

ROSELYN, à part, désolé.

Malheureux ! qu'ai-je fait ! Mais aussi comment me douter?... moi qui ne voulais qu'éloigner mes rivaux

LOLOTTE.

Qu'avez-vous donc? est-ce que vous savez ?

ROSELYN, affectant de sourire.

Oui, oui, sans doute ; mais rien n'est désespéré, tout peut se réparer, pourvu que vous me promettiez le plus grand silence. Pas un mot de cette conversation ni à votre cousine, ni à ces dames, ni au colonel.

LOLOTTE.

Est-ce que nos intérêts ne sont pas communs ?

ROSELYN.

Vous avez raison, et avec de l'adresse et de l'amour, des raisonnements et de la logique... D'ailleurs ces dames me soutiendraient au besoin, car elles sont toutes pour moi. Eh ! mais quel est ce bruit ?

LOLOTTE.

Ce sont elles.

SCÈNE XV.

Les mêmes; M. VERMONT, Mme VERMONT, Mme DE LIMEUIL, en habit de bal; Mme DE CERNAY, Mme RAYMOND.

TOUTES LES DAMES.

AIR des Eaux du Mont-Dore.

Un trait semblable
N'est pas croyable,
Et mon cœur en est révolté;
Sa tyrannie
Nous contrarie,
Sans égards pour notre santé.

ROSELYN.

Eh ! mais qu'y a-t-il donc ?

M. VERMONT.

Il y a que le colonel, notre voisin, donne ce soir un fort joli bal, et que ces dames, qui étaient malades pour dîner chez le sous-préfet, se portent bien pour danser chez le colonel ; préférence injurieuse pour l'autorité civile. Mais cette fois je tiendrai bon, et d'après votre ordonnance on ne sortira pas, d'autant que je n'aime pas la danse, et puis, je suis fort, j'ai pour moi le docteur.

Mme VERMONT.

Et nous aussi.

M. VERMONT.

Je m'en rapporte à lui.

TOUTES LES DAMES.

Et nous de même.

ROSELYN.

Permettez, mesdames! je vous ai, il est vrai, recommandé l'exercice...

TOUTES LES DAMES.

Il n'y en a pas de meilleur que le bal.

ROSELYN.

Jusqu'à un certain point; oui, mesdames, vous aurez beau vous fâcher, me trouver absurde et ridicule, je suis là-dessus du dernier rigorisme. Il faut que je sache d'abord si le bal a lieu dans un salon.

Mme DE CERNAY.

Du tout, bien mieux que cela : dans les jardins.

Mme RAYMOND.

Qui sont, dit-on, délicieux.

Mme VERMONT.

Et illuminés avec une élégance !

ROSELYN.

Dans un jardin, c'est différent : nous n'avons point à craindre les miasmes délétères que l'on respire dans les salons de Paris; c'est presque un bain d'air; et si j'étais bien sûr que l'on fût raisonnable, je pourrais permettre...

TOUTES LES DAMES.

Ah! qu'il est aimable !

ROSELYN.

Mais surtout pas d'excès; quatre ou cinq contredanses, six, tout au plus.

TOUTES LES DAMES.

Oui, docteur.

ROSELYN.

Et que dans les entr'actes nous ayons bien soin de croiser nos cachemires.

TOUTES LES DAMES.

Oui, docteur. Allons nous habiller, et chercher nos châles.

M. VERMONT, les arrêtant.

Un instant, un instant!

TOUTES LES DAMES.

Ah! le docteur l'a dit, le docteur l'a dit!

M. VERMONT.

Oui, mais moi!

ROSELYN.

Nous les accompagnerons, et nous parlerons de l'emprunt, attendu que je pars demain...

LOLOTTE.

Et puis, mon oncle, il y aura un souper magnifique; le colonel me l'a assuré.

M. VERMONT.

Un souper! un souper! croyez-vous que cela me détermine? mais enfin, puisque tout le monde y va...

LOLOTTE et TOUTES LES DAMES.

Victoire!

TOUTES LES DAMES.

AIR : Vive un bal champêtre.

Le bal nous appelle;
Au plaisir fidèle,

Venez-y, ma belle;
Jamais le bal
N'a fait mal.

LOLOTTE.

Moi j'aime la danse,
Par goût, par gaîté.

Mme DE CERNAY.

Moi, par complaisance.

Mme VERMONT.

Moi, pour ma santé.

TOUTES LES DAMES.

Le bal nous appelle, etc.

(Toutes les dames sortent avec M. Vermont; madame de Limeuil reste avec Roselyn.)

SCÈNE XVI.

Mme DE LIMEUIL, ROSELYN.

ROSELYN.

Pour vous, madame, je vois que vous êtes déjà habillée.

Mme DE LIMEUIL.

Oui; j'avais déjà la permission du docteur.

ROSELYN.

J'espère que cela vous distraira; voilà pourquoi je vous l'ai accordée sans peine.

Mme DE LIMEUIL.

Au contraire, vous ne vouliez pas.

ROSELYN.

D'abord; mais depuis j'ai réfléchi, car je ne passe pas un instant sans étudier votre situation, sans m'occuper de vous... de votre état.

Mme DE LIMEUIL.

O ciel! vous êtes inquiet? vous craignez pour moi?

ROSELYN.

Non, madame, nullement.

Mme DE LIMEUIL.

Vous voulez me le cacher ; mais vous avez des doutes.

ROSELYN.

Franchement, si j'en ai, ce n'est que sur moi-même ; car, dans ce moment-ci, plus je compare, plus je calcule, et moins je puis me rendre compte. Je croyais d'abord que la langueur, la tristesse où vous étiez, provenait d'un peu de faiblesse de poitrine, et je vous traitais en conséquence; mais cependant la fièvre a disparu; la toux s'est dissipée, vous ne souffrez nulle part.

Mme DE LIMEUIL.

Non, docteur.

ROSELYN.

C'est fort étonnant, c'est même fort inquiétant, et il faut qu'il y ait quelque cause...

Mme DE LIMEUIL.

Ah ! mon Dieu !

ROSELYN.

Est-ce que par hasard?... mais ce n'est pas possible, car vous me l'auriez dit, est-ce que nous aurions quelque chagrin, quelque peine secrète?

Mme DE LIMEUIL.

Quoi! docteur, vous croyez que cela pourrait influer ?...

ROSELYN.

Mais sans doute, madame ; toutes les maladies physiques ont leur source dans quelque affection morale. Nous avons dans ce moment-ci des fièvres d'agiotage, des fièvres d'ambition rentrée; des fièvres d'amour, celles-là sont plus rares, surtout dans les hautes classes ; mais enfin elles existent.

Mme DE LIMEUIL.

Ah! mon Dieu! si j'avais su, si j'avais osé plutôt !

ROSELYN.

Est-ce que j'aurais deviné?

Mme DE LIMEUIL.

Oui, docteur, je dois rendre justice à vos talents, à votre pénétration : j'éprouve depuis quelque temps un très-grand chagrin.

ROSELYN.

Vraiment!

Mme DE LIMEUIL, baissant les yeux.

J'aime quelqu'un.

ROSELYN, à part, avec joie.

Il est donc vrai. (Haut.) Voyez-vous, madame, ce que c'est que de ne pas tout dire à son médecin. Comment voulez-vous, après cela, que l'on puisse deviner, que l'on puisse se conduire? Cela ne prouve rien contre la science; mais dans l'ignorance où j'étais, je pouvais vous ordonner des choses contraires, et c'est précisément ce qui est arrivé.

Mme DE LIMEUIL.

Quoi! ce que vous m'aviez prescrit?...

ROSELYN.

Mais oui, madame, et maintenant cela devient bien différent; si la souffrance que vous éprouvez depuis quelque temps n'a d'autre cause qu'une affection de l'âme, qu'un chagrin de cœur, si toutefois vous ne me trompez pas encore?...

Mme DE LIMEUIL.

Oh! non, docteur, cela ne m'arrivera plus.

ROSELYN.

Eh bien! madame, il y aurait beaucoup plus de danger à rester dans la situation où vous êtes; vous ne savez donc pas quelles sont les conséquences d'une inclination contrariée?

Mme DE LIMEUIL.

O ciel!

ROSELYN.

AIR : Restez, restez, troupe jolie. (*Les Gardes-Marine.*)

Pardon, mais mon état l'ordonne,
Je dois vous parler sans détour,
J'ai vu mainte et mainte personne,
En pareil cas, mourir d'amour.

Mme DE LIMEUIL.

Que dites-vous ? mourir d'amour !

ROSELYN.

Or, vous, si jeune et si jolie,
Jugez quels funestes destins
De mourir d'une maladie
Dont il est tant de médecins !

Mme DE LIMEUIL, avec joie.

Ainsi donc, vous me conseillez, là, bien franchement, de me remarier ?

ROSELYN.

Oui, sans doute.

Mme DE LIMEUIL, à part.

Pauvre colonel! (Après un geste de bonheur.) Quant à la personne, que jusqu'ici je n'ai pas osé vous nommer...

ROSELYN.

Je ne pouvais ni ne devais la connaître; son nom, quel qu'il soit, ne doit influer en rien sur mes décisions ; car votre état avant tout ; eh bien! madame ?

Mme DE LIMEUIL.

Ah! mon Dieu! quand j'y pense.

ROSELYN.

Qu'avez-vous donc ?

Mme DE LIMEUIL.

Que devenir, et comment faire à présent ? tout à l'heure encore, j'ai déclaré à ma tante et à toutes ces dames que je chérissais ma liberté, et que, de moi-même et par goût, je resterais toujours veuve.

ROSELYN.

Ne peut-on point changer d'idée ?

Mme DE LIMEUIL.

Oui, monsieur, mais pas d'une heure à l'autre.

ROSELYN.

N'est-ce que cela ? ce ne sera pas vous, ce sera moi qui l'aurai ordonné, et alors il n'y aura plus rien à dire.

Mme DE LIMEUIL.

Quoi ! vraiment, vous seriez assez bon, assez aimable pour me donner une consultation?

ROSELYN, montrant la porte à droite.

Je vais l'écrire là, dans le cabinet de votre oncle, et je vous l'apporte à l'instant.

Mme DE LIMEUIL.

Croyez, docteur, que ma reconnaissance...

ROSELYN.

Je suis assez payé si je peux vous rendre la santé et le bonheur. Adieu, adieu.

(Il entre dans le cabinet à droite.)

SCENE XVII.

Mme DE LIMEUIL, puis RAMSAY, LOLOTTE.

Mme DE LIMEUIL.

Ah! l'aimable docteur! celui-là, par exemple, est bien un ami véritable. (Apercevant Ramsay.) Ah! colonel! vous voilà! arrivez donc vite; vous venez me prendre pour le bal?

RAMSAY.

Oui, madame ; mais d'où vient ce trouble, cette émotion?

Mme DE LIMEUIL.

Ce matin j'étais bien malheureuse ; car je ne pouvais être

à vous, sans crainte de vous perdre à jamais; maintenant tout est changé.

RAMSAY.

Que dites vous?

Mme DE LIMEUIL.

Que je vous dois une récompense, et (Lui tendant la main.) la voilà.

RAMSAY, à ses genoux.

Ah! que je suis heureux!

LOLOTTE, entrant en ce moment par le fond.

Et moi aussi!

SCÈNE XVIII.

LOLOTTE, Mme DE LIMEUIL, RAMSAY; ROSELYN, sortant du cabinet, et tenant un papier à la main.

ROSELYN.

Madame, voici la consultation, signée de moi.

Mme DE LIMEUIL, prenant le papier.

Merci, docteur.

ROSELYN, apercevant le colonel qui est à genoux de l'autre côté.

Que vois-je? e que faites-vous?

LOLOTTE.

Elle suit l'ordonnance.

ROSELYN, à part.

Ah! grand Dieu! (Haut.) Comment!... (Regardant Lolotte.) M. le colonel, lui qui vous aimait, du moins je le croyais...

LOLOTTE.

Oui, cela en avait tous les symptômes; mais quoique docteur habile, on peut être trompé.

ROSELYN, à mi-voix.

Ah! petit serpent!

LOLOTTE.

Oh! je n'ai pas peur, parce que nous sommes alliés, et vous me donnerez aussi une ordonnance pour épouser Léon, n'est-il pas vrai?

ROSELYN.

Eh bien! par exemple.

LOLOTTE.

Il n'y a que ce moyen-là de me faire taire, parce que, tant que je ne serai pas mariée, je serai bavarde! bavarde... comme le sont toutes les demoiselles.

ROSELYN.

C'est bon, cela suffit.

Mme DE LIMEUIL, qui, pendant ce temps, a causé avec le colonel.

Remerciez le docteur, colonel, car c'est à lui que vous devez tout; aussi j'espère bien qu'il sera votre ami, comme il est le mien, et que dans notre ménage...

RAMSAY.

Oui, ma chère amie, oui, monsieur, sans doute... (A part.) Une fois marié, j'aurai soin que ma femme en ait un autre, un vieux.

LOLOTTE.

Mais voici toutes ces dames.

SCÈNE XIX.

LES MÊMES; M. VERMONT et Mme VERMONT, Mme DE CERNAY, Mme RAYMOND.

TOUTES LES DAMES.

AIR : Vive un bal champêtre.

Le bal nous appelle;
Au plaisir fidèle,
Venez-y, ma belle,

Jamais un bal
N'a fait mal.

ROSELYN.

Mais surtout, mesdames, pas d'anglaises, pas de ronds d'entrechats, soyons rentrées à trois heures du matin, là-dessus je suis inflexible.

TOUTES LES DAMES.

Oui, docteur.

Mme DE LIMEUIL.

Mais vous venez avec nous?

ROSELYN.

Sans doute. (A part.) C'est étonnant comme j'ai envie de danser!

VAUDEVILLE.

AIR nouveau de M. Adam

M. VERMONT.

De votre cher docteur je conçois la méthode,
Et près de vous, madame, il doit être à la mode;
    Car, je le dis tout bas :
Fait-on vos volontés... vous vous trouvez guérie,
Mais dès que l'ordonnance, hélas! vous contrarie,
    Vous ne guérissez pas.

Mme VERMONT.

Vous qui, dans le printemps, brillez, jeunes coquettes,
L'automne voit bientôt s'éloigner vos conquêtes,
    Et l'amour fuit vos pas;
De le revoir jamais n'ayez plus l'espérance,
Et que vos quarante ans soient pris en patience,
    Car on n'en guérit pas.

RAMSAY.

Le pauvre attend de l'or; le riche veut des places;
L'une espère un mari, l'autre espère des grâces;
    Chacun rêve ici-bas;
A chaque vœu trompé l'on répète à la ronde :

L'espérance est un mal... par bonheur, en ce monde,
        On n'en guérira pas.

LOLOTTE.

On guérit les chagrins, on guérit de l'absence;
Et même de l'amour comme de la constance
        On guérit ici-bas ;
Mais nous avons des maux que l'on ne peut détruire,
C'est l'amour du pouvoir, l'amour du cachemire;
        Nous n'en guérissons pas.

ROSELYN.

Il est d'honnêtes gens, pâles de jalousie,
Que l'aspect de nos arts et de notre industrie
        Fait souffrir ici-bas ;
O vous dont nos succès causent la maladie,
Espérons que pour nous et pour notre patrie
        Vous ne guérirez pas.

Mme DE LIMEUIL, au public.

O vous dont les auteurs implorent les suffrages,
Médecins redoutés, qui donnez aux ouvrages
        La vie ou le trépas,
Pour sauver celui-ci venez tous en personne;
Car lorsque le docteur, hélas! nous abandonne,
        Nous ne guérissons pas!

TABLE

	Pages
La Quarantaine	1
Le plus Beau Jour de la vie	43
La Charge a payer ou la Mère intrigante	91
Les Inséparables	139
Le Charlatanisme	185
Les Empiriques d'autrefois	241
Les Premières Amours ou les Souvenirs d'enfance	283
Le Médecin de dames	333

Clichy. — Impr. Paul Dupont, rue du Bac-d'Asnières, 12. (1845, 1-8.)

www.ingramcontent.com/pod-product-compliance
Lightning Source LLC
Chambersburg PA
CBHW060603170426
43201CB00009B/873